आदि शंकराचार्य एवं अद्वैत

आदि शंकराचार्य एवं अद्वैत

डॉ. कमल शंकर श्रीवास्तव

Vidya Vikas
ACADEMY
विद्या विकास एकेडेमी

प्रकाशक : **विद्या विकास एकेडेमी**

3637 नेताजी सुभाष मार्ग दरियागंज, नई दिल्ली–110002

सर्वाधिकार : सुरक्षित • संस्करण : प्रथम, 2018

ISBN 978-93-84343-90-3

ADI SHANKARACHARYA EVAM ADVAIT

by Dr. Kamal Shankar Srivastava

Published by **VIDYA VIKAS ACADEMY**

3637 Netaji Subhash Marg, Darya Ganj New Delhi-110002

आमुख

श्री शंकराचार्य अलौकिक प्रतिभासंपन्न महापुरुष थे। ये असाधारण विद्वत्ता, तर्कपटुता, दार्शनिक सूक्ष्मदृष्टि, रहस्यवादी आध्यात्मिकता, कवित्व शक्ति, धार्मिक पवित्रता, कर्तव्यनिष्ठा तथा सर्वातिशायी विवेक और वैराग्य की मूर्ति थे। इनका आविर्भाव आठवीं शती में केरल के मालावार क्षेत्र के कालड़ी नामक स्थान में नंबूदरी ब्राह्मण के घर में हुआ और निर्वाण बत्तीस वर्ष की आयु में हिमालय में केदारनाथ में हुआ। ज्ञान के प्राधान्य का साग्रह प्रतिपादन करनेवाले और कर्म को अविद्याजन्य माननेवाले संन्यासी आचार्य का समस्त जीवन लोकसंग्रहार्थ निष्काम कर्म को समर्पित था। उन्होंने भारतवर्ष का भ्रमण करके हिंदू समाज को एक सूत्र में पिरोने के लिए उत्तर में बदरीनाथ में, दक्षिण में शृंगेरी में, पूर्व में पुरी में तथा पश्चिम में द्वारका में, चार पीठों की स्थापना की। बत्तीस वर्ष की स्वल्पायु में अपने सुप्रसिद्ध 'ब्रह्म सूत्र भाष्य' के अतिरिक्त ग्यारह उपनिषदों पर तथा गीता पर भाष्यों की रचना करना एवं अन्य ग्रंथ और अनुपम स्रोत–साहित्य का निर्माण तथा वैदिक धर्म एवं दर्शन के समुद्धार, प्रतिष्ठा और प्रचार के दु:साध्य कार्य को भारत में भ्रमण करते हुए, प्रतिपक्षियों को शास्त्रार्थ में पराजित करते हुए, अपने दर्शन की महत्ता का प्रतिपादन करते हुए तथा भारत की चारों दशाओं में चार पीठों की स्थापना करते हुए संपादित करना वस्तुत: अलौकिक और अद्वितीय है। इसीलिए उन्हें भगवान् शंकर का अवतार माना जाता है। गौड़पादाचार्य के प्रशिष्य एवं गोविंदपादाचार्य के शिष्य शंकराचार्य का दर्शन उनके प्रतिपाद्य ब्रह्म के समान पूर्वापरकोटिवर्ज्य और पूर्ण है। शंकराचार्य का स्थान विश्व के सर्वोच्च दार्शनिकों में है।

शंकराचार्य ने अपने अद्वैत वेदांत को सुप्रतिष्ठित करने के लिए निम्नांकित प्रमुख कार्य संपादित किए—

(1) उन्होंने यह स्पष्ट किया कि वैशेषिक, न्याय और सांख्य वैदिक दर्शन नहीं हैं, यद्यपि ये वेद में आस्था प्रकट करते हैं। प्राचीन सांख्य संभवत: ईश्वरवादी था तथा स्वयं को उपनिषद् पर आधारित कहता था और उसके इस दावे का खंडन महर्षि बादरायण ने ब्रह्मसूत्र में तथा शंकराचार्य ने अपने भाष्य में किया। शंकराचार्य ने सांख्य को वेदांत का 'प्रधानमल्ल' (मुख्य प्रतिद्वंद्वी) बताया है और द्वैतवादी होने के कारण उसे श्रुति-प्रतिकूल सिद्ध किया है, यद्यपि सांख्य के बहुत से तत्त्वों को वेदांत ने उसी रूप में या कुछ परिवर्तन के साथ अपना लिया है।

(2) उन्होंने पूर्वमीमांसाकृत वेद की कर्मपरक व्याख्या का निरास किया। पूर्वमीमांसा के अनुसार, वेद क्रियार्थक है तथा वेद के वे भाग जो स्पष्ट रूप से कर्मपरक नहीं हैं, परोक्षतया कर्म का अंग बनकर ही सार्थक हो सकते हैं। शंकराचार्य ने इस व्याख्या को उलट दिया और यह सिद्ध किया कि वेद का मुख्य लक्ष्य परमतत्त्व को प्रकाशित करना है। अत: वेद का ज्ञान-परक मंत्रभाग और उपनिषद्-मुख्य हैं तथा वेद के कर्म एवं उपासनापरक भाग गौण हैं, क्योंकि इनका प्रयोजन चित्त-शुद्धि है।

(3) उन्होंने उपनिषद् और ब्रह्मसूत्र के उन प्राचीन व्याख्याकारों (जैसे, भर्तृप्रपंच आदि) के मत का खंडन किया, जो ब्रह्मपरिणामवाद या भेदाभेदवाद के पोषक थे। शंकराचार्य ने ब्रह्मपरिणामवाद के स्थान पर ब्रह्मविवर्तवाद का और भेदाभेदवाद के स्थान पर अद्वैतवाद का प्रतिपादन किया।

(4) उन्होंने यह स्पष्ट किया कि निर्विशेष या निर्गुण ब्रह्म 'शून्य' नहीं है, यदि 'शून्य' का अर्थ सर्वनिषेध हो। 'नेति-नेति' ब्रह्मविषयक निर्वचनों का निषेध करती है, स्वयं ब्रह्म का नहीं। निर्विशेष ब्रह्मवाद निरपेक्ष अद्वैतवाद है।

(5) उन्होंने बौद्ध विज्ञानवाद का मार्मिक खंडन करके अपने नित्य औपनिषद् आत्मचैतन्यवाद को उससे पृथक् सिद्ध किया।

(6) उन्होंने सिद्ध किया कि माया या अविद्या ब्रह्म की अनिर्वचनीय शक्ति के रूप में उपनिषद् सिद्धांत है। उपनिषद् में तात्त्विक भेद, द्वैत, परिणाम आदि का कोई स्थान नहीं है। ऐसी महान विभूति एवं विलक्षण प्रतिभा के प्रतिमूर्ति श्री

शंकर को कोटि-कोटि चरणों में प्रणाम करते हुए लेखक द्वारा श्रीशंकर (आदि शंकराचार्य) के जीवन, उनकी रचनाओं एवं उनका अद्वैत दर्शन से पाठकों को परिचय कराने हेतु 'आदि शंकर एवं अद्वैत' सहज, सरल एवं स्वस्पष्ट एक छोटा-सा प्रयास है।

पूर्व के मूर्धन्य न्यू के विद्वानों एवं दर्शन मर्मज्ञ आचार्य बलदेव उपाध्याय, डॉ. गोविंद चंद्र पांडे, प्रो. राममूर्ति शर्मा, डॉ. एस.एन. दासगुप्ता, डॉ. चंद्रधर शर्मा, डॉ. एस. राधाकृष्णन्, आर.जी. अंडारकर, एम. हिरियना, डॉ. एस.सी. चटर्जी एवं डी एम. दत्ता, कार्ल एस. पोटर, मैक्समूलर, माधवाचार्य, हरिभद्रसूरि, म.स. गोपीनाथ कदिराज के द्वारा दर्शन के स्वरूप एवं सिद्धांत को जिस रूप में पिरोया है, उससे प्रेरित होकर सहज व सरल रूप में श्री आदि शंकर का स्थान व अद्वैत दर्शन का सिद्धांत एवं स्वरूप की विवेचना तथा प्रस्तुतीकरण लेखक का एक प्रयास है। आशा है कि पाठक आदि शंकराचार्य के जीवन-वृत्तांत व अद्वैत दर्शन से सुगमता से भिन्न हो सकेंगे।

काशी नगरी में जन्म लेने के फलस्वरूप परमपिता भगवान् शिव एवं भगवती पार्वतीजी को नमन करते हुए उनके चरणों में यह प्रस्तुति समर्पित है।

मैं अपने गुरु (स्व.) प्रो. लल्लन गोयल का आभारी हूँ, जिनके उत्प्रेरण व मार्गदर्शन से मैं लेखन हेतु प्रेरित रहा। मेरे लेखन कला एवं भारतीय संस्कृति के प्रति रुझान पैदा करने हेतु सभी मर्मज्ञ एवं मूर्धन्य विद्वानों के प्रति आभारी हूँ। मैं अपनी सहधर्मिणी श्रीमती संगीता श्रीवास्तव एवं दोनों पुत्रों, श्री ऋषभ कमल एवं श्री तुषित कमल के प्रति ऋणी हूँ, जिनके समय एवं सहयोग से यह प्रयास प्रस्तुति को उपलब्ध हो सका। मैं श्री रत्नाकर तिवारी, एवं रंथु यादव के प्रति मैं आभारी हूँ, जिनके सहयोग से यह पांडुलिपि पूर्ण हो सकी।

—डॉ. कमल शंकर श्रीवास्तव

अनुक्रम

आदि शंकर—एक परिचय

आदि शंकराचार्य एक महान् पुरुष थे। वे साधारण प्राणियों की कक्षा से बहुत ऊपर उठे हुए थे। 32 साल के छोटे जीवन में उन्होंने ऐसे कार्य कर दिखलाए, जो उनसे चौगुनी उम्रवाला व्यक्ति भी संपन्न नहीं कर सकता। वे अलौकिक शक्तियों से संपन्न थे। उनकी महापुरुषता की अभिव्यक्ति इन्हीं घटनाओं में है। यदि इतिहास की भ्रांत धारणा के अनुसार, इन्हें काट-छाँटकर साधारण 'जायस्व म्रियस्व' की कोटि में ला दिया जाए तो क्या उनके साथ घोर अन्याय न होगा ? इतिहास की सच्ची भावना हमसे यही चाहती है कि हम उन घटनाओं में विश्वास रखें तथा उन्हें जीवन-वृत्त में अवश्य उल्लेखित करें, जिनकी सच्चाई के विषय में आधार-ग्रंथों का प्रबल प्रमाण उपस्थित हो। महापुरुषों की महनीयता इसी विषय में है। यदि वे भी पृथक् जन जैसे उत्पन्न हों, किसी प्रकार अपना पेट पालें और इस संसार से अंत में विदाई ले लें तो चरित का महत्त्व ही क्या ? इसी दृष्टि को सामने रखकर शंकराचार्य के जीवन की उन घटनाओं को प्रामाणिक मानकर निविष्ट किया गया है, जिनके विषय में सब दिग्विजयों को प्रमाण एक रूप से मिलता है। ऐसा न करना ऐतिहासिक पद्धति का निराकरण होता। ऐतिहासिक दृष्टि से यही मार्ग अनुकरणीय है, समस्त विचारशील विद्वानों का इस विषय में ऐकमत्य है।

चरित-सामग्री

किसी महापुरुष के प्रति जनता का आकर्षण साधारण सी घटना है। किसी व्यक्ति की प्रसिद्धि होते ही जनसाधारण उसकी जीवन-घटनाओं के

परिचय पाने का इच्छुक बन जाता है। इस इच्छा की पूर्ति समय-समय पर चरित-ग्रंथों के द्वारा होती रहती है। ऐसे चरित-ग्रंथों में सबसे उपादेय तथा प्रामाणिक वे ग्रंथ होते हैं, जिनकी रचना चरित-नायक के संगी-साथी अथवा शिष्यों के द्वारा की जाती है। समसामयिक ग्रंथ का मूल बहुत ही अधिक है। वे प्रामाणिक ही नहीं होते, प्रत्युत उनके वर्णनों में सरलता तथा अकृत्रिमता का पुट बड़ा ही रोचक हुआ करता है।

पद्मपाद का ग्रंथ

दु:ख के साथ लिखना पड़ता है कि शंकराचार्य जैसे महान् पुरुष के जीवन-चरित के विषय में समसामयिक ग्रंथों का एकदम अभाव है। आचार्य का जीवन-चरित निबद्ध करने की ओर विद्वानों की दृष्टि बहुत पहले ही आकृष्ट हुई। सुनते हैं कि पद्ममान-शंकर के साक्षात् पट्ठशिष्य ने आचार्य के दिग्विजय का वर्णन बड़े विस्तार के साथ अपने 'विजयडिंडिम' नामक ग्रंथ में किया था, परंतु दैवदुर्विपाक से वह ग्रंथ सदा के लिए नष्ट हो गया। आजकल आचार्य के अनेक चरित-ग्रंथ उपलब्ध होते हैं, जिन्हें 'शंकर दिग्विजय' के नाम से पुकारते हैं। इस नामकरण का रहस्य यही है कि इनमें शंकर के दिग्विजय करने का विशेष वर्णन रहता है। इसी विशिष्टता के कारण इनका यह नामकरण हुआ था, परंतु कोई 'दिग्विजय' समसामयिक नहीं है। सब ग्रंथ अवांतर शताब्दियों की रचनाएँ हैं, जिनमें शंकराचार्य के विषय में सुनी-सुनाई बातों का उल्लेख बहुत अधिक है।

शंकर दिग्विजय का स्वरूप

आचार्य की जीवनी के विषय में कुछ बातें तथा घटनाएँ प्राचीन काल से परंपरागत चली आती हैं, जिनका वर्णन प्राय: इन सभी ग्रंथों में है। भिन्न-भिन्न पीठों की अपनी महत्ता प्रदर्शित करने की लालसा भी अनेक दिग्विजयों की रचना के लिए उत्तरदायी है। शृंगोरी मठ तथा कामकोटि मठ का संघर्ष नया नहीं प्रतीत होता। किन्हीं ग्रंथों में शृंगेरी की प्रधानता स्वीकृत है, तो किन्हीं में कामकोटि की। माधवकृत 'शंकर-दिग्विजय' तथा लक्ष्मणाचार्य विरचित 'गुरुवंश-काव्य' में शृंगेरी मठानुसारिणी परंपरा का पालन है, तो अनंतानंद गिरि-रचित 'शंकरविजय' में कामकोटि मठ की परंपरा का सम्यक् अनुसरण है। ऐसी परिस्थिति में चरित

लेखक अपने-आपको बड़े संकट में पाता है। वह दोनों का समन्वय कर ही चरित लिखने में समर्थ हो सकता है। इसी नियम का पालन प्रस्तुत लेखक ने भी किया है। शंकराचार्य के जीवन-वृत्त के परिचायक जितने ग्रंथ उपलब्ध हो सके हैं, उनका तुलनात्मक अध्ययन कर ही यह ग्रंथ प्रस्तुत किया गया है। पूर्वोत्तर दो परंपराओं में माधव दिग्विजय में निर्दिष्ट परंपरा विशेष प्रसिद्ध, विद्वज्जनमान्य तथा व्यापक है। अत: उसी का अनुकरण मूल ग्रंथ में है। पाद-टिप्पणियों में दूसरी परंपराओं की विशिष्ट बातें स्थान-स्थान पर दी गई हैं।

शंकरविजयों की सूची

डॉक्टर औफ्रेक्ट की बृहत् हस्तलिखित ग्रंथसूची (कैतेलोगोरुम) तथा अन्य सूची देखने पर 'शंकरविजय या शंकरदिग्विजय' के नाम से निर्दिष्ट ग्रंथ निम्नलिखित हैं—

	ग्रंथ	लेखक
(1)	शंकर दिग्विजय	माधवाचार्य
(2)	शंकर दिग्विजय	आनंदगिरि
(3)	शंकर दिग्विजय	चिद्विलास यति
(4)	शंकर दिग्विजय	व्यासगिरि
(5)	शंकर विजयसार	सदानंद व्यास
(6)	आचार्य चरित	गोविंदानंद यति
(7)	शंकराभ्युदय	राजचूडामणि दीक्षित
(8)	शंकरा विजयविलासकाव्य	शंकरदेशिकेंद्र
(9)	शंकराचार्य कथा	
(10)	शंकराचार्य चरित	
(11)	शंकराचार्याग्वतार कथा	आनंदतीर्थ
(12)	शंकरविलास चंपू	जगन्नाथ
(13)	शंकराभ्युदय काव्य	रामकृष्ण
(14)	शंकरदिग्विजयसार	ब्रजराज
(15)	प्राचीन शंकरविजय	मूकशंकर
(16)	बृहत् शंकरविजय	सर्वज्ञ चित्सुख

(17)	गुरुवंश काव्य	
(18)	शंकराचार्योत्पत्ति	
(19)	गुरुवंशकाव्य	लक्षणाचार्य
(19)	शंकराचार्य चरित	लक्ष्मणाचार्य
(20)	शंकरविलास	विद्यारण्य
(21)	आचार्यदिग्विजय	वल्लीसहाय कवि
(22)	शंकरानंद चंपू	गुरु स्वयंभूनाथ

उपर्युक्त सूची के अनेक ग्रंथ अभी तक हस्तलिखित रूप में ही उपलब्ध होते हैं, कतिपय ग्रंथ छपकर प्रकाशित भी हुए हैं। इन ग्रंथों के अनुशीलन करने पर भी इनके रचना काल का ठीक-ठीक पता नहीं चलता, जिससे इनके पौर्वापर्य का निर्णय भलीभाँति किया जा सके। इसी के इदमित्थं रूप से इन दिग्विजयों के विषय में कुछ नहीं कहा जा सकता। हम जिस परिणाम पर पहुँचते हैं, उनका उल्लेख कर देना ही पर्याप्त होगा।

(1) आनंदज्ञान (आनंदगिरि) बृहत् शंकरविजय—हमारी दृष्टि में यह 'शंकरविजय' सब विजयों में सबसे अधिक प्राचीन है। इस ग्रंथ के अस्तित्त्व का पता हमें मावधकृत शंकरदिग्विजय के टीकाकर्ता धनपति सूरि के इस कथन से लगता है—'एतत् कथाजालं' 'बृहच्छशंकरविजय' एवं एवं 'श्रीमदानंद ज्ञानाख्यानंदगिरिणा रचिते द्रष्टव्यमिति दिक्'।[6] 'अर्थात् ये कथासमूह आनंदज्ञान आनंदगिरि रचित 'बृह शंकरविजय' में उपलब्ध होते हैं। घनपति सूरि ने अपनी टीका में लगभग, 1350 श्लोकों का दिग्विजय के वर्णन के समय किसी ग्रंथ से उद्धृत किया है, जिसका नाम उन्होंने कहीं भी निर्दिष्ट नहीं किया। इसमें 15 सर्ग, 2 श्लोक की व्याख्या में 481 श्लोक, चौथे श्लोक की व्याख्या में 402 श्लोक तथा 28वें श्लोक की व्याख्या में 351 श्लोक उद्धृत किए गए हैं। हमारा दृढ़ अनुमान है कि ये श्लोक आनंदज्ञान के 'बृहत् शंकरविजय' से ही हैं, जिसका उल्लेख उन्होंने 16वें सर्ग के 103 श्लोक की टीका में किया है। 'आनंदज्ञान' का ही प्रसिद्ध नाम आनंदगिरि है, जिन्होंने शंकराचार्य के भाष्यों के ऊपर बड़ी ही सुबोध तथा लोकप्रिय टीकाएँ रची हैं। शारीरक भाष्य की टीका 'तात्पर्य-निर्णय'

इनकी ही अनमोल कृति है। इन्होंने शंकराचार्य की गद्दी सुशोभित की थी। ये किसी मठ के अध्यक्ष थे। कामकोटि पीठवाले इन्हें अपने मठ का अध्यक्ष बतलाते हैं, द्वारिका पीठवाले अपने मठ का। जो कुछ भी हो, इनका समय निश्चितप्राय है कि विक्रम की 12वीं शताब्दी में ये अवश्य विद्यमान थे। यह ग्रंथ आजकल कहीं भी उपलब्ध नहीं होता। कालक्रम के अनुसार, यह ग्रंथ सबसे प्राचीन तथा प्रामणिक प्रतीत होता है।

(2) आनंदगिरि-शंकर विजय—इस ग्रंथ को जीवानंद विद्यासागर ने कलकत्ते से 1881 ई. में प्रकाशित किया, जिसमें ग्रंथकर्ता का नाम 'आनंदगिरि' दिया गया है। इसमें 74 प्रकरण हैं। आचार्य का कामकोटि पीठ से[7] विशेष संबंध दिखलाया गया है। अत: अनेक विद्वानों की सम्मति है कि शृंगेरी पीठ की बढ़ती हुई प्रतिष्ठा देखकर कामकोटि के अनुयायी किसी संन्यासी ने इस ग्रंथ का निर्माण अपने पीठ के गौरव तथा महत्त्व को प्रदर्शित करने के लिए किया। अत: प्रसिद्ध आनंदगिरि को इसका कर्ता मानना नितांत भ्रमपूर्ण है। यह ग्रंथ आचार्य के जीवनवृत्त का सांगोपांग वर्णन करने के लिए उतना उपादेय नहीं है, जितना विभिन्न भारतीय धार्मिक संप्रदायों के सिद्धांतों का विवरण प्रस्तुत करने में महत्त्वशाली है। इसके अनुशीलन से भारतीय विभिन्न धार्मिक विचारधाराओं के रहस्य और पारस्परिक पार्थक्य का परिचय भलीभाँति हो सकता है। आनंदज्ञान के 'बृहत् शंकरविजय' का आशय लेकर यह ग्रंथ प्रस्तुत किया गया है। धनपति सूरि के द्वारा उद्धृत श्लोकों व इस ग्रंथ के वर्णन की तुलना से स्पष्ट है कि जो कुछ वहाँ संक्षिप्त रूप है, वही यहाँ बड़े विस्तार के साथ दिया गया है। आनंदज्ञान के प्रमाण के तौर पर जिन वैदिक मंत्रों को उद्धृत-मात्र किया है, उनका विस्तृत व्याख्यान तथा विशेष प्रश्न इस ग्रंथा में उपलब्ध है। ग्रंथकार का भौगोलिक ज्ञान बहुत ही साधारण है, अन्यथा केदारनाथ के दर्शनांतर बदरीनारायण जाने के लिए कुरुक्षेत्र के मार्ग का उल्लेख नहीं होता। ग्रंथ के अंतिम प्रकरण में अनंतानंदगिरि ने आचार्य शंकर के द्वारा वैष्णवमत, कापालिकमत, सौरमत तथा गाणापत्यमत के स्थापन की बात लिखी है।

(3) चिद्विलास यति-शंकरविजय-विलास—यह ग्रंथ गुरु-शिष्य के संवाद रूप में लिखा गया है। गुरु का नाम है—चिद्विलास यति और शिष्य

का विज्ञानकंद। शिष्य ने गुरु से शंकरचार्य के जीवनवृत्त के विषय में जिज्ञासा की। उसी की निवृत्ति के लिए इस ग्रंथ का प्रणयन हुआ। अनंतानंद गिरि ने अपने शंकरविजय में चिद्विलास तथा विज्ञानकंद को आचार्य का साक्षात् शिष्य बतलाया है। इस ग्रंथ तथा पूर्ण ग्रंथ में अनेक बातों में साम्य है—घटनाओं में तथा भौगोलिक स्थानों के नाम में भी। इस ग्रंथ में 32 अध्याय हैं। इसके आरंभ में नारदजी के भूमंडल की दशा देखते-देखते केरल गमन का तथा धार्मिक दुरवस्था का विशेष वर्णन है। यह तैलग्ड़ाक्षरों में मद्रास में बहुत पहले ही प्रकाशित हुआ है। अब नागरी में काशी से प्रकाशित हो रहा है।

(4) राजचूड़ामणि दीक्षित-शंकराभ्युदय—दीक्षितजी दक्षिण भारत के प्रसिद्ध कवियों में अन्यतम थे। इनके पिता का नाम था, रत्नखेट श्रीनिवास तथा माता का कामाक्षी। वह तंजोर के राजा 'रघुनात' के आश्रय में रहते थे, जिनकी प्रशंसा उन्होंने 'रघुनाथभूपविजय' काव्य में की है। ये दार्शनिक भी थे तथा साहित्यिक भी। जैमिनि सूत्रों 'तंत्र शिखामणि' नामक व्याख्या की रचना 1636 ई. में हुई। 'रुक्मिणी कल्याण' काव्य में रुक्मिणी के विवाह की कथा विस्तार के साथ लिखी गई है। इन्हीं का लिखा हुआ 'शंकराभ्युदय' नामक काव्य भी है, जिसके आदि के 6 सर्ग प्रकाशित हुए हैं।

(5) माधव-शंकरदिग्विजय—आचार्य शंकर के विषय में यही ग्रंथ सबसे अधिक लोकप्रिय और प्रसिद्ध है। हमारा आचार्य-विषयक विशेष ज्ञान इस ग्रंथरत्न के ऊपर अवलंबित है। ग्रंथकार दर्शन के विशिष्ट विद्वान् प्रतीत होते हैं, क्योंकि इस ग्रंथ पर उनकी विद्वत्ता की गहरी छाप पड़ी हुई है। मंछन मिश्र या भट्टभास्कर के साथ शंकराचार्य के शास्त्रार्थ के जो प्रसंग नवम तथा पंचदश सर्ग में क्रमशः वर्णित हैं, वे माधव के दर्शनज्ञान के उत्त्कृष्ट उदाहरण हैं।[8]

वे गृहस्थाश्रम का प्रसिद्ध नाम माधवाचार्य था, इसके कर्ता माने जाते हैं। परंतु विशेष अनुशीलन करने पर यह मत उचित नहीं प्रतीत होता। इस निर्णय पर पहुँचने के अनेक कारण हैं—

(क) विद्यारण्य स्वामी शृंगेरी मठ के अध्यक्ष थे। अतः उनके ग्रंथ में उसी मठ की परंपरा तथा मान्यता का उल्लेख होना न्यायसंगत प्रतीत होता है, परंतु बात ऐसी नहीं हैं। शृंगेरी मठ ने 'गुरुवंश-महाकाव्य' अपने आरे से प्रकाशित किया है,

इस काव्य में वर्णित शंकराचार्य का वृत्त माधव-वर्णित चरित से मूलतः पृथक् है।

(ख) शंकर दिग्विजय का रचयिता अपने आपको 'नवकालिदास' कहता है—

वागेषा नवकालिदासविदुषो दोषोज्झिता दुष्कवि
व्रातैर्निष्करुणैः क्रियेत विकृत धेनुस्तुरुष्कैरिव।

माधवाचार्य के ग्रंथ में इस उपाधि का कहीं भी उल्लेख नहीं है। अतः स्पष्टतः यह काव्य 'नवकालिदास' उपाधिधारी किसी माधव भट्ट की रचना होगी।

(ग) माधव (विद्यारण्य) के ग्रंथों की सूची में इस ग्रंथ का उल्लेख नहीं मिलता।

(घ) इस ग्रंथ के पच्चीस श्लोक (सर्ग 12/1-24 श्लोक) राजचूड़ामणि दीक्षित के 'शंकराभ्युदय' (सर्ग 4, श्लोक 2-6, 7/14-23) से ज्यों-के-त्यों उद्धृत किए गए हैं। अतः इसकी रचना 17वीं शताब्दी है।

(ङ) मावध विद्यारण्य की प्रसन्न शैली से इस काव्य की शैली भिन्न पड़ती है। पदमैत्री उतनी अच्छी नहीं है। जान पड़ता है, कोई काव्यकला का अनभ्यासी व्यक्ति पद्य लिख रहा हो।

(च) इस काव्य में अनेक इतिहास विरुद्ध बातें दीख पड़ती हैं, जिनका उल्लेख विद्यारण जैसा माननीय आचार्य कभी नहीं करता। शैव संप्रदाय के आचार्य अभिनव गुप्ताचार्य का शास्त्रार्थ शंकर के साथ दिखलाना इतिहास तथा कालगणना दोनों के विरुद्ध है। अभिनव गुप्ता[9] कश्मीर के निवासी थे, कामरूप के नहीं । वे शंकर से तीन सौ वर्ष बाद अवतीर्ण हुए थे। उसी प्रकार शंकर का शास्त्रार्थ बाण, दंडी, मयूर[10], खंडनकार[11] (खंडनखंडखाद्य के रचयिता कविवर श्रीहर्ष), भट्ट भास्कर[12], उदयनाचार्य (10 शतक) के साथ इस ग्रंथ में दिखलाया गया है। इनमें प्रथम तीन ग्रंथकार शंकर से प्राचीन हैं तथा अंतिम तीन आचार्य शंकर से पश्चात्वर्ती हैं। इन छहों की समसामयिकता प्रदर्शित करना नितांत अनुपयुक्त है।

इन्हीं कारणों से बाध्य होकर हमें कहना पड़ता है कि माधव-विद्यारण्य इसके कर्ता नहीं है। 'नवकालिदास' की उपाधिवाले, 'भारतचंपू' के रचयिता

माधव भट्ट के नाम से प्रख्यात हैं। वे ही इस दिग्विजय के भी रचयिता हैं। ये दक्षिण के निवासी थे और राजचूड़ामणि दीक्षित (16 शतक) से भी अर्वाचीन हैं। 'भारतचंपू' तथा इस विजय की काव्य शैली में नितांत साम्य है।

इन काव्य के ऊपर दो टीकाएँ उपलब्ध होती हैं—

(क) **वेदांत डिंडिम**—इनकी रचना काशी में सारस्वत पंडित रामकुमार के पुत्र धनपति सूरि ने 1744 विक्रमी में की।

(ख) **अद्वैतराज्यलक्ष्मी**—इसके लेखक, अनेक ग्रंथों के निर्माता-अच्युतराय मोडक।[13]

(6) **सदानंद व्यास-शंकरदिग्विजयसार**—सदानंद पंजाब की रावलपिंडी के पास के रहनेवाले थे। बालकपन में ही अशेष विद्याओं में प्रौढ़ता प्राप्त कर वे पौराणिक वृत्ति से अपनी जीविका चलाते थे। वे नानकपंथी साधु बाबा रामदयालजी के साथ काशी आए और रामघाट के पास 'बालूजी का फर्श' नामक मुहल्ले में पुराणों की कथा कहा करते थे। किसी धनाढ्य व्यक्ति ने साधुजी को बड़ी संपत्ति दी। साधुजी थे विरक्त। उन्होंने उसमें से एक कौड़ी भी नहीं छुई और संपूर्ण धन व्यासजी को ही दे डाला। इसी रुपए से व्यासजी ने एक शिवमंदिर मणिकर्णिका घाट पर बनवाया, जो आज भी इनकी विमल-कीर्ति की कहानी सुनाता हुआ खड़ा है। पंडित रामकुमारजी नामक सारस्वत ब्राह्मण के पुत्र धनपति सूरी को इन्होंने विद्या ही का दान नहीं दिया, प्रत्युत अपनी गुणवती कन्या का भी विवाह उन्हीं के साथ कर दिया। ये धनपति सूरी वे ही हैं, जिन्होंने माधवकृत शंकरदिग्विजय की 'डिंडिम' नामक टीका का प्रणयन किया है। सदानंद व्यास ने ग्रंथों के निर्माण-काल का भी उल्लेख किया है। शंकरदिग्विजय का प्रणयन।[14] विक्रमी (1780 ई.) में तथा 'गीताभाव-प्रकाश' का निर्माण[15] 1837 विक्रमी (1972 ई.) में किया गया। मणिकर्णिका घाट पर शिव मंदिर का निर्माण 1843 विक्रमी में इन्होंने किया। अतः लगभग डेढ़ सौ वर्ष हुए, इसी काशीपुरी में इनका निवास था।

ग्रंथ

इनके ग्रंथों की संख्या अधिक है। इनके ग्रंथों में कतिपय प्रकाशित हुए हैं

और कतिपय अभी तक हस्तलिखित रूप में ही उपलब्ध हैं—(1) अद्वैत सिद्धि-सिद्धांत सार सटीक, (2) गीताभावप्रकाश (भगवद्गीता का पद्यमयी टीका), (4) स्वरूप-निर्णय, (5) महाभारत-तात्पर्यप्रकाश, (6) रामायण-तात्पर्यप्रकाश, (7) महाभारत-सरोद्वारा सटीक (8) ईशोपनिषत्सार, (9) शंकरदिग्विजयसार, यह ग्रंथ माधव के दिग्विजय ग्रंथ का सारांश है। कहीं-कहीं तो माधव श्लोक ज्यों-के-ज्यों रख लिये गए हैं। उदाहरणार्थ, पद्मपाद का आध्यात्मिक गायन (8/21-31) माधव के ग्रंथ से ही अक्षरशः गृहीत हुआ है। इसे पढ़कर माधव के बृहत् ग्रंथ का संक्षेप भलीभाँति माना जा सकता है।

(7) कामकोटि पीठ के संप्रदायानुसार आचार्य का चरित कई बातों में भिन्न है। यह पीठ माधव के दिग्विजय में श्रद्धा नहीं रखता, प्रत्युत निम्नलिखित कामकोटि पीठ के ग्रंथों को ही प्रामाणिक मानता है, जिनका निर्माण इस पीठ के अध्यक्षों के अनुसार ग्रंथ में समय-समय पर किया गया।[16]

(क) पुण्यश्लोक मंजरी—शंकर से 54वें पीठाध्यक्ष सर्वज्ञ सदाशिवबोध (1423-1421 ई.) के द्वारा रचित यह ग्रंथ गौरवशाली माना जाता है। इसमें 109 श्लोक हैं, जिनमें पीठ के आचार्यों का जीवनवृत्त संक्षेप में दिया गया है।

(ख) गुरुरत्नमाला—कांची के 44वें अध्यक्ष परम शिवेंद्र सरस्वती के शिष्य सदाशिव ब्रहमेंद्र की यह कृति है, जिसमें वहाँ के पीठाधीशों का वृत्त 86 आर्याओं में निबद्ध किया गया है।

(ग) परिशिष्ट तथा सुषमा—कांची के 61वें महादेवेंद्र सरस्वती के शिष्य, आत्मबोध की ये दोनों रचनाएँ हैं। परिशिष्ट में केवल 13 श्लोक हैं, जो मंजरी की रचना के अनंतर होनेवाले पीठाध्यक्षों (54वें-60वें) के वर्ण करते हैं। 'सुषमा' गुरुरत्नमाला की टीका है, जिसका निर्माण 1642 शक (=1820 ई.) में किया गया।

(8) मालाबार प्रांत में आचार्य के ग्रंथ—मालाबार प्रांत में आचार्य के जीवन-चरित के विषय में अनेक प्रवाद या किंवदंतियाँ प्रचलित हैं, जो अन्यत्र उपलब्ध वृत्त से अनेकांश में भिन्न हैं। इन केरलीय प्रवादों से युक्त आचार्य का जीवन-चरित 'शंकराचार्य-चरित' में मिलता है। इनके रचयिता का नाम गोविंदनाथ यति है, जो संभवतः संन्यासी थे, परंतु निश्चयः केरलीय थे।

यमक-काव्य 'गौरीकल्याण' के रचयिता, राम वारियर के शिष्य, करिकाटग्रामन के निवासी गोविंदनाथ से ये यति महोदय भिन्न प्रतीत होते हैं। इस ग्रंथ की विशिष्टता गंभीर उदात्त शैली है। न तो इसमें कल्पना की ऊँची उड़ान है और न अतिशयोक्ति का अतिशय प्रदर्शन। स्वाभाविकता इसकी महती विशेषता है। इस ग्रंथ के 9 अध्याय हैं, जिनमें आचार्य का संक्षिप्त चरित उपलब्ध है। ग्रंथ अभी तक प्रकाशित नहीं हुआ है। इसके रचनाकाल का पता नहीं चलता, परंतु यह ग्रंथ 19वीं शताब्दी के पीछे का प्रतीत नहीं होता।[17]

(9) गुरुवंश काव्य—इधर शृंगेरी मठ के प्राचीन ग्रंथागार से उपलब्ध ग्रंथ प्रकाशित हुआ है, जिसका नाम 'गुरुवंश काव्य' है। इसका केवल प्रथम भाग (1 सर्ग -7 सर्ग) श्री वाणीविलास प्रेस से प्रकाशित हुआ है। इसकी रचना हुए सौ वर्ष से कुछ ही अधिक बीता होगा। इसके रचयिता का नाम काशी लक्ष्मण शास्त्री है, जो आजकल के शृंगेरी मठाध्यक्ष से पूर्व चतुर्थ अध्यक्ष श्री सच्चिदानंद भारत स्वामी के सभा पंडित थे। लक्ष्मण शास्त्री नृसिंह स्वामी के शिष्य थे, जिनकी कृपा से वे विद्यापारगामी हुए थे। ग्रंथकार के शृंगेरी मठ के पंडित होने से तथा हस्तलिखित प्रति के शृंगेरी की परंपरा के अनुकूल है। ग्रंथ की पुष्पिका में 'सच्चिदानंदभारती मुनींद्र निर्मापिते' पद से इसकी पुष्टि भी होती है। इस ग्रंथ के केवल प्रथम तीन सर्गों में ही आचार्य का जीवन-चरित संक्षेप में उपस्थित किया गया है। अन्य सर्गों में शृंगेरी गुरु-परंपरा का साधारण उल्लेख कर श्री विद्यारण्य स्वामी का चरित्र ही कुछ अधिकता से वर्णित है। इस 'शंकरचरित' में भी अनेक विलक्षण तथा नवीन बातें हैं।[18]

पुराणों में शंकरचरित

इन ग्रंथों के अतिरिक्त पुराणों में भी स्थान-स्थान पर शंकराचार्य के जीवन की ओर संकेत मिलते हैं। मार्कंडेय पुराण, स्कंदपुराण, कूर्मपुराण[19] तथा सौरपुराण[20] में तीर्थों के वर्णन के अवसर पर आचार्य का चरित संकेतित है अथवा वर्णित है। 'शिवरहस्य' के नवम अंश के 16वें अध्याय में शंकर की अवतार कथा का विशिष्ट वर्णन है, जो यहाँ परिशिष्ट रूप में दिया जाता है। 'शिवरहस्य' अभी तक अमुद्रित ही है। यह एक प्रकांड विपुलकाय ग्रंथ है, जिसका मुख्य विषय

शिवोपासना है। इसके अनेक खंड हैं, जिन्हें कहते हैं। यदि उपरि निर्दिष्ट ग्रंथ प्रकाशित हो जाए तो बड़ा ही अच्छा हो। इस समीक्षा का स्पष्ट है कि आचार्य के जीवनवृत्त लिखने की ओर प्रवृत्ति प्राचीन काल से ही है। क्यों न हो, आचार्य शंकर दिव्य विभूति हैं, जिनके चरित्र तथा उपदेश का चिंतन और अनुशीलन प्रत्येक भारतीय का ही नहीं, प्रत्युत प्रत्येक शिक्षित व्यक्ति का प्रधान कर्तव्य है। महत्त्व के कारण ही तो वे शंकर के अवतार माने जाते हैं।

आचार्य शंकर की दिग्विजय-यात्रा

श्रृंगेरी में मठ की स्थापना करना तथा शिष्यों के द्वारा वेदांत ग्रंथ की रचना करवाना आचार्य शंकर का आरंभिक काल था। अब उनके सामने भारतवर्ष में सर्वत्र अद्वैत मत के प्रचार करने का अवसर आया। अब तक उनके अंतेवासी ही उ नके उपदेशामृतों का पालन करते थे, अब आचार्य ने चारों ओर जनता के सामने अपने उपदेशामृत की वर्षा करने का संकल्प किया। अपने शिष्यों के साथ उन्होंने भारत के प्रसिद्ध तीर्थों में भ्रमण किया। जो तीर्थ पहले वैदिक धर्म के पीठस्थल थे, अद्वैतपरक वेदांत के मुख्य दुर्ग थे, वे ही आज तामस तांत्रिक पूजा तथा अन्य अवैदिक मतों के अड्डे बन गए थे। आचार्य ने इन मतवालों का यथार्थ खंडन किया और सर्वत्र अद्वैत-वेदांत की वैजयंती फहराई।1[32]

आचार्य शंकर के साथ उनके भक्त शिष्यों की एक बृहत् मंडली थी। साथ-ही-साथ वैदिक धर्म के परम हितैषी राजा सुधंवा भी आकस्मिक आपत्तियों से बचाने के लिए इस मंडली के साथ थे। इस प्रकार यह मंडली भारतवर्ष के प्रधान तीर्थ तथा धर्म-क्षेत्रों में जाती, विरोधियों की युक्तियों का आचार्य खंडन करती और उन्हें अपने अद्वैत मत में दाखित करती। आचार्य शंकर ही यह तीर्थ-भ्रमण 'दिग्विजय' के नाम से प्रख्यात है। शंकर के चरितग्रंथाों में इसी का विशेष रूप से वर्णन रहता था। इसीलिए वे 'शंकर दिग्विजय' के नाम से प्रख्यात होते आए हैं। प्रत्येक चरितग्रंथ में इस दिग्विजय का विस्तृत वर्णन उपलब्ध होता है, परंतु इन वर्णनों में परस्पर भिन्नता भी खूब है। चरितग्रंथाों की समीक्षा से हम इस निष्कर्ष पर पहुँचते हैं कि दिग्विजय की प्रधानतया दो शैलियाँ हैं। एक, चिद्विलास के 'शंकर-विजय-विलास', अनंतानंद गिरि के 'शंकर विजय' तथा धनपतिसूरि

की टीका में उद्धृत आनंदगिरि (?) के 'शंकर विजय' में स्वीकृत है तथा दूसरी शैली माधव के 'शंकर-दिग्विजय' में मान्य हुई है। दोनों में शंकर के द्वारा विहित इस दिग्विजय का क्रम भी भिन्न है तथा स्थानों में भी पर्याप्त भिन्नता है। माधव के वर्णन की अपेक्षा आनंदगिरि का वर्णन विस्तृत है, परंतु अनंतानंद गिरि के वर्णन का भौगालिक मूल्य बहुत ही कम है। एक उदाहरण ही पर्याप्त है। आचार्य शंकर ने केदार लिंग के दर्शन के अनंतर बदरीनारायण का दर्शन किया, परंतु इस ग्रंथकार का कहना है—"अमरलिंग केदार लिंग दृष्ट्वा कुरुक्षेत्रमार्गात् बदरीनारायणदर्शनं कृत्वा...3वाच[33]" अमरलिंग केदार लिंग केदारलिंग का दर्शन कर शंकर ने कुरुक्षेत्र के मार्ग से बदरीनारायण का दर्शन किया। बात बिल्कुल समझ में नहीं आती कि केदारनाथ के दर्शन के अनंतर बदरीनाथ का दर्शन ही उचित क्रम है, पर इसे सिद्ध करने के लिए कुरुक्षेत्र जाने की क्या आवश्यकता? यह तो अप्राकृतिक है तथा द्रविड़ प्राणायाम के समान है। इसी प्रकार की अनेक बातें मिलती हैं, जिससे शंकर के दिग्विजय का क्रम ठीक-ठाक नहीं जमता। इसलिए हमें बाध्य होकर दिग्विजय के स्थानों का वर्णक्रम से वर्णन करना उचित प्रतीत होता है। जिन स्थानों का वर्णन सब ग्रंथाों में मिलता है, उनकी सत्यता हमें माननी ही पड़ती है। ऐसे स्थानों के सामने चिह्न दिया गया है।

स्थानों का वर्णक्रम से वर्णन

अनंतशयन[34] (चिद्[35] आ.)—इस स्थान पर आचार्य ने एक मास तक निवास किया था। यह वैष्णवमत का प्रधान केंद्र था। यहाँ वैष्णवों के 6 संप्रदाय रहते थे— भक्त, भागवत, वैष्णव, पाशरात्र, वैखानस तथा कर्महीन। शंकर के द्वारा पूछे जाने पर इन्होंने अपना मत इस प्रकार प्रतिपादित किया—वासुदेव परमेश्वर तथा सर्वज्ञ हैं। वे ही भक्तों पर अनुकंपा करने के लिए अवतार धारण करते हैं। उनकी उपासना के द्वारा ही मुक्ति प्राप्त होती है तथा उनका लोक प्राप्त होता है। कोंडिन्य मुनि ने वासुदेव की उपासना कर यहीं मोक्ष प्राप्त किया था। इसी मार्ग का अनुसरण हम भी करते हैं। हम लोगों में दो विभाग हैं—कोई ज्ञानमार्गी हैं और कोई कर्ममार्गी हैं। दोनों के अनुसार मुक्ति सुलभ होती हैं, अनंतर छहों संप्रदायवालों ने अपने विशिष्ट सिद्धांतों का सांगोपांग वर्णन किया। आंचरात्र

लोगों में पाँच वस्तुओं का (अंचकालों का) विशेष माहात्म्य है, जिसके नाम हैं—(1) अभिगमन—कर्मण मनसा वाचा जप-ध्यान-अर्चन के द्वारा भगवान् के प्रति अभिमुख होना; (2) उपादान—पूजा निमित्त फल-पुष्पादि का संग्रह; (3) इज्या—पूजा (4) अध्याय—आगमग्रंथों का श्रवण, मनन और उपदेश (5) योग—अष्टांग योग का अनुष्ठान। वैखानस मत में विष्णु की सर्वव्यापकता मानी जाती है। कर्महीन संप्रदाय गुरु को ही मोक्ष का दाता मानता है। गुरु भगवान् विष्णु से प्रार्थना करता है कि वे शिष्यों के क्लेशों को दूर कर उन्हें इस भवसागर से पार लगाएँ। आचार्य ने इनकी युक्तियों का सप्रमाण खंडन किया—कर्म से मुक्ति नहीं होती, निष्काम बुद्धि से कर्मों का संपादन चित्त की शुद्धि करता है। तब अद्वैत ज्ञान से ही मुक्ति मिलती है। वैष्णवों ने इस मत को मान लिया।

अयोध्या[36] **(आ.)**—इस स्थान पर भी आचार्य पधारे थे। इस स्थल की किसी विशिष्ट घटना का उल्लेख नहीं है।

अहोबल (आ.)—भगवान्! नरसिंह के आविर्भाव का यह परम पावन स्थल है। शृंगेरी में पीठ की स्थापना कर तथा सुरेश्वर को इसका अध्यक्ष बनाकर शंकराचार्य ने इस स्थान की यात्रा की थी। अत: यह दक्षिण भारत में ही कहीं होगा। इसके वर्तमान नाम का पता नहीं चलता। (प्रक. 63)

इंद्रप्रस्थपुर (आ.)—यह प्राचीन इंद्रप्रस्थ (आधुनिक दिल्ली) ही प्रतीत होता है। शंकराचार्य के समय में यहाँ इंद्र में महत्त्व का प्रतिपादन करनेवाले धार्मिक संप्रदाय का बोलबाला था। आचार्य के साथ इन लोगों का संघर्ष हुआ था। पराजित होकर उन्होंने अद्वैत मत को अंगीकार कर लिया। (प्रक. 33)

उज्जैनी—यह स्थान आज भी धार्मिक महत्त्व रखता है। यह मालवा प्रांत का प्रधान नगर है। भारत की सप्तपुरियों में यह अन्यतम नगरी रही है। आचार्य के समय में यहाँ कापालिक मत का विशेष प्रचार था। यहाँ उन्होंने दो महीने तक निवास किया। आनंदगिरि के कथनानुसार, उन्मत्त भैरव नामक शूद्र-जाति का कापालिक यहीं रहता था। वह अपनी सिद्धि के सामने किसी को न तो उपासक ही मानता था, न पंडित ही। उसे भी शंकर के हाथों पराजित होना पड़ा। चावार्क, जैन तथा नाना बौद्धमतानुयायियों को भी आचार्य ने यहाँ परास्त किया। माधव के कथनानुसार, यहाँ भेदाभेदवाही भट्ट भास्कर निवास करते थे। शंकर ने पद्मपाद

को भेजकर भेंट करने के लिए उन्हें अपने पास बुलाया। वे आए अवश्य, परंतु अद्वैत प्रतिपादन सुनकर उनकी शास्त्रार्थ-लिप्सा जाग उठी। इन दोनों दार्शनिकों में तुमुल शास्त्रार्थ छिड़ गया—ऐसा आश्चर्यजनक शास्त्रार्थ, जिसमें भास्कर अपने पक्ष की पुष्टि में प्रबल युक्तियाँ देते थे और शंकर अपनी प्रखर बुद्धि से उनका खंडन करते जाते थे। विपुल शास्त्रार्थ के अनंतर भास्कर की प्रभा क्षीण पड़ी और उन्हें भी अद्वैतवाद को ही उपनिषद्-प्रतिपाद्य मानना पड़ा।[37] माधव का यह कथन इतिहास विरुद्ध होने से सर्वथा अग्राह्य है। भास्कर ने ब्रह्म सूत्रों पर भेदाभेद के समर्थन में भाष्य लिखा है, जिसमें शंकराचार्य के मत का भरपूर खंडन है। रामानुज ने वेदार्थ संग्रह में, उदयनाचार्य ने न्यायकुसुमाजंलि में तथा वास्पति मिश्र (८९८ वि.) ने भामती में इनके मत का उल्लेख पुर: सर खंडन किया है। अत: इनका समय शंकर तथा वाचस्पति के मध्यकाल में होना चाहिए। ये शंकर के समकालीन थे ही नहीं। अत: शंकर के साथ इनके शास्त्रार्थ करने की माधवी कल्पना बिल्कुल अनैतिहासिक अथ च उपेक्षणीय है। आचार्य के प्रति समधिक आदर की भावना से प्रेरित होकर ग्रंथकार ने भास्कर के ऊपर शंकर के विजय की बात कल्पित की है।

कर्नाटक (मा.)—माधव के कथनानुसार, कर्नाटक देश कापालिक मत का प्रधान पीठ था। कपालिक लोगों की हथियारबंद सेना थी, जो सरदार क्रकच की अधीनता में वैदिक धर्मावलंबियों पर आक्रमण किया करती थी। क्रकच का रूप बड़ा ही भयंकर था—श्मशान का भस्म उसके शरीर पर मला रहता, एक हाथ में मनुष्य की खोपड़ी और दूसरे हाथ में त्रिशूल चमकता था; वह भैरव का बड़ा ही उग्र उपासक था। शंकराचार्य के शिष्यों से लड़ने के लिए उसने अपनी शिक्षित तथा रणोन्मत्त सेना भेजी। यदि राजा सुधंवा अपने अस्त्र-शस्त्रों से इसे मार नहीं भगाते, तो वह शंकर के शिष्यों का काम ही तमाम कर डालता। पर वीर राजा के संग का फल खूब ही फला। मदमत्त कापालिक तलवार, तोमर तथा पट्टिश से ब्राह्मणों पर टूट पड़े, पर सुधंवा ने अपने बाणों से उनका संहार कर शंकराचार्य के शिष्यों की खूब ही रक्षा की। क्रकच इस पराजय से नितांत क्षुब्ध हुआ और उसने सहायतार्थ स्वयं भगवान् भैरव का ही आह्वान किया। सुनते हैं, भैरव प्रकट हुए और अपने परमभक्त क्रकच को बड़ा ही डाँटा कि वह उनके

ही अवतार शंकराचार्य से इतना घोर विरोध किए हुए था। फलत: क्रकच का सर्वनाश हो गया। आचार्य की विजय हुई।[38]

कांची[39]—कांची हमारी सप्तपुरियों में अन्यतम है। मद्रास के पास आज भी यह अपनी प्रतिष्ठा बनाए हुए है। इसके दो भाग हैं—शिवकांची तथा विष्णुकांची। माधव का कथन है कि आचार्य ने यहाँ पर विद्या के अभ्यास के निमित्त एक विचित्र मंदिर बनवाया और वहाँ से तांत्रिकों को दूर भगाकर भगवती कामाक्षी की श्रुति-प्रतिपादित पूजा की प्रतिष्ठा की। आनंदगिरि ने तो शंकर का कांची के साथ बड़ा घनिष्ठ संबंध बतलाया।[40] यहीं रहकर आचार्य ने शिवकांची तथा विष्णुकांची, दोनों भागों का निर्माण किया तथा भगवती कामाक्षी की प्रतिष्ठा की। कामाक्षी वायुरूपिणी ब्रह्मविद्यात्मक रुद्रशक्ति हैं। ये गुहावासिनी ही थीं। आचार्य ने अपनी शक्ति से इन्हें व्यक्त रूप दिया तथा इनकी विशिष्ट प्रतिष्ठा की। श्रीचक्र की भी प्रतिष्ठा उसी समय आचार्य ने की। कांची के राजा का नाम राजसेन था, जिसने आचार्य की अनुमति से अनेक मंदिर तथा देवालय बनाए। शंकर ने कामाक्षी के मंदिर के बिल्कुल मध्य स्थान (बिंदु-स्थान) में स्थित मानकर 'श्रीचक्र' के आदर्श पर कांची को फिर से बसाया। इन तीनों विभिन्न ग्रंथों की सहायता से स्पष्ट प्रतीत होता है कि शंकराचार्य ने कांची में कामाक्षी के मंदिर तथा श्रीचक्र की स्थापना की थी। कांची का वर्तमान धार्मिक वैभव शंकर के ही प्रयत्नों का फल है।[41]

कामरूप (मा.)—यह स्थान असम प्रांत का मुख्य नगर है, जहाँ कामाख्या का मंदिर तांत्रिक पूजा का महान् केंद्र है। शंकर ने इस स्थान की भी यात्रा की। यहाँ माधव ने उन्हें अभिनव गुप्ता को पराजित करने की बात लिखी है, परंतु यह घटना ऐतिहासिक नहीं प्रतीत होती। अभिनव गुप्त कश्मीर के निवासी थे। वे प्रत्यभिज्ञा-दर्शन के नितांत प्रौढ़ तथा माननीय आचार्य हैं। वे साहित्यशास्त्र के भी महारथी हैं। 'अभिनव-भारती' तथा 'लोचन' ने इनका नाम साहित्य-जगत् में जिस प्रकार अमर कर दिया है, उसी प्रकार ईश्वर प्रत्यभिज्ञाविमर्शिनी, तंत्रलोक, परमार्थसार, मालिनीविजयवार्तिक तथा परात्रिंशिका विवृति ने त्रिक (शैव) दर्शन के इतिहास में इन्हें चिर स्मरणीय बना दिया है। ये अलौकिक सिद्ध पुरुष थे। ये अर्ध 'त्र्यंबक' मत के प्रधान आचार्य शंभुनाथ के शिष्य और मत्स्येंद्रनाथ संप्रदाय के एक सिद्ध कौल थे। इनका समय अनेक प्रमाणों से 11वें शतक का उत्तरार्ध

है, ठीक शंकर के समय से तीन सौ वर्ष बाद। इन्हें ब्रह्मसूत्रों पर शक्तिभाष्य का लेखक भी कहा गया है, परंतु यह कथन भी ठीक नहीं। ब्रह्मसूत्रों के ऊपर किसी भी प्राचीन पंडित का 'शक्तिभाष्य' उपलब्ध नहीं होता। अत: 11वीं शताब्दी के उत्तरार्ध में विद्यमान कश्मीरक शैव दार्शनिक अभिनव गुप्त के साथ अष्टम शतक में विद्यमान शंकराचार्य के शास्त्रार्थ की कल्पना नितांत अनैतिहासिक है। दार्शनिक जगत् में अभिनव की कीर्ति बहुत बड़ी है। अत: शंकर की महत्ता दिखलाने के लिए ही इस शास्त्रार्थ की घटना कल्पित की गई है।

काशी—इस पुण्यमयी विश्वनाथपुरी के साथ शंकराचार्य का बड़ा ही घनिष्ठ संबंध है। आचार्य को अपने लक्ष्य की सिद्धि में काशीवास से बहुत ही लाभ हुआ, इसे हम नि:संकोच भाव से कह सकते हैं। माधव के कथनानुसार भगवान् विश्वनाथ की स्पष्ट आज्ञा से शंकर ने ब्रह्मसूत्रों पर भाष्य लिखने का संकल्प किया, जिसे उन्होंने 'उत्तर काशी' में जाकर पूरा किया। आनंदगिरि तो काशी को ही भाष्यों के प्रणयन का स्थान बतलाते है। यहीं रहते समय वेदव्यास से शंकराचार्य का साक्षात्कार हुआ था। यहीं आचार्य ने कर्म, चंद्र, ग्रह, क्षपणक, पितृ, गरुड़, शेष, सिद्धि आदि नाना मतों के सिद्धांतों का खंडन कर वैदिक मार्ग की प्रतिष्ठा की थी। काशी में मणिकार्णिका घाट के ऊपर ही आचार्य का निवास था, इस विषय में दिग्विजयों में दो मत नहीं हैं।

कुरु (मा. चिद्.)—कुरुदेश प्रसिद्ध ही है, इसकी प्रधान नगरी इंद्रप्रस्थ का नाम पहले आ चुका है। यहाँ किसी विशेष घटना का उल्लेख नहीं मिलता (चिद्. सर्ग, मा. 16 सर्ग)।

केदार (आ.)—उत्तराखंड का यह सुप्रसिद्ध तीर्थ है। इसकी प्रसिद्धि बहुत ही प्राचीन काल से है। पुराणों में यह तीर्थ बड़ा ही पवित्र तथा महत्त्वशाली माना गया है (आ. 55 प्रक.)।

गणवार (आ.)—यह नगर दक्षिण भारत में था। यह गणपति की पूजा का प्रधान केंद्र था। यहाँ शंकर ने बहुत दिनों तक अपने शिष्यों के साथ निवास किया। यहाँ गणपति के उपासकों के ये विभिन्न संप्रदाय थे—महागणपति, हरिद्रा गणपति, उच्छिष्ट गणपति, नवनीत, स्वर्ण तथा संतान गणपति के पूजक, जिन्हें शंकर ने परास्त कर अद्वैतमत में दीक्षित किया था।[43]

गया (आ.)—यह बिहार प्रांत का सुप्रसिद्ध तीर्थ है, जहाँ श्राद्ध करने से प्रेतात्माएँ मुक्ति लाभ करती हैं (मा. प्रक. 55)।

गोकर्ण (चिद्. मा.)—यह बंबई प्रांत का प्रसिद्ध शिवक्षेत्र है। गोवा से लगभग 30 मील पर यह नगर समुद्र के किनारे स्थित है। यहाँ के शिव का नाम 'महाबलेश्वर' है, जिनके दर्शन के लिए शिवरात्रि के समय बड़ा उत्सव होता है। कुबेर के समान संपत्ति पाने की इच्छा से रावण ने अपनी माता कैकसी की प्रेरणा से यहीं घोर तपस्या की थी तथा अपना मनोरथ सिद्ध किया था।[44] महाभारत काल में भी यह मान्य तीर्थक्षेत्र था। यहाँ अर्जुन ने तीर्थयात्रा की थी। कालिदास ने भी गोकर्णेश्वर को वीणा बजाकर प्रसन्न करने के लिए नारदजी के आकाशमार्ग से जाने का उल्लेख किया है[45] (मा. सर्ग 12, चिद्., 21 प्रक.)।

चिदंबर (चिद्. आ.)—यह दक्षिण-भारत का प्रधान शैव-तीर्थ है। महादेव की आकाशमूर्ति यहीं विद्यमान है। यहाँ का विशालकाय शिव मंदिर दक्षिणी स्थापात्य कला का उत्त्कृष्ट उदाहरण है। नटराज की अभिराम मूर्ति आरंभ में यहीं मिली थी। इस मंदिर की एक विशिष्टता यह भी है कि इसके ऊपर नाट्यशास्त्र में वर्णित हस्तविक्षेप के चित्र हैं। इन चित्रों के परिचय में नाट्यशास्त्र के तत्तत् श्लोक उत्टंकित किए गए हैं। आनंदगिरि की सम्मति में शंकर का जन्म यहीं हुआ था, परंतु यह मत ठीक नहीं है। इसका खंडन हमने चरित के प्रसंर्ग में कर दिया है (चिद्. 26, अद्य. आन. 2 प्रक.)।

जगन्नाथ—सप्तपुरियों में यह अन्यतम पुरी है। उड़ीसा देश में समुद्र तट पर इसकी स्थिति है। यह पुरी के ही नाम से विख्यात है। यहीं कृष्ण, बलराम और सुभद्रा की काष्ठमयी प्रतिमाएँ हैं। हमारे चार धामों में यह भी प्रधान धाम है। शंकराचार्य ने यहाँ पर अपना 'गोवर्धन पीठ' स्थापित किया। (चिद्. अध. 30 आन. 55 प्रकरण)।

द्वारिका—भारत के पश्चिमी समुद्र के तीर पर द्वारिकापुरी विराजमान है। यहाँ आचार्य ने अपना पीठ स्थापित किया, जो शारदा पीठ के नाम से विख्यात है। माधव ने यहाँ पाँचरात्र मतानुयायायी वैष्णवों की स्थिति बतलाई है (चिद्. 31; आन. प्र. 55 मा., सर्ग 15)।

नैमिष (मा.)—यह वही स्थान है, जहाँ ऋषियों के प्रश्नों के उत्तर में सूत

ने नाना प्रकार की पौराणिक कथाएँ कहीं। यह स्थान उत्तर प्रदेश में ही लखनऊ से उत्तर-पूर्व में सीताराम जिले में है। आज भी यह तीर्थस्थल माना जाता है।

पंढरपुर-(चिद्.)—इस स्थान पर पांडुरंग की प्रसिद्ध प्रतिमा है। महाराष्ट्र देश में यह सबसे अधिक विख्यात वैष्णव-क्षेत्र है। यहाँ का प्रसिद्ध मंत्र है—पुंडरीक वरदे, विट्ठलनाथ कृष्ण के ही रूप हैं। शंकर ने पांडुरंग की स्तुति में एक स्तोत्र भी लिखा है।

प्रयाग—माधव ने त्रिवेणी के तट पर मीमांसक कुमारिल भट्ट के साथ शंकर के भेंट करने की बात लिखी है। इसका विस्तृत वर्णन पहले किया गया है। आनंदगिरि के वरुण, वायु आदि के उपासक, शून्यवादी, बराहमतानुयायी, लोक-गुण-सांख्य-योग तथा वैशेषिक मतवादियों के साथ शास्त्रार्थ करने की घटना का उल्लेख किया है।

पांचाल (मा.)—शकर के इस दश म जान का सामान्य हा उल्लख मिलता है। यह प्रांत आधुनिक उत्तर प्रदेश में गंगा-यमुना के दोआब का उत्तरी भाग है। 'महाभारत' में इस देश की विशेष महिमा दीख पड़ती है। उस समय यहाँ के राजा द्रुपद थे, जिनकी पुत्री द्रौपदी पांडवों की पत्नी थी।

बदरी—यह उत्तराखंड का प्रसिद्ध तीर्थक्षेत्र है। इस स्थान से शंकराचार्य का विशेष संबंध है। यहाँ भगवान् के विग्रह की स्थापना तथा वर्तमान पद्धति से उनकी अर्चना का विधान आचार्य के ही द्वारा किया गया है। इस विषय का पर्याप्त विवेचन पीछे किया गया है। आनंदगिरि के कथनानुसार, शंकर ने यहाँ तप्तकुंड का पता लगाकर अपने शिष्यों के शीतजनित कष्ट का निवारण किया था।

बाह्लिक (मा.)—माधव ने आचार्य के यहाँ जाने का सामान्य रूप से उल्लेख किया है। यह स्थान भारतवर्ष की पश्चिमी-उत्तरी सीमा के बाहर था। बैक्ट्रिया के नाम से इसी देश की प्रसिद्धि इतिहास-ग्रंथों में मिलती है।

भवानी नगर (आ.)—यह दक्षिण भारत का कोई शक्तिपीठ प्रतीत होता है। वर्तमान समय में इसकी स्थिति का विशेष परिचय नहीं मिलता। आनंदगिरि ने 'गणवरपुर' के अनंतर आचार्य के यहाँ जाने का उल्लेख किया है। यहाँ शक्ति की उपासना विशेष रूप से प्रचलित थी। इसके समीप ही कुबलयपुर नामक कोई ग्राम था, जहाँ लक्ष्मी के उपासकों की बहुलता थी। यहाँ रहते समय आचार्य ने

शक्ति की तामस पूजा का विशेष रूप से खंडन किया और इस मत के अनुयायियों को सात्त्विक पूजा की दीक्षा दी (आ. प्रक. 19-22)।

मथुरा (चिद् मा.)—चिद्‌विलास का कहना है कि आचार्य अपने शिष्यों के साथ यहाँ आए थे। गोकुल तथा वृंदावन में भी इन्होंने निवास किया था। हमने पहले ही लिखा है कि आचार्य के कुल देवता भगवान् श्री कृष्णचंद्र थे, अतः कृष्ण के चरणारविंद से पवित्रित तीर्थ में आना तथा निवास करना सर्वथा समुचित है। शंकराचार्य को केवल शंकरोपासक मानना नितांत अनुचित है।[47]

मदुरै (चिद्.)—यह दक्षिण का प्रसिद्ध तीर्थक्षेत्र है, जहाँ मीनाक्षी का प्रसिद्ध मंदिर है। यहाँ सुपर्णपद्मिनी नामक नदी में स्नान कर शंकर ने मीनाक्ष तथा सुंदरेश्वर का दर्शन किया।

मध्यार्जुन (आ. चिद्.)—यह स्थान तंजोर जिले में है, जिसका वर्तमान नाम 'तीरू विद मरुदूर' है। पूरब की तरफ अग्नीश्वर नामक प्रसिद्ध स्थान है, जिसे प्रसिद्ध शैव दार्शनिक हरदत्ताचार्य के जन्म स्थान होने का गौरव प्राप्त है। 'भविष्योत्तर पुराण' में इस अग्नीश्वर क्षेत्र का माहात्म्य भी विशेष रूप से वर्णित है। उस अंश का ही नाम है 'अग्नीश्वर माहात्म्य'। इससे स्पष्ट है कि मध्यार्जुन प्राचीन काल से ही अपने धार्मिक माहात्म्य के कारण अत्यंत प्रसिद्ध रहा हैं। यहाँ महादेव की मूर्ति हैं। यहाँ की एक विचित्र घटना का उल्लेख आनंदगिरि ने किया है। शंकराचार्य ने विधिवत् पूजन के अनंतर यहाँ के अधिष्ठित देवता महादेव से पूछा कि भगवान्! द्वैत और अद्वैत, इन उभय मार्गों में कौन सच्चा है ? इस पर व्यक्त रूप धारण कर महादेव लिंग से प्रकट हुए और दाहिना हाथ उठाकर तीन बार जोर से कहा कि अद्वैत ही सत्य है। आचार्य तथा उपस्थित जनता को इस घटना से विस्मय तथा संतोष, दोनों प्राप्त हुए (चिद्. 26 अ.)।

मरुंधपुर (आ.)—नगर का उल्लेख आनंदगिरि ने किया है, जहाँ आचार्य मल्लपुर के अनंतर पधारे थे। यह स्थान मल्लपुर से पश्चिम में था। यहाँ विष्वक्सेन मत तथा मन्मथ मत के खंडन की बात लिखी हुई है (आ. प्रक. 30)।

मल्लपुर (आ.)—यह भी कोई दक्षिण ही का स्थान प्रतीत होता है, जहाँ 'मल्लारि' की पूजा विशेष रूप से होती थी (आ. प्रक. 21)।

मागधपुर (आ.)—इस स्थान की स्थिति का ठीक-ठाक पता नहीं चलता

कि यह मगध का ही कोई नगर था या किसी अन्य प्रांत का। आनंदगिरि ने इसे 'मरुंधपुर' के उत्तर में बतलाया है। यहाँ कुबेर तथा उनके सेवक यक्ष लोगों की उपासना होती थी (अ. प्रक. 32)।

मायापुरी—इसका वर्तमान काल में प्रसिद्ध नाम हरिद्वार है। इस स्थान से शंकराचार्य का विशेष संबंध रहा है। बदरीनाथ जाते समय शंकराचार्य इधर से ही गए थे। प्रसिद्धि है कि विष्णु की प्रतिमा को डाकुओं के डर से पुजारी लोगों ने गंगा के प्रवाह में डाल दिया था। शंकर ने इस प्रतिमा का उद्धार कर फिर इसकी प्रतिष्ठा की।

मृडपुरी (चिद्.)—यह भी दक्षिण का कोई तीर्थ है। वास्तविक क्षेत्र में आचार्य शंकर के जाने का उल्लेख 'चिद्विलास' में किया गया है। यहाँ पर बौद्धों के साथ शंकर का शास्त्रार्थ हुआ था (चिद्. आ. 21)।

यमप्रस्थपुर (आ.)—आनंदगिरि ने इस स्थान को इंद्रप्रस्थपुर से प्रयाग के मार्ग में बतलाया है। इंद्रप्रस्थपुर तो वर्तमान दिल्ली के ही पास था। वहीं से पूरब प्रयाग जाते समय यह नगर मिला था। यम की पूजा होने के कारण ही इस नगर का यह नाम पड़ा था। (अ. प्रक. 34)।

रामेश्वरम्—यह नगर आज भी अपनी धार्मिक पवित्रता व अक्षुण्णता बनाए हुए है। इसी स्थान पर भगवान् रामचंद्र ने समुद्र बँधवाया था और उसी के उपलक्ष्य में यहाँ रामेश्वरम् नामक भगवान् शंकर की प्रतिष्ठा की थी। हमारे चार धामों में अन्यतम धाम यही है। यह सुदूर दक्षिण समुद्र के किनारे है। यहाँ का विशालकाय मंदिर दक्षिणात्य स्थापत्य कला का उत्कृष्ट नमूना है, जिसका मंडप एक सहस्र स्तंभों में सुशोभित है। भगवान् का स्वर्ण का बना हुआ रथ अब भी बड़ी धूमधाम के साथ निकलता है। माधवाचार्य ने यहाँ शाक्त लोगों की प्रधानता बतलाई है।

वक्रतुंडपुरी (चिद्.)—यह दक्षिण में प्राचीन तीर्थ-विशेष है। यहाँ की नदी का नाम गंधवती है। यह गणपति की उपासना का प्रधान क्षेत्र है। यहाँ पर ढुंढराज और वीरविघ्नेश नामक आचार्यों के साथ, जो पाश, अंकुश आदि के चिह्नों को अपने शरीर पर धारण किए हुए थे, आचार्य शंकर का शास्त्रार्थ हुआ (चिद्-अ. 28)।

वासुकिक्षेत्र (चिद्.)—आचार्य ने यहाँ कुमारधारा नदी में स्नान कर स्वामी कार्तिकेय की विधिवत् अर्चना की। यह स्थान कार्तिकेय की उपासना का प्रधान क्षेत्र था। इसके पास ही कुमार पर्वत है, जिसकी प्रदक्षिणा आचार्य ने की। कुमार की पूजा करते हुए शंकर ने कुछ दिन यहाँ बिताए थे (चिद्., अ. 21)।

विज्जलबिंदु (आ.)—इस स्थान का निर्देश आनंदगिरि ने किया है और इसे हस्तिनापुर से दक्षिण-पूर्व बतलाया है। अत: वर्तमान उत्तर प्रदेश के पश्चिमी हिस्से में इसे कहीं होना चाहिए। यह उस समय का एक प्रख्यात विद्यापीठ प्रतीत होता है। आनंदगिरि के अनुसार, मंडन मिश्र का यहीं निवास स्थान था। मंडन बहुत ही धनाढ्य व्यक्ति थे। विद्यार्थियों के लिए उन्होंने स्थान और भोजन का विशेष प्रबंध कर रखा था। उनके नाम तथा प्रबंध से आकृष्ट होकर छात्रों का बड़ा जमावड़ा लगता था (आनंदगिरि, प्रकरण 51)।

विदर्भ नगर (मा.)—यह नगर वर्तमान बरार है। माधवाचार्य ने यहाँ शंकर के जाने का उल्लेख किया है।

वेडंटाचल (मा. चिद्.)—यह दक्षिण का प्रसिद्ध वैष्णव तीर्थस्थल है, जिसे साधारण लोग 'बलाजी' पुकारते हैं। यह आजकल एक बड़ा भारी धनाढ्य संस्थान है, जहाँ अभी संस्कृत विद्यालय स्थापित किया गया है। यहाँ विष्णु की पूजा पाँचरात्र-विधि से न होकर वैखानस-विधि से की जाती है। वैष्णवों में वैखानस तंत्र विशेष महत्त्व रखता है। शंकर ने यहाँ बड़े प्रेम-भक्ति के साथ वेंकटेश की पूजा करके निवास किया था (चिद्विलास अ. 26)।

वैकल्यगिरि (आ.)—आनंदगिरि ने इस स्थान का निर्देश कांची के पास किया है। (प्रकरण 63)।

रूद्धपुर (आ.)—यह स्थान श्रीपर्वत के पास कहीं दक्षिण में था। आचार्य जब श्रीपर्वत पर निवास करते थे, तब इस नगर के ब्राह्मणों ने आ करके कुमारिल भट्ट के कार्यों की बात कही थी। उनकी सूचना पाकर आचार्य यहाँ गए और यहीं पर इन्होंने कुमारिल का साक्षात्कार किया। आनंदगिरि का यह कथन (प्रकरण 55, पृष्ठ 180) अन्य किसी दिग्विजय के द्वारा पुष्ट नहीं होता। माधव ने तो स्पष्ट ही प्रयाग को शंकर और कुमारिल के भेंट होने का स्थान बतलाया है।[48]

श्रीपर्वत—आजकल यह मद्रास प्रांत के कर्नूल जिले का प्रसिद्ध देवस्थान

हैं। यहाँ का शिवमंदिर बड़ा विशाल तथा भव्य है, जिसकी लंबाई 660 फीट तथा चौड़ाई 510 फीट है, जिसकी दीवार पर 'रामायण' और 'महाभारत' के सुंदर चित्र अंकित किए गए हैं। यह द्वादश लिंगों में अन्यतम श्रीमल्लिकार्जुन तथा भ्रमरांबा का स्थान है। इस मंदिर की व्यवस्था आजकल पुष्पगिरि के शंकराचार्य की ओर से होती है। प्राचीन काल में यह सिद्धि क्षेत्र माना जाता था। माध्यमिक मत के नागार्जुन ने इसी पर तपस्या कर सिद्धि प्राप्त की थी तथा सिद्ध नागार्जुन का नाम अर्जन किया था। शंकराचार्य के समय में तो इसका प्रभाव तथा प्रसिद्धि बहुत ही अधिक थी। बाणभट्ट ने राजा हर्षवर्धन की प्रशंसा करते हुए उन्हें भक्त लोगों के मनोरथ-सिद्धि करनेवाला श्रीपर्वत कहा है।[49] भवभूति ने मालतीमाधव में इस स्थान की विशेष महिमा बतलाई है। किसी समय यह बौद्ध लोगों का प्रधान केंद्र था। चैत्यवादी निकाय के जो दो—पूर्वशैलीय और अपरशैलीय भेद थे, वे इसी श्रीपर्वत से पूर्व और पश्चिम अवस्थित दो पर्वतों के कारण दिए गए थे। कापालिकों का यह मुख्य केंद्र प्रतीत होता है। शंकरचार्य का उग्रभैरव के साथ यहीं पर संघर्ष हुआ था (चिद्. अ. 21)

सुब्रह्मण्य (आ.)—आनंदगिरि ने अनंतशयन के पश्चिम में 15 दिन यात्रा करने के अनंतर यह स्थान मिला था, ऐसा लिखा है। यह कार्तिकेय का आविर्भाव स्थान माना गया है। यहीं कुमारधारा नदी है, जिसमें स्नान कर शंकर ने कुमार का पूजन किया था। चिद्विलास ने जिसे वासुकि क्षेत्र नाम से लिखा है, यह वही स्थान प्रतीत होता है। आनंदगिरि [50] ने यहाँ पर शंकर के द्वारा हिरण्यगर्भमत, अग्निवादीमत तथ सौरमत के खंडन की बात लिखी है।

आचार्य शंकर के द्वारा इन्हीं स्थानों की यात्रा की गई थी। जिन स्थानों के विषय में सब दिग्विजयों का एकमत है, वे क्रमशः ये हैं—उज्जैनी, कांची, काशी, द्वारिका, पुरी, प्रयाग, बदरीनाथ, रामेश्वर, श्रीपर्वत तथा हरिद्वार। ये समग्र स्थान धार्मिक महत्त्व के हैं, अतः शंकराचार्य का इन स्थानों पर जाना तथा विरोधी मत वालों को परास्त करना स्वाभाविक प्रतीत होता है। द्वारिका, जगन्नाथपुरी, बदरी तथा शृंगेरी में उन्होंने मठों की स्थापना की।

शारदा पीठ में शंकर—कश्मीर प्राचीन काल से ही जितना प्राकृतिक अभिरामता के लिए प्रसिद्ध है, उतना ही अपने विद्या-वैभव के लिए भी विख्यात

है। यहाँ के पंडितों ने संस्कृत साहित्य के नाना विभागों को अपनी अमूल्य कृतियों से पूर्ण किया है। दर्शन और साहित्य का, तथा व्याकरण का तो यह ललित क्रीड़ा निकेतन ही ठहरा। भगवती शारदा इस क्षेत्र की अधिष्ठात्री देवी हैं। इसलिए यह मंडल शारदा पीठ या शारदा क्षेत्र के नाम से प्रख्यात है। महाकवि बिल्हण की यह उक्ति [51] का कविता-विलास केसर के सहोदर हैं, इसलिए शारदा देश को छोड़कर कविता और केसर के अंकुर अन्यत्र नहीं उगते, जन्मभूमि के प्रेम का परिणाम नहीं है, अपितु इसके पीछे सच्चा इतिहास विद्यमान है। भगवती शारदा का प्राचीन मंदिर आज भी विद्यमान है, परंतु जननिवास से जंगल में इतना दूर है कि वहाँ विशिष्ट यात्री ही पहुँच पाते हैं। साधारण यात्री तो मार्ग की कठिनता से विचलित होकर लौट ही आता है। इस शारदा के मंदिर के पास ही कुंड था, जिसकी प्राचीन काल में प्राण-संजीवन करने की विलक्षण शक्ति सुनी जाती है। शारदा कुंड के जल से स्पर्श होते ही मृत व्यक्ति में प्राणों का संचार हो उठता था। यहाँ एक प्रवाद प्रसिद्ध[52] है कि कर्नाटक देश का राजा था, जिसके कान भैंसे के कान के समान थे। अतः वह 'महिषकर्ण' कहलाता था। वह कश्मीर में अपने शरीर-दोष के निवारण के लिए आया, परंतु राजकन्या के अकारण कोप का भाजन बन जाने से उसे अपने प्राणों से हाथा धोने की नौबत आ गई। उसका अंग छिन्न-भिन्न कर दिया गया, परंतु एक भक्त सेवक उन्हें बटोरकर कुंड के पास ले गया, जिसके जल के स्पर्श मात्र से ही उनमें जीवनी-शक्ति का संचार हो आया। राजा जी उठा।

इसी शारदा के मंदिर में सर्वज्ञपीठ था, जिस पर वह पुरुष आरोहण कर सकता था, जो सकल ज्ञान-विज्ञान-कला तथा शास्त्र का निष्णात पंडित होता था। बिना सर्वज्ञ के कोई पुरुष उस पर अधिरोहण का अधिकारी न था। इस मंदिर में प्रत्येक दिशा की ओर चार दरवाजे थे। मंदिर में भगवती शारदा का साक्षात् निवास था। कोई भी अपवित्र व्यक्ति मंदिर में प्रवेश नहीं कर सकता था। दक्षिण में रहते हुए शंकराचार्य ने यह बात सुनी कि शारदा मंदिर के पूरब, पश्चिम तथा उत्तर के द्वार तो खुले रहते हैं, परंतु दक्षिण का द्वार कभी नहीं खुलता। उन दरवाजों से होकर वही व्यक्ति प्रवेश कर सकता है, जो सर्वज्ञ हो। दक्षिण भारत में सर्वज्ञ के अभाव से मंदिर-द्वार कभी खुलता ही नहीं, हमेशा बंद

ही रहता है। आचार्य ने दाक्षिणात्यों के[53] नो से इस कलंक को धो डालने की इच्छा से शिष्यों के साथ कश्मीर की यात्रा की। शारदा मंदिर में पहुँचकर उहोंने अपने सुनी बातें सच्ची पाईं। आत्मबल तथा चिरत्रबल के तो वे निकेतन ही थे। उन्होंने बलपूर्वक दक्षिण द्वार को धक्का देकर खोल दिया और उसमें प्रवेश करने का ज्यों ही उद्योग किया, त्यों ही चारों ओर से पंडितों की मंडली उनपर टूट पड़ी और जोर से चिल्लाने लगी—''पहले अपने सर्वज्ञता की परीक्षा दे दीजिए, तब इस द्वार से प्रवेश करने का साहस कीजिए।'' शंकराचार्य ने यह बात सहर्ष स्वीकार की। इसके लिए तो वे बद्धपरिकर थे ही। वहाँ प्रत्येक शास्त्र के पंडितों का जमाव था। वे लोग अपने शास्त्र की बातें उनसे पूछने लगे। शंकर ने उन प्रश्नों का यथार्थ उत्तर देकर सब पंडितों को चमत्कृत कर दिया। वे परीक्षा में खरे उतरे। विभिन्न दर्शकों के पेंचीदे प्रश्नों का यथार्थ उत्तर देकर आचार्य ने अपने सर्वज्ञ होने की बात सप्रमाण सिद्ध कर दी। मंदिर के भीतर जाकर उन्होंने सर्वज्ञ पीठ की ओर दृष्टि डाली। साहस कर वे उस पीठ पर अधिरोहण करने का ज्यों ही प्रयत्न करने लगे, ठीक उसी उसी समय शारदा की भावना आकाशवाणी के रूप में प्रकट हुई। आकाशवाणी ने कहा—''इस पीठ पर अधिरोहरण करने के लिए सर्वज्ञता ही एकमात्र कारण नहीं है, पवित्रता भी उसका सहायक साधन है। आप संन्यासी हैं, संसार के प्रपंच का सर्वथा परित्याग कर चुके हैं। संन्यासी होकर मृतक शरीर में प्रवेश कर कामिनियों के साथ रमण करना तथा काम कला सीखना क्या संन्यासी का न्यायानुमोदित आचरण है ? ऐसा पुरुष पवित्र चरित्र होने का अधिकारी कैसे हो सकता है ?''

शंकर ने उत्तर दिया—''मैंने इस शरीर से जन्म लेकर अब तक कोई पातक नहीं किया। काम कला का रहस्य मैंने अवश्य सीखा है, परंतु अब दूसरे शरीर को धारण कर लिया है। उस कर्म से यह भिन्न शरीर किसी प्रकार लिप्त नहीं हो सकता।[54]'' शारदा ने आचार्य की युक्ति मान ली और उन्हें पीठ पर अधिरोहण करने की अनुमति देकर पवित्रता पर मुहर लगा दी। पंडित-मंडली के हृदय को आश्चर्यसागर में डुबाते हुए सर्वज्ञ शंकर ने इस पवित्र शारदा पीठ के सर्वज्ञ पीठ पर अधिरोहरण किया।

नेपाल में शंकर

इस घटना के अनंतर शंकराचार्य ने सुना कि नेपाल में पशुपतिनाथ की पूजा यथार्थ रूप से नहीं हो रही है। नेपाल तो बौद्ध धर्म का प्रधान केंद्र ही था। यहाँ के निवासी अधिकांश बौद्ध मत के माननेवाले थे। अत: पशुपतिनाथ की वैदिक पूजा की उपेक्षा करना नितांत स्वाभाविक था। पशुपतिनाथ का अष्टमूर्ति शंकर में अन्यतम स्थान है। ये यजमान मूर्ति के प्रतिनिधि हैं। इसीलिए उनकी मूर्ति मनुष्याकृति है। यह स्थान प्राचीन काल से ही बड़ा पवित्र तथा गौरवशाली माना जाता था। यह पवित्रता आज भी अक्षुण्ण रूप से बनी हुई है, परंतु शंकर के समय में बौद्ध धर्म के बहुत प्रचार के कारण पशुपतिनाथ की पूजा में शैथिल्य आ गया था। इसी को दूर करने के लिए शंकर अपनी शिष्य-मंडली के साथ नेपाल में पहुँचे।

उस समय नेपाल में ठाकुरी वंश (या राजपूत वंश) के राजा राज्य करते थे। तत्कालीन राजा का नाम था—शिवदेव (या वरदेव)। ये नरेंद्रदेव वर्मा के पुत्र थे। उस समय नेपाल और चीन का घनिष्ठ राजनीतिक संबंध था। चीन के सम्राट् ने नरेंद्रदेव को नेपाल का राजा स्वीकृत किया था।[55] नेपाल नरेश ने शंकर की बड़ी अभ्यर्थना की और आचार्य-चरण के आगमन से अपने देश को धन्य माना। आचार्य ने बौद्धों को परास्त कर उस स्थान को उनके प्रभाव से उन्मुक्त कर दिया। पशुपतिनाथ की वैदिक पूजा की व्यवस्था उन्होंने ठीक ढंग से कर दी। इस कार्य के लिए उनके अपने ही सजातीय नंबूदरी ब्राह्मण के कुछ कुटुंब नेपाल में ही बस गए हैं। ये आपस में विवाह-शादी भी किया करते हैं, परंतु इस विवाह की संतान पूजा के अधिकारी नहीं मानी जाती है। खास मालाबार देश की कन्या से जो पुत्र उत्पन्न होता है, वही यहाँ की पूजा का अधिकारी बनता है। आज भी पशुपतिनाथ के मंदिर के पास ही शंकराचार्य का मठ है और थोड़ी ही दूर पर शंकर और दत्तात्रेय की मूर्तियाँ श्रद्धा तथा भक्ति से पूजी जाती हैं।

गौड़पाद का आशीर्वाद—इस घटना के पहले ही आचार्य को अपने परम गुरु गौड़पाद आचार्य का आशीर्वाद प्राप्त हो गया था। एक दिन यह विचित्र घटना घटी थी। गौड़पाद ने दर्शन देकर अपने प्रशिष्य को कृतार्थ किया। शंकर के गुरु थे, भगवत् गोविंदपाद और उनके गुरु थे, ये गौड़पाद। इस प्रकार शंकर इनके

प्रशिष्य लगते थे। आचार्य ने इनकी 'मांडूक्यकारिका' पर लिखे गए अपने भाष्य को पढ़ सुनाया। वे अत्यंत प्रसन्न हुए और आशीर्वाद दिया कि यह शंकर का भाष्य सर्व प्रसिद्ध होगा, क्योंकि इसमें अद्वैत के सिद्धांतों का परिचय संप्रदाय के अनुकूल ही किया गया है। जिन रहस्यों को मैंने शुकदेवजी से सुनकर गोविंद मुनि को बतलाया था, उन्हीं का यथार्थ उद्घाटन इन भाष्यों में भलीभाँति किया गया है। 'मांडूक्यकारिका' लिखने में जो मेरा अभिप्राय था, उसकी अभिव्यक्ति कर तुमने मेरे हृदय को इस भाष्य में रख दिया है। मैं आशीर्वाद देता हूँ कि तुम्हारे भाष्य इस पृथ्वी-तल पर अलौकिक प्रभा संपन्न होकर जगत् का वास्तव में मंगल-साधन करेंगे।

इस प्रकार सुनते हैं कि आचार्य शंकर के भाष्यों को वेदव्यास तथा गौड़पाद जैसे ब्रह्मवेत्ता मुनियों का आशीर्वाद प्राप्त हुआ।

शृंगेरी की परंपरा—आचार्य शंकर ने अपना अंतिम जीवन किस स्थान पर बिताया तथा सर्वज्ञ पीठ पर अधिरोहण किस स्थान पर किया, यह एक विचारणीय प्रश्न है। जिस प्रकार शंकर के जीवनवृत्त के विषय में सर्वांश में सर्व एकमत नहीं दीख पड़ता, उसी प्रकार उनके शरीरपात के विषय में भी प्राचीन काल से ही मतभेद चला आता है। हमने कश्मीर में सर्वज्ञ पीठ पर आचार्य के अधिरोहण की जो बात ऊपर लिखी है, उसका आधार माधव कृत शंकर दिग्विजय ही है।[56] अधिरोहण के अनंतर आचार्य ने अपने शिष्यों को भिन्न मठों में मठकार्य निरीक्षण के लिए भेज दिया और स्वयं वहाँ से बदरी नारायण की ओर चले गए। यह भी प्रसिद्ध है कि वहाँ कुछ दिन भगवान् नारायण की पूजा-अर्चना में बिताकर वे दत्तात्रेय के दर्शन के निमित्त उनके आश्रम में गए और उनकी गुफा में उन्हीं के साथ कुछ दिन तक निवास किया। दत्तात्रेय ने शंकर की उनके विशिष्ट कार्य के लिए प्रचुर प्रशंसा की। इसके बाद वे कैलाश पर्वत पर गए और वही अपना स्थूल शरीर छोड़कर वे सूक्ष्म शरीर में विलीन हो गए। यह वृत्तांत शृंगेरी पीठानुसार ग्रंथों में उपलब्ध होता है और अधिकांश संन्यासी लोग इसी बात को प्रामाणिक मानते हैं। 'गुरुवंश काव्य' में लक्ष्मण शास्त्री ने यही बात लिखी है।[57] चिद्विलास यति ने भी इसी मत की पुष्टि की है।[58] माधव ने इस घटना का उल्लेख किया है।[59] संन्यासियों की यह दृढ़

धारणा है कि आचार्य ने आपना लौकिक कार्य समाप्त कर कैलाश पर्वत पर शरीर छोड़ा।

चिद्विलास ने माधव के मत को तिरोधान के विषय में स्वीकृत किया है, परंतु अधिरोहण के विषय में उनका कहना है कि शंकराचार्य ने कांची में सर्वज्ञ पीठ पर अधिरोहण किया था, कश्मीर में नहीं। माधवचार्य ने जिन दो श्लोकों में (16/51-52) शंकर के कश्मीर में सर्वज्ञ-पीठारोहण की घटना लिखी है, वे दोनों श्लोक राजचूड़ामणि दीक्षित के 'शंकराभ्युदय' के ही हैं (8/68,69) परंतु शंकराभ्युदय में लिखा है कि यह घटना कांची में हुई थी, कश्मीर में नहीं। यही दोनों में भेद है।

केरल देश की मान्यता-केरल की परंपरा इससे नितांत भिन्न है। गोविंदनाथ यति लिखित 'शंकराचार्य चरितम्' के अनुसार, आचार्य की मृत्यु केरल देश में ही हुई। कांची में सर्वज्ञ पीठ पर अधिरोहण करने के अनंतर आचार्य ने वहाँ कुछ दिनों तक निवास किया। अनंतर रामेश्वर में महादेव का दर्शन और पूजन कर शिष्यों के साथ घूमते-घामते वे वृषांचल पर आए। यह स्थान केरल में है और बड़ा पवित्र है। इसीलिए यह 'दक्षिणी कैलाश' कहा जाता है। यहीं रहते उन्हें मालूम पड़ा कि उनका अंतकाल अब आ गया है। उन्होंने विधिवत् स्नान किया और शिवलिंग का पूजन किया। अनंतर श्रीमूल नामक स्थान में उन्होंने भगवान् कृष्ण और भगवान् भार्गव की विधिवत् पूजा की। कहा जाता है कि आचार्य ने अपने अंतिम दिन त्रिचूर के मंदिर में बिताए थे और उनका शरीर इसी मंदिर के विशाल प्रांगण में समाधि रूप में गाड़ा गया था। केवल देश में आज भी त्रिचूर के मंदिर की बड़ी प्रतिष्ठा है। जिस स्थान पर यह घटना घटी थी, उस स्थान पर महाविष्णु के चिह्नों के साथ एक चबूतरा बनवा दिया गया है। त्रिचूर के पास एक ब्राह्मणवंश आज भी निवास करता है, जो अपने को मंडन मिश्र या सुरेश्वराचार्य का वंशज बतलाता है। त्रिचूर के मंदिर की केरल भर में ख्याति पाने का यही कारण माना जाता है कि शंकराचार्य की समाधि उसी मंदिर के पास है।

कांची में देहपात—कामकोटि पीठ (कांची) की परंपरा पूर्वाक्त दोनों परंपराओं से भिन्न है। इस मठ की मान्यता है कि शंकराचार्य ने अपने शिष्यों

को तो चारों मठों का अध्यक्ष बना दिया और अपने लिए उन्होंने कांची को पसंद किया। यहीं कंपातीरवासिनी भगवती कामेश्वरी अथवा कामकोटि देवी की निरंतर अर्चना करते हुए आचार्य शंकर ने अपने अंतिम दिन बिताए। कांची नगरी के निर्माण में शंकर का विशेष हाथ था, ऐसा कहा जाता है। शिवकांची और विष्णुकांची की रचना उन्हीं के आज्ञानुसार राजसेन नामक राजा, जो उनका परम भक्त था, ने की। कामाक्षी के मंदिर को विष्णु-स्थान मानकर श्रीचक्र की कल्पना के अनुसार नगरी बसा दी गई। सदाशिव बछेंद्र कृत 'गुरुरत्नामालिका टीका' तथा 'गुरु परंपरास्तोत्र' में लिखा है कि भगवान् शंकर अपने जीवन के अंतिम समय तक कांची में ही विराजमान थे।[61] आनंदगिरि ने 'शंकरविजय' में कांची में ही आचार्य के शरीरपात होने की बात लिखी है।[62] एक विलक्षण बात यह है कि कांची के मंदिर कामाक्षी के मंदिर का सामना करते हुए खड़े हैं, अर्थात् सब मंदिरों का मुँह कामाक्षी के मंदिर की ओर ही है। बिना बुद्धिपूर्वक रचना किए हुए ऐसी घटना हो नहीं सकती।

पाँच प्रसिद्ध लिंग—प्रसिद्धि है कि शंकराचार्य कैलाश से पाँच स्फटिक लिंग लाए थे, जिनमें चार लिंगों की स्थापना उन्होंने चार प्रसिद्ध तीर्थों में की। श्रृंगेरी में उन्होंने भोग लिंग की स्थापना की। चिदंबरम् में मोक्ष लिंग की प्रतिष्ठा की। तीर्थयात्रा के प्रसंग में वे दक्षिण भारत के चिचनापल्ली के समीप स्थित जंबुकेश्वर तीर्थ में पहुँचे और वहाँ की देवी अधिलांडेश्वरी के कानों में ताटंक के सान पर श्रीचक्र रखकर उन्होंने भगवती की उग्रकला को मृदु बना दिया। तोटकाचार्य को ज्योतिर्मठ का अधिपति बनाकर बदरी नारायण के पास मुक्ति लिंग की प्रतिष्ठा की। नेपाल क्षेत्र में (जिसका प्राचीन नाम नीलकंड क्षेत्र है) उन्होंने वीर लिंग की स्थापना कर उसके पूजा-अर्चना की व्यवस्था की। इस प्रकार चार लिंगों की स्थापना श्रृंगेरी, चिदंबरम्, नेपाल तथा बदरी नारायण से क्रमश: करके शंकर ने अपने पास सर्वश्रेष्ठ पंचम लिंग रखा। वह योगा लिंग नाम से प्रसिद्ध था। कांची में शंकरी इसी लिंग की पूजा किया करते थे।[63] देहत्या के समय उन्होंने इस लिंग को सुरेश्वर के हाथ में समर्पित किया और कांचीपीठ तथा वहाँ के शारदा मठ का भार भी उन्हें को दे दिया। स्मरण रखना चाहिए कि यह शारदा मठ श्रृंगेरी के शारदा पीठ से भिन्न है और शिवकांची

में ही स्थित है। 'शिव रहस्य' में भी कांची में योगा लिंग की स्थापना तथा आचार्य के अंतर्धान होने की बात लिखी है।[64] मार्कंडेय संहिता (कांड 72, परिस्पंद 9) में लिखा है कि शंकर ने कामकोटि पीठ में योगा लिंग की प्रतिष्ठा की और उसके पूजन के लिए सुरेश्वराचार्य की नियुक्ति की[65]। रामभद्र दीक्षित कृत 'पतंजलिचरित' (8/91) से भी प्रतीत होता है कि शंकर का देहावसान कांची में ही हुआ था। कांची के लिंग के नाम के विषय में कहीं योगेश्वर पीठ ही ठीक प्रतीत होता है। नैषध में (12/38) कांची स्थित जिस स्फटिक लिंग का वर्णन है, वह शंकर द्वारा स्थापित योगेश्वर लिंग ही है।[66]

इस प्रकार कामकोटि पीठ से संबद्ध ग्रंथों के कथनानुसार, आचार्य का देहावसान कांची में हुआ था। इस ग्रंथकारों का कहना है कि माधवाचार्य के अनुसार जो वर्णन मिलता है, वह कामकोटि पीठ के 38वें शंकराचार्य के जीवन का वृत्त है, आदि शंकराचार्य का नहीं। इनका नाम 'धीर शंकर' था। इन्होंने आदि शंकर के समान समस्त भारत का विजय किया। इन्होंने ही कश्मीर में सर्वज्ञ पीठ पर अधिरोहण किया तथा कैलाश में ब्रह्मपद में लीन हो गए थे। उन्हीं के जीवन की घटनाएँ आदि शंकर के ऊपर आरोपित कर दी गई हैं; वस्तुत: ये घटनाएँ 'धीर शंकर' की हैं। आदि शंकर ने तो कांची में अपना शरीर छोड़ा था और यहीं वे ब्रह्मपद में लीन हो गए थे।[67]

इस प्रकार आचार्य के तिरोधान के विषय में तीन प्रधान मत हैं—(1) केरल की परंपरा आचार्य का तिरोधान केरल के 'त्रिचूर' नामक स्थान पर मानती है; (2) कामकोटि पीठ के अनुसार, शंकर ने अपनी ऐहिक-लीला का संवरण कांची में किया। वहीं भगवती कामाख्या की पूजा-अर्चना में वे अपने अंतिम दिन बिताते थे। सर्वज्ञ पीठ पर यहीं अधिरोहण किया तथा उनकी समाधि कांची में ही दी गई; (3) शृंगेरी मठ के अनुसार, उन्होंने कैलाश में जाकर इस स्थूल शरीर को छोड़ा। ये ही तीन मत हैं। प्रथम मत के पोषक प्रमाण अन्यत्र नहीं मिलते। द्वितीय मत के पोषक प्रमाण बहुत अधिक हैं, जिनका उल्लेख प्रथमत: किया गया है। तृतीय मत ही सर्वत्र प्रसिद्ध है तथा समग्र संन्यासियों का इसी मत में विश्वास है, दिग्विजयों के कथन इस विषय में एकरूपात्मक नहीं हैं। ऐसी विषम स्थिति में किसी सिद्धांत पर पहुँचना बहुत ही कठिन है। जो कुछ

हो, इतना तो बहुमत से निश्चित है कि शंकराचार्य ने भारतभूमि में वैदिक धर्म की रक्षा की और उनकी सुंदर व्यवस्था कर 32 वर्ष की आयु में इस धराधाम को छोड़ा। उनके निधन की तिथि भी भिन्न-भिन्न मानी जाती है। कुछ लोग उनका अवसान वैशाख शुक्ल 11 को, कुछ वैशाख शुक्ल पूर्णिमा को और कुछ लोग कार्तिक शुक्ल 11 को मानते हैं।

शंकराचार्य के तिरोधान के विषय में एक प्रवाद प्रसिद्ध है, जिसका यहाँ उल्लेख करना उचित है। प्रवाद यह है कि शंकराचार्य जब दिग्विजय के लिए बाहर जाते थे, तब एक बड़ा भारी लोहे का कड़ाहा साथ ले चलते थे। बौद्धों के साथ जब शास्त्रार्थ करने लगते थे, तब उस कड़ाहे में तेल भरकर आग के ऊपर करने के लिए रख देते थे। विपक्षी से यह प्रतिज्ञा करा लेते थे कि यदि वह शास्त्रार्थ में हार जाएगा तो उसे खौलते हुए तेल में फेंक दिया जाएगा। एक बार शंकर महाचीन (तिब्बत) में बौद्धों से शास्त्रार्थ करने के लिए गए और तांत्रिका बौद्धों को शास्त्रार्थ में परास्त भी किया। उनके शिष्य आनंदगिरि ने और आगे बढ़ने से रोका, "भगवान्! आगे बढ़ने की अब आवश्यकता नहीं है। जगत् की सीमा यहीं है। आप शास्त्रार्थ कहाँ तक करते चलिएगा?" गुरु ने शिष्य की बात मान ली और उस कड़ाहे को वहीं अपने दिग्विजय की सीमा निर्धारण करने के लिए छोड़कर वहाँ से लौटे। तिब्बत में सुनते हैं कि वह स्थान 'शंकर-कटाह' के नाम से आज भी प्रसिद्ध है। नेपाल और तिब्बत में यह किंवदंती प्रचलित है कि शंकर तिब्बत के किसी लामा से शास्त्रार्थ में पराजित हुए थे और अपनी प्रतिज्ञा के अनुसार खौलते हुए तेल में स्वयं को फेंकर प्राण त्याग किया था। कुछ लोग यह भी कहते हैं कि किसी लामा ने तांत्रिक प्रयोग से शंकर को मार डाला था। ये तरह-तरह की निर्मूल किंवदंतियाँ हैं, जिनमें हम सहसा विश्वास नहीं कर सकते। इन्हें केवल पाठकों की जानकारी के लिए यहाँ उद्धृत किया गया है।

संदर्भ–

1. आचार्य बलदेव उपाध्याय श्रीशंकराचार्य इलाहाबाद पृ. 23
2. कैटलॉग ऑफ संस्कृत मैन्युस्क्रिप्ट्स दि इंडिया ऑफिस लाइब्रेरी,

जिल्द 2, भाग 2, संख्या 596।

3. वही सं. 6947
4. गवर्नमेंट ओरियंटल लाइब्रेरी मद्रास सं 20792।
5. वही सं. 20794।
6. माधव शंकरदिग्विजय 17/103 की टीका, आनंदाश्रम संस्कृत सीरीज, पृ. 601।
7. श्री आचार्य बलदेव आचार्य, वही पृ. 2।
8. इस शंकरविजय की टिप्पणी तथा ऐतिहासिक भूमिका के साथ लेखक ने अनुवाद किया है, जिसके प्रकाशन श्रवणनाथ ज्ञानमंदिर (हरिद्वार से हुआ है, सं 2000।
9. तदनन्तरमेष कामरूपानधिगत्याभिनवोपशब्दगुप्तम्।
   अजयत् किल शाक्त भाष्यकारं भग्नो मनसेदमालुलोचे। 1-14/148
10. कथाभिरवंतीषु प्रसिद्धान विबुधान बाणमयूरदण्डिमुख्यान।
    शिथिलीकृतदुर्मताभिमानान निजभाष्यश्रवणोत्सुकांचकार। शं दि 15/141
11. पटुयक्ति-निकृत्त-सर्वशास्त्रं गुरुभट्ठोदयनादिकैरजयम्
    स हि खण्डनकारमूढदर्ष बहुधा व्युद्य वशंवदं चकार।। शं दि 15/14
12. दृष्टव्य शं. दि 15/10/14 त भट्टभास्कर के साथ शास्त्रार्थ।
13. पहल व्याख्या का समग्र भाग तथा दूसरे का सारांश मूल ग्रंथ के साथ आनंदाश्रम ग्रंथावली में प्रकाशित हुआ है।
14. रसगुणवसुचंद्रे विक्रमादित्यराज्ययात् समफलवति वर्षे चाश्चिने मासि शुद्धे श्रवणयुतदशम्यां भौववारेऽलिलग्न प्रथित इति निबंध: सिद्ध ईशप्रसादात्।
15. मुनिगुणवसुचंद्रे विक्रमादित्यराज्यात शुभफलवति वर्षे माघमास सितेंऽशे। पशुपतितिथिसंधौ चंद्रवारे सुलग्न विवृत इति निबंध: सिद्ध ईशाप्रसादात्।
16. इस ग्रंथों के लिए दृष्टव्य एन.के.वेंकटेशन कृत 'श्रीशंकराचार्य ऐंड हिज कामकोटि पीठ'।

17. इस संप्रदाय की जीवनी के लिए दृष्टव्य ग्रंथकार लिखित शंकर दिग्विजय, परिशिष्ट 4, पृ. 463–786।
18. आचार्य बलदेव उपाध्याय, वही पृ. 31
19. कलौ रुद्रो महोदेवा लोकानामीश्वरः परः तदे साधयेन्नृणा देवतानां च दैवतम्।
    करिष्यत्यवतारं स्वं शंकरो नीललोहितः श्रौतस्मार्तप्रतिष्ठौ भक्तानां हितकाम्यया॥
    उपदेक्ष्यति तज्ञानं शिष्यानां ब्रह्मसम्मितम् सर्ववेदान्सारं हि धर्मान् वेदांतशर्दनात्।
    ये तं प्रीत्या निसेवंते ये केनोपचारत् विजित्य कलिजान् दोषान् यान्ति ते परमं पदम्॥

    कूर्मपुराण, 3 अ. श्लोक 32–34
20. चतुर्भिः सह शिष्यैश्च शंकरोऽवतारिष्यति।
    व्याकुर्वन् व्याससूत्राणि श्रुतेरर्थ यथोचित।
    स एवार्थः श्रृतेग्राह्यः शंकर सवितानन:। –सौरपुराण
31. आचार्य बलदेव उपाध्याय, श्री शंकराचार्य, इलाहाबाद पृ. 119
33. वही।
34. यह स्थान सुदूर दक्षिण के त्रिवेंद्रम रियासत में तथा दक्षिणी समुद्र के तीर पर अवस्थित है। त्रिवेंद्रम के महाराजा आज भी वैष्णव-धर्म के उपासक हैं। 'पद्मनाभ' का सुप्रसिद्ध मंदिर भी यहाँ है।
35. अध्याय 28 (चिद्. आन. पृ. 8–10)।
36. चिद्विलास अ. 30, आ. प्रक. 23, मा. सर्ग 14।
37. माधव–शंकर दिग्विजय, सर्ग 14, श्लोक 80–140।
38. वही, सर्ग 14, श्लो. 10–28।
39. आ. 66'64 प्र., मा., सर्ग 16।
    सुरधाम च तत्र कारयित्वा परविद्या चरणानुसारि चित्रम्।
    अपवार्य च तांत्रिकानतानीद्धगव्त्याः शृतिसम्मता सपर्याम्।

    माधवः शं. दि., 15/4

40. आनंदगिरि-शं. दि. (63-64 प्रकरण)।
41. चिद्विलास-शं. वि. वि., 24वाँ अध्याय; आनंदगिरि-शं. वि., 63 प्रकरण।
42. तदनंतरमेष कामरूपानधिगत्याभिनवोपशब्दगुप्तम्।
अजयत् किल शाक्तभाष्यकांर सच भग्नो मनसेदामालुलोचे।
माधवः शं. दि. 14/147।
43. दृष्टव्य-आनंदगिरि शं. वि. (14-18 प्रकरण)।
44. आगच्छत् स सिद्धार्थ गोकर्णस्याश्रमं शुभम्। —वाल्मीकि, उत्तर 9/46।
45. अथ रोघसि दक्षिणोदधेः श्रितगोकर्णनिकेतमीश्वरम् ।
उपवीणणयितुं ययौ रवेद्धदगावृत्तिपथेन नारदः।। रघु. 8/33।
46. आनंदगिरि-शं. वि. (34-42 प्रकरण)।
47. चिद्विलास, अध्याय 31: —
साधु वृंदावनासक्तं बृंदावनमुदैक्षत।।7।।
ततोऽसौ मथुरां प्राप मथुरां नगरीं हरेः।
ततो गोकुलमापासौ तत्रैंक दिनमास्थितः।।8।।
48. आचार्य बलदेव उपाध्याय, वही पृ. 127
49. जयति ज्वलत्प्रतापज्वलनप्रकारकृतजगद्रक्षः।
सकलप्रणयिमनोरथसिद्धि श्रीपर्वतो हर्षः।।
50. आनंदगिरि प्रकरण 11-13।
51. सहोदराः कुंकुमकेसराणां भवन्ति नूनं कविताविलासाः।
न शारदादेशमपास्य दृष्टस्तेषां यदन्यत्र मया प्ररोहः।।
विक्रमांकदेवचरितत्र 1/12।
52. राजेंद्रघोष-शंकर और रामानुज, पृ. 347-348।
53. दृष्टव्य-माधवः शं. दि.।
54. नास्मिन् शरीरे कृताकिल्विषोऽहं जन्मप्रभृत्यम्ब न संहिदेऽहम्।
व्यधायि देहान्तरसंश्रयाद्यन्नतेन लिप्येत हि कर्मणाऽन्यः।।
शं. दि. - 16/86।
55. शंकर के समकालीन नेपाल नरेश के विषय में भिन्न-भिन्न मत हैं।

'नेपाल वंशावली' के अनुसार, शंकर की नेपाल यात्रा के समय सूर्यवंशी वृषदेव नामक राजा राज्य कर रहे थे। शंकर के रहते ही समय उन्हें पुत्र उत्पन्न हुआ, जिसका नाम उन्होंने आचार्य शंकर के ही नाम पर रखा। डॉक्टर फ्लीट के अनुसार, वृषदेव का काल 630–694 ई. है। ऐतिहासिक लोग इस वंशावली को विशेष महत्त्व नहीं देते। दृष्टव्य Indian Autiuary Vol. 16 (1887) pp. 41. अन्य प्रवादों के लिए देखिए—शंकर ऑ रामानुज 384–89।

56. माधव, शं. दि. सर्ग 16/33–54।
57. दत्तात्रेय भुवनविनुतं वीक्ष्य नत्वान्वगादीत्
वृत्तं स्वीयं सकलमपि तान्प्रोषितान् दिक्षु शिष्यान्
सोऽपि श्रुत्वा मुनिपतिरदादाशिषो विश्वरूपा-
चार्यादिभ्यः सुखमवसतां तत्र तौ भाषमाणौ।।3/90।।
58. इत्युक्त्वा शंकराचार्यकरपल्लवमादरात्।
अवलम्बय कराप्रेण दत्तात्रेयः सतापसः।।41
प्रविवेश गुहाद्वारं दत्वाज्ञां जनसन्ततेः।
क्रमाज्जगाम कैलाशं प्रमथैः परिवेष्टितम्।।50
शंकरविजयविलास–30 (अ.)
59. शं. दि. सर्ग 16, श्लो. 102–3।
60. इस परंपरा के लिए दृष्टव्य- पं. बलदेव उपाध्याय, 'शंकर दिग्विजय' का अनुवाद परिशिष्ट, पृ. 483–87।
61. तत्र संस्थाप्य कामाक्षीं जगाम परमं पदम्।
विश्रूपयतिं स्थाप्त स्वाश्रमस्य प्रचारणे।।
62. कांचीनगरे कदाचिदुपविश्व सूक्ष्मशरीरं स्थूले अन्तर्धाय सद्रूपो भूत्वा सूक्ष्मं कारणे विलीनं कृत्वा चिन्मात्रोभूत्वा सर्वजगद्व्यापकं चैतन्यमभवत्। तत्रत्याः ब्राह्मणाः सर्वेशिक्ष्याः प्रशिष्याश्च उपनिषद्गीताब्रह्मसूत्राणि सम्यक् पठन्तः अत्यन्तशुचिस्थले गर्त कृत्वा तत्र गन्धाक्षतबिल्वपत्र-तुलसीप्रसूनादिभिः सम्पूज्य तच्छरीरं समाधिं चक्रु। आनंदगिरि-शंकर विजय, 74 प्रकरण।

63. आनंदगिरि- शंकर विजय, प्रकरण 64 ।

64. तद्योग भोगवरमुक्तिसुमोक्षयोग- लिंगार्चनाप्राप्तजयस्वकाश्रमे
तान् वै विजिय तरसा क्षतशास्त्रवादैर्मिश्रान् स कांचयामथ सिद्धिमाप।।
                                                    –शिव रहस्ये ।

कांचयां श्रीकामकोटौ तु योग लिंगमनुत्तमम्।
प्रतिष्ठाप्य सुरेशार्यं पूजार्थं युयुजे गुरु: ।।

66. सिन्धोजैत्रमयं पवित्रमसृजत् तत्कीर्तिपूतादुभुतं ।
यत्र स्नानित जगन्ति, सन्ति कवय: के वा न वाचं यमा: ।।
यद्बिन्दुश्रियमिन्दुरश्चति जलं चाविश्च दृश्येतरो ।
यस्यासौ जलदेवतास्फटिकभूर्जागर्ति योगेश्वर: ।।
नैषध, सर्ग 12, श्लो0 38 ।

67. विशेष द्रष्टव्य Prof. Venketeshan - The Last days of Shankarcharya - Journal of Oriental Research, Madras, Vol. 1.

आदि शंकराचार्य की रचनाएँ

आदि शंकराचार्य के द्वारा लिखे गए ग्रंथों का निर्णय करना अत्यंत कठिन है। कि उन्हें कितने तथा किन-किन ग्रंथों की रचना की थी? शंकराचार्य की कृति के रूप में दो सौ से भी अधिक ग्रंथ उपलब्ध होते हैं। यह संशय है कि क्या इन समस्त ग्रंथों का निर्माण गोविंद भगवत्पूज्यपाद के शिष्य श्री शंकराचार्य के द्वारा संपन्न हुआ था? इस प्रश्न के कठिन होने का कारण यह है कि आदि शंकर के द्वारा प्रतिष्ठापित मठों के अधिपति श्री शंकराचार्य के नाम से ही प्रख्यात हैं। यह पद्धति प्राचीन काल से चली आ रही है और आधुनिक काल में भी प्रचलित है। शंकराचार्य नामधारी इन आचार्यों ने भी बहुत ग्रंथों की रचना की है। अत: इस नाम की समता के कारण यह निश्चित करना अत्यंत कठिन हो जाता है कि किस शंकराचार्य ने किस ग्रंथ-विशेष का निर्माण किया है? आदि शंकराचार्य ने अपने ग्रंथों की पुष्पिका में अपने को गोविंद भगवत्पूज्यपाद का शिष्य लिखा है। इस पुष्पिका के सहारे इनके ग्रंथों का अन्य शंकराचार्य के ग्रंथों से पार्थक्य किया जा सकता था, परंतु दु:ख के साथ लिखना पड़ता है कि इन परवर्ती शंकराचार्यों ने भी अपने ग्रंथों में अपने असली गुरु के नामों का निर्देश करके गोविंदपाद को ही अपने गुरु के स्थान में रखा है। अत: इन पुष्पिकाओं के आधार पर इन शंकराचार्यों का पता लगाना कठिन है।

आचार्य बलदेव उपाध्याय के अनुसार, यह कठिनाई है कि आदि शंकराचार्य के ग्रंथों में भी परस्पर निर्देशों का नितांत अभाव है। प्राय: देखा जाता है कि ग्रंथकार अपने एक ग्रंथ में पूर्वलिखित अपने दूसरे ग्रंथ या ग्रंथों का प्रसंगवश

उल्लेख किया करते हैं, परंतु शंकराचार्य ने इस पद्धति का अनुसरण नहीं किया। अतः उनके ग्रंथों को छानबीन करने का कोई भी साधन उपलब्ध नहीं होता।

ग्रंथों की अंतरंग परीक्षा ही इस निर्णय का एकमात्र साधन है। आचार्य की रचना-शैली नितांत प्रौढ़ अथ च अत्यंत सुबोध है। वे सरल प्रसादमयी रीति के उपासक हैं, जिसमें स्वाभाविक ही परम भूषण है। इस शैली की विशिष्टता को ध्यान में रखकर आद्य शंकर की रचनाओं का निर्णय कर सकते हैं; परंतु यह भी अंतिम निर्णय नहीं कहा जा सकता, जब तक कि समस्त ग्रंथ छपकर प्रकाशित नहीं हो जाते और उनकी विशिष्ट समीक्षा तथा अध्ययन नहीं किया जाता।

आदि शंकराचार्य के द्वारा लिखित ग्रंथों के तीन प्रकार के हैं—

1. भाष्य, 2. स्तोत्र तथा, 3. प्रकरण ग्रंथ

भाष्य ग्रंथों को हम दो श्रेणियों में बाँट सकते हैं—1. एक तो प्रस्थानत्रयी की भाष्य। 2. इतर ग्रंथों के भाष्य। साधारणतया यह प्रसिद्ध है कि शंकर, रामानुज तथा अन्याय आचार्यों ने प्रस्थानत्रय (श्रुति, स्मृति तथा सूत्र) की व्यवस्था की है तथा ऐसा करते समय उन्होंने दस प्रधान उपनिषदों पर भी भाष्य लिखा है, परंतु यह जनश्रुति वस्तुतः सत्य नहीं है, क्योंकि रामानुज का लिखा हुआ कोई भी उपनिषद् भाष्य नहीं है। ब्रह्मसूत्र का भाष्य लिखते समय रामानुज ने प्रसंगवश उपनिषदों की अनेक श्रुतियाँ उद्धृत की हैं तथा उनकी व्याख्या भी की है। 'प्रस्थान' शब्द का साधारण अर्थ है 'गमन'। परंतु 'प्रस्थानत्रयी' में प्रस्थान का अर्थ है मार्ग, जिसके द्वारा गमन किया जाए। वेदांत के तीन प्रस्थान या मार्ग ये हैं—1. श्रुति अर्थात् उपनिषद्, 2. स्मृति अर्थात् गीता और 3. सूत्र अर्थात् ब्रह्मसूत्र। इन तीनों स्थानों से यात्रा करने पर आध्यात्मिक मार्ग का पथिक ब्रह्म तक पहुँच सकता है। प्रस्थान का गमन अर्थ मानने में भी कोई विशेष क्षति नहीं है। ये तीनों ग्रंथ ब्रह्म की ओर ले जानेवाले हैं। अतः इनकी गति ब्रह्म की ओर है।

इस प्रस्थानत्रयी की जो सबसे प्राचीन तथा आदि टीकाएँ उपलब्ध होती हैं, वे शंकराचार्य के द्वारा ही लिखित हैं। शंकराचार्य के पहले भी कतिपय प्रसिद्ध वेदांताचार्यों ने इन ग्रंथों पर टीकाएँ लिखी थीं तथा इन टीकाओं का पता शंकराचार्य और उनके शिष्यों के द्वारा लिखित ग्रंथों के निर्देशों से चलता है। भर्तृप्रपंच ने 'कठोपनिषद्' तथा 'बृहदारण्यक उपनिषद्' पर भाष्य रचना

की थी। आचार्य उपवर्ष ने ब्रह्मसूत्र तथा मीमांसा सूत्रों पर वृत्तियाँ लिखी थीं। इसके विषय में यथेष्ट प्रमाण उपलब्ध होते हैं, परंतु ये वृत्ति-ग्रंथ अकाल ही में काल कवलित हो गए, जिसके कारण इनके रचयिताओं के कतिपय मतों का ही साधारण रूप से हमें परिचय मिलता है। उनके पूर्ण तथा मौलिक सिद्धांतों का पता हमें नहीं चलता। आचार्य शंकर के भाष्य इतने पूर्ण, प्रौढ़ तथा पांडित्यपूर्ण थे कि पिछले विद्वानों का ध्यान इन्हीं के भाष्यों के अध्ययन और अनुशीलन तक सीमित रह गया। इन प्राचीन आचार्यों के टीकाग्रंथों की शंकर के ग्रंथों के सामने सर्वत्र अवहेलना होने लगी। जो कुछ भी कारण हो, इतना तो निश्चित है कि शंकर के ही भाष्य ग्रंथ प्रस्थानत्रयी के उपलब्ध भाष्य ग्रंथों में प्राचीनतम हैं।

प्रस्थानत्रयी भाष्य

1. **ब्रह्मसूत्र भाष्य** : आचार्य शंकर की सबसे सुंदर तथा प्रौढ़ रचना मानी जाती है। ब्रह्मसूत्र इतने लघु अक्षरवाले तथा संक्षिप्त रूप में लिखे गए हैं कि बिना भाष्य की सहायता से उनका अर्थ नितांत कठिन है। शंकर ने बड़ी सरल, सुबोध तथा प्रौढ़ भाषा में इन सूत्रों के अर्थों को विस्तृत रूप से प्रकाशित किया है। इस भाष्य को पढ़कर साहित्य के पाठ करने का आनंद आता है। सारा भाष्य इतनी मधुर, कोमल तथा प्रसन्न शैली में लिखा गया है कि उसे पढ़कर मन मुग्ध हो जाता है। इतने कठिन दार्शनिक विषय को इस सुंदरता तथा सरलता से समझाया गया है, जिसका वर्णन करना कठिन है। वाचस्पति मिश्र जैसे प्रौढ़ दार्शनिक ने इस भाष्य को केवल 'प्रसन्न-गंभीर' ही नहीं कहा है, अपितु इसे गंगाजल के समान पवित्र बतलाया है। उनका कहना है कि जिस प्रकार गलियों का जल गंगा की धारा में पड़ने से पवित्र हो जाता है, उसी प्रकार हमारी व्याख्या (भामती) भी इस भाष्य के संसर्ग से हम स्पष्ट कर पाते हैं—

1. आचार्य वल्टेन उपाध्याय, श्री शंकराचार्य, इलाहाबाद, पृष्ठ 139
   नत्वा विशुद्धविज्ञानं, शंकर करुणाकरम्।
   भाष्यं प्रसन्नगंभीरं तत्प्रणीतं विभज्यते।।
   आचार्यकृतिनिवेशनमप्यवधूतं वचोस्मदादीनाम्।
   रथ्योदकमिव गङ्गाप्रवाहपातः पवित्रयति।।

इस भाष्य को शारीरिक भाष्य भी कहते हैं। 'शारीरिक' शब्द का अर्थ है शरीर में रहनेवाली आत्मा। इन सूत्रों के स्वरूप का विचार किया गया है। अत: इन सूत्रों को शारीरिक सूत्र और इस भाष्य को शारीरिक भाष्य कहते हैं।

2. गीता-भाष्य : भगवद्‌गीता का यह प्रख्यात भाष्य है। यह भाष्य दूसरे अध्याय के 11वें श्लोक से प्रारंभ होता है। आरंभ में आचार्य ने अपने भाष्य के दृष्टिकोण को भलीभाँति समझाया है। प्राचीन टीकाकारों के गीता के संबंध में जो विभिन्न मत थे, उनकी इन्होंने विशेष रूप से पर्यालोचना की है। इनके गीता भाष्य के लिखने की यह शैली है कि श्लोक में जो शब्द जिस क्रम से आए हैं, उनकी व्याख्या उसी क्रम से की गई है। आदि और अंत में उस श्लोक के तात्पर्य को दिखाने का प्रयत्न किया गया है। इस भाष्य में शंकर ने गीता की ज्ञान-परक व्याख्या की है, अर्थात् इन्होंने यह दिखलाया है कि गीता में मोक्ष प्राप्ति केवल तत्त्व-ज्ञान से ही बताई गई है, ज्ञान और कर्म के समुच्चय से नहीं।[3] गीता के प्राचीन टीकाकारों के मत में सर्वकर्मों के संन्यासपूर्वक आत्मज्ञान मात्र से ही मोक्ष की प्राप्ति नहीं हो सकती, प्रत्युत अग्निहोत्रादि श्रौत और स्मार्त कर्मों के साथ ज्ञान का समुच्चय करने पर ही मोक्ष की प्राप्ति होती है। वे लोग यह भी कहते हैं कि हिंसा आदि से युक्त होने के कारण वैदिक कर्मों को अधर्म का कारण मानना कथापि उचित नहीं है, क्योंकि भगवान् ने स्वयं शास्त्र कर्म को, जिसमें गुरु, भ्राता, पुत्र आदि की हिंसा होना अनिवार्य है, स्वधर्म बतलाकर प्रशंसा की है, परंतु शंकराचार्य ने इस मत का पर्याप्त खंडन कर ज्ञानपरक अर्थ की युक्तिमत्ता को प्रदर्शित किया है।

3. उपनिषद्-भाष्य : आचार्य के द्वारा लिखित उपनिषद् भाष्य ये हैं— 1. ईश, 2. केन-पद भाष्य तथा वाक्य भाष्य, 3. कठ, 4. प्रश्न, 5. मुंडक, 6. मांडूक्य, 7. तैत्तिरीय, 8. ऐतरेय, 9. छांदोग्य, 10. बृहदारण्यक, 11. श्वेताश्वतर, 12. नृसिंहतापिनी।

केन भाष्य-इन उपनिषद् भाष्यों की रचना आदि शंकराचार्य के द्वारा निष्पन्न हुई मानी जाती है, पर इस विषय में विद्वानों में ऐकमत्य नहीं है। केन उपनिषद् के दो भाष्य-पद वाक्य तथा वाक्य भाष्य-शंकर के नाम से उपलब्ध हैं। अब

विचारणीय विषय यह है कि क्या इन दोनों भाष्यों की रचना शंकराचार्य ने स्वयं की थी अथवा इन दोनों में से कोई एक दूसरे किसी की रचना है ? कुछ विद्वानों का कहना है कि एक बात को ग्रंथकार ने दो विभिन्न प्रणालियों से व्याख्या करने के लिए दो भाष्य लिखा है। एक में है, पदों का भाष्य और दूसरे में है, वाक्यों का भाष्य। परंतु इन दोनों भाष्यों की अंतरंग परीक्षा करने से यह बात स्पष्ट विदित हो जाती है कि इनके द्वारा प्रदर्शित युक्तियाँ भी भिन्न-भिन्न हैं। वाक्य भाष्य में शंकर के अत्यंत प्रसिद्ध मत भी कभी भिन्न रूप में तथा कभी विरुद्ध रूप में वर्णित किए गए हैं। शब्दों की व्याख्या भी दोनों भाष्यों में भिन्न-भिन्न रूप से प्रदर्शित की गई मिलती है।

उदाहरण—'उपनिषदं भो ब्रूहि इति। उक्ता त उपनिषद्, ब्राह्मी वाच व उपनिषदमब्रूम इति'-(4,7)

इसकी व्याख्या पद-भाष्य में जितनी स्वाभाविक रीति से की गई है, उतनी वाक्य भाष्य में नहीं है। 'ब्राह्मी' और 'अब्रूम' पद की व्याख्या दोनों भाष्यों में इस प्रकार है—

पदभाष्य—ब्राह्मीं ब्राह्मणों परमात्मन इयं ब्राह्मीं तां परमात्मविषयत्वात् अतीतविज्ञानस्य वाव एव ते उपनिषदं अब्रूम इति। उक्तामेव परमात्मविषयां उपनिषदमब्रूम इति। अवधारयति उत्तरार्थम्।[5]

वाक्यभाष्य—ब्राह्मीं ब्राह्मण: ब्राह्मणजाते: उपनिषदं अब्रूम वक्ष्याम: इत्यर्थ:। वक्ष्यति: ब्राह्मीनोक्ता, उक्ता तु आत्मोपनिषद्। तस्मात् न भूताभिप्रायों अब्रूम इति शब्द।

पदभाष्य के अनुसार, ब्राह्मी शब्द का अर्थ है, ब्रह्म से संबंध रखनेवाली उपनिषद् तथा 'अब्रूम' का अर्थ है 'कहा'। इसके विपरीत वाक्य भाष्य में इन शब्दों के क्रमश: अर्थ हैं, ब्राह्मण जाति से संबंध रखनेवाले उपनिषद् तथा 'अब्रूम' का अर्थ है 'कहूँगा'। 'अब्रूम' भूतकालिक क्रिया है। उसका 'वक्ष्यति' अर्थ कितना अनुचित तथा विरुद्ध है, इसे विद्वान् पाठकों को बतलाने की आवश्यकता नहीं है। इस प्रकार शब्दों की व्याख्या में ही अंतर नहीं है, प्रत्युत मूल के पाठ में भी पर्याप्त भेद हैं। केन (2,2) का पाठ है, 'नाहं मन्ये सुवेदेति'। पदभाष्य में मूल में 'अहं' शब्द मानकर उसकी व्याख्या की गई है, परंतु वाक्य भाष्य में

'नाहम्' के स्थान पर 'नाह' पाठ माना गया है। इस मंत्र की जो व्याख्या दोनों भाष्यों में की गई है, वह पर्याप्त रूप से विभिन्न है। अत: यह निश्चित है कि इन दोनोंा भाष्यों का एक लेखक नहीं हो सकता। पदभाष्य शंकराचार्य की भाष्य शैली के अनुगमन करने के कारण तथा अधिक तर्कयुक्त होने के कारण निश्चित ही आदि शंकराचार्य की रचना है। वाक्य भाष्य के लेखक कोई दूसरे शंकराचार्य होंगे। विद्याशंकर नाम के शृंगेरी मठ के एक आचार्य थे। विद्वानों की संप्रति में इन्होंने ही इस वाक्य भाष्य की रचना संभवत: की थी।

श्वेताश्वतर उपनिषद्—श्वेताश्वतर उपनिषद् पर जो भाष्य आचार्य के नाम से उपलब्ध है, उसकी रचना-शैली और व्याख्या पद्धति ब्रह्मसूत्र भाष्य की अपेक्षा भिन्न तथा निकृष्ट है। इसमें पुराणों के लंबे-लंबे उद्धरण मिलते हैं। उदाहरण के लिए विष्णु पुराण, लिंग पुराण, वायु पुराण के लंबे उद्धरणों के सिवाय योग वशिष्ठ तथा शिवधर्मोत्तर एवं विष्णुधर्मोत्तर के भी उद्धरण इस भाष्य में मिलते हैं। इस प्रकार पुराणों से लंबे-लंबे उद्धरण देना शंकराचार्य के भाष्य की शैली नहीं है। दूसरा प्रमाण इस विषय में यह है कि श्वेताश्वतर के भाष्यकार ने 1/8 की व्याख्या में मांडूक्य कारिका (3/5) का उद्धरण दिया है और उसके लेखक का उल्लेख करते हुए उन्हें 'शुकशिष्यों गौड़पादाचार्य:' लिखा है। यहाँ विचारणीय बात यह है कि आचार्य शंकर ने अपने परम गुरु (गोविंदपाद के गुरु) गौड़पाद के लिए सदा 'भगवान्' तथा 'संप्रदायवित्' आदि आदणीय शब्दों का प्रयोग किया है। यदि वे ही इस भाष्य के भी रचयिता होते तो इस 'शुकशिष्य' जैसे निरादर-सूचक शब्द से अपने परम गुरु का उल्लेख कदापि नहीं करते। अत: इन प्रमाणों से सिद्ध है कि आदि शंकराचार्य इस उपनिषद् भाष्य के कर्ता नहीं हो सकते।

मांडूक्य भाष्य—मांडूक्य भाष्य की रचना के विषय में विद्वानों को बड़ा संदेह है। शंका की बात है-भाष्य के आरंभ में मंगलाचरण की। आचार्य शंकर के भाष्य के आरंभ में श्लोकात्मक मंगल की रचना नहीं मिलती। तैत्तिरीय भाष्य के आदि में जो श्लोक मिलते हैं, उन्हें भी आचार्यकृत होने में संदेह है। मांडूक्य भाष्य के मंगलाचरण के द्वितीय श्लोक में छंद दोष भी है। इस पद्य में आरंभ के तीन चरण मंदाक्रांता के हैं और अंतिम चरण स्त्रग्धरा का। इस प्रकार का मिश्रण छंद शास्त्र के नियम से अनुमोदित नहीं है। भाष्य के भीतर भी कृतिपय

बातें शक-मत से बिल्कुल ही नहीं मिलतीं। इसीलिए इस भाष्य को शंकराचार्य रचित मानने में विद्वान् शंका करते हैं।

नृपसिंहतापनीय के विषय में भी विद्वानों का अंतिम निर्णय नहीं हुआ है। इस उपनिषद् में तांत्रिक सिद्धांतों का विशेष वर्णन है। तंत्र को अर्वाचीन माननेवाले लोग इस उपनिषद् को ही संदेह की दृष्टि से देखते हैं। कुछ नृसिंहतापनीय और प्रपंचसार के रचयिता को एक ही व्यक्ति मानते हैं और उसे आदि शंकर से भिन्न मानते हैं। नृसिंहतापनीय भाष्य में प्रपंचसार से 6 श्लोक उद्धृत किए गए हैं और वे सब श्लोक वर्तमान प्रपंचसार में उपलब्ध होते हैं। नृसिंहभाष्य में व्याकरण संबंधी अशुद्धियाँ भी विशेषत: पाई गई हैं, परंतु मांडूक्य भाष्य से कम। इन्हीं कारणों से इन भाष्यों को शंकर रचित मानने में विद्वान् लोग हिचकते हैं।

उपनिषद् के भाष्यों में वही शैली तथा वही सरलता उपलब्ध होती है, जो आचार्य के अन्य भाष्यों में है। शंकर ने प्रत्येक भाष्य के आरंभ में उपोद्घात के रूप में अनेक मंतव्यों का सुंदर प्रतिपादन किया है। स्थान-स्थान पर प्राचीन वेदांताचार्यों के सिद्धांतों को अपने मत की पुष्टि के लिए उद्धृत किया है तथा खंडन करने के लिए भी कहीं-कहीं निर्देश किया है। इस विषय में बृहदारण्यक का भाष्य सबसे अधिक विद्वत्तापूर्ण, व्यापक तथा प्रांजल है। इसी भाष्य के ऊपर आचार्य के पट्ट-शिष्य सुरेश्वराचार्य ने अपना विपुलकाय वार्तिक ग्रंथ लिखा है। शंकराचार्य ने ब्रह्म प्राप्ति के साधक उपायों में कर्म की उपादेयता का खंडन बड़ी प्रबल युक्ति के बल पर किया है। उनके प्रबल खंडन को देखकर प्रतीत होता है कि उस समय इस मत का कितना प्राबल्य था? साहित्यिक दृष्टि से इन भाष्यों का समधिक महत्त्व है। प्रौढ़ शास्त्रीय गद्य के ये उत्कृष्ट नमूने हैं। इस प्रस्थानत्रयी के भाष्यों में समरसता है— वही विशुद्ध विषय प्रतिपादन शैली है, वही सरल सुबोध शब्दों के द्वारा गंभीर अर्थों का विवेचन है। आचार्य के सिद्धांतों को समझने के लिए इन भाष्यों का अध्ययन नितांत आवश्यक है।

अन्य भाष्य ग्रंथ

अन्य ग्रंथों में भी शंकराचार्य विरचित भाष्य उपलब्ध हैं। इनमें कुछ उनकी नि:संदिग्ध रचनाएँ हैं, परंतु अन्य भाष्य वस्तुत: किसी अन्य शंकर द्वारा विरचित हैं—

असंदिग्ध भाष्य

(1) **विष्णुसहस्रनाम भाष्य**—सुप्रसिद्ध विष्णुसहस्र नाम पर भाष्य। इसमें प्रत्येक नाम की युक्तियुक्त व्याख्या है तथा पुष्टि में उपनिषद्, पुराण आदि ग्रंथों का प्रमाण उद्धृत किया गया है।

(2) **सनत्सुजातीय भाष्य**—धृतराष्ट्र के मोह को दूर करने के लिए सनत्सुजात ऋषि ने जो आध्यात्मिक उपदेश दिया था, वह महाभारत के उद्योग पर्व (अध्याय 42–अध्याय 46) में वर्णित है। इसे 'सनत्सुजातीय पर्व' कहते हैं। इसी पर्व का यह भाष्य है।

(3) **ललितात्रिशती भाष्य**—भगवती ललिता के तीन-सौ नामों पर विस्तृत पांडित्यपूर्ण भाष्य। आचार्य ललिता के उपासक थे। इस ग्रंथ में उपनिषद् तथा तंत्रों का प्रमाण उद्धृत कर नामों की बड़ी ही अभिराम तथा हृदयंगम व्याख्या की गई है।

(4) **मांडूक्य कारिका भाष्य**—शंकर के परम गुरु गौड़पादाचार्य ने मांडूक्य उपनिषद् के ऊपर कारिकाएँ लिखी हैं। उन्हीं के ऊपर यह भाष्य है। कतिपय विद्वान् इसे आचार्य की रचना होने में संशय करते है, परंतु उनकी युक्तियाँ उतनी प्रबल तथा उचित नहीं हैं।

निम्नलिखित भाष्यों को शंकर रचित मानने में संदेह बना हुआ है—

(क) कौषीतकि-उपनिषद् भाष्य

(ख) मैत्रायणीय उपनिषद् भाष्य

(ग) कैवल्य उपनिषद् भाष्य

(घ) महानारायण उपनिषद् भाष्य

(ङ) हस्तामलक स्रोत भाष्य—आचार्य के शिष्य हस्तामलक के द्वारा रचित द्वादशपद्यात्मक स्रोत का विस्तृत भाष्य। शिष्य के ग्रंथ पर गुरु का भाष्य लिखना असंगत-सा प्रतीत होता है।

(च) अध्यात्मपटल शिष्य—आपस्तंब धर्मसूत्र के प्रथम प्रश्न के आठवें पटल की टीका-अनंतशयन संस्कृत ग्रंथावली में प्रकाशित।

(छ) गायत्री भाष्य।

(ज) संध्या भाष्य।

नीचे लिखित टीकाएँ शंकर की रचना कदापि नहीं हो सकतीं। उनकी

रचना-शैली तथा विषय का पार्थक्य नितांत स्पष्ट है—

(1) अपरोक्षानुभव व्याख्या

(2) अमरूशतक टीका

(3) आनंदलहरी टीका

(4) आत्मबोध टीका (अध्यात्मविद्या-उपदेश विधि तथा संक्षिप्तवेदांतशास्त्र प्रक्रिया के नाम से प्रख्यात)

(5) उत्तरगीता टीका

(6) उपदेश साहस्त्री वृत्ति

(7) एक श्लोक व्याख्या

(8) गोपालतापनीय भाष्य

(9) दक्षिणामूर्ति अष्टक टीका

(10) पंचपदीप्रकरणी टीका

(11) पंचीकरण प्रक्रिया व्याख्या

(12) परमहंस उपनिषद् हृदय

(13) पातंजलयोगसूत्र भाष्य-विवरण

(14) ब्रह्मगीता-टीका

(15) भट्टिकाव्य-टीका

(16) राजयोग-भाष्य

(17) लघुवाक्य वृत्ति-टीका

(18) ललितासहस्त्रनाम भाष्य

(19) विजृंभित योगसूत्र भाष्य

(20) शतश्लोकी व्याख्या

(21) शकटायन उपनिषद् भाष्य

(22) शिवगीता भाष्य

(23) षट्पदी टीका (वेदांत सिद्धांत दीपिका)

(24) संक्षेप शारीरिक भाष्य

(25) सूतसंहिता भाष्य

(26) सांख्य कारिका-टीका (जयमंगलम् टीका-कलकत्ता ओरियंटल सीरीज

नं. 15 में प्रकाशित) लेखन शैली की भिन्नता होने से शंकर-कृत नहीं है। 'शंकराचार्य' नामक पंडित की लिखी टीकाएँ 'जयमंगला' के नाम से विख्यात हैं।

इनमें दो प्रसिद्ध हैं—1. कामंदकनीति सार की व्याख्या (अनंतशयन ग्रंथमाला, नं. 14) तथा 2. वात्स्यायन कामसूत्र की व्याख्या (काशी से प्रकाशित)। यह सांख्य टीका नाम से ही नहीं, प्रत्युत रचना-शैली में भी इन टीकाओं से मिलती-जुलती है। अतः यह जयमंगला शंकराचार्य रचित न होकर शंकराचार्य (लगभग 1400 ई.) की रचना है।[11]

(ग) स्रोत-ग्रंथ

आचार्य परमार्थतः अद्वैतवादी होने पर भी व्यवहार भूमि में नाना देवताओं की उपासना तथा सार्थकता को खूब मानते थे। सगुण की उपासना निर्गुण की उपलब्धि का प्रधान साधन है। जब तक साधक सगुण ईश्वर की उपासना नहीं करता, तब तक वह निर्गुण ब्रह्म को कभी नहीं प्राप्त कर सकता। अतः सगुण ब्रह्म की उपासना का विशेष महत्त्व है। आचार्य स्वयं लोक-संग्रह के निमित्त इसका आचरण करते थे। उनके हृदय विशाल था। उनमें सांप्रदायिक क्षुद्रता के लिए कहीं स्थान न था। यही कारण है कि उन्होंने शिव, विष्णु, गणेश, शक्ति आदि देवताओं की सुंदर स्तुतियों की रचना की है। इन स्रोतों का साहित्यिक महत्त्व कम नहीं है। दर्शन-शास्त्र की उच्च कोटि में विचरण करनेवाले विद्वान् की रचना इतनी ललित, कोमल, रसभाव से संपन्न तथा अंलकारों की छटा से मंडित होगी, यह देखकर आलोचक के आश्चर्य का ठिकाना नहीं रहता। शंकर के नाम से संबंध मुख्य स्रोतों की नामावली पहले दी जाती है, जो निम्नलिखित है—

1. गणेश-स्तोत्र

1. गणेश पंचरत्न (6 श्लोक), (2) शिवानंद लहरी (100 श्लोक), (3) शिवपादादि केशांत स्तोत्र (41), (4) शिवकेशादिपादांत स्तोत्र (29 श्लोक), (5) वेदसार शिवस्तोत्र (11 श्लोक), (6) शिवापराधक्षमापण (25 श्लोक), (7) सुवर्ण माला स्तुति (50 श्लोक), (8) दक्षिणामूर्ति वर्णमाला (35 श्लोक), (9) दक्षिणामूर्ति अष्टक (10 श्लोक), (10) मृत्युंजय मानसिक पूजा

(46 श्लोक), (11) शिवनामावल्यष्टक (9 श्लोक), (12) शिव पंचाक्षर (5 श्लोक), (8 श्लोक), (14) दक्षिणामूर्ति स्तोत्र (19 श्लोक), (15) कालभैरवाष्टक (8 श्लोक), (16) शिवपंचाक्षर नक्षत्रमाला (28 श्लोक), (17) द्वादशलिङ्ग स्तोत्र (13 श्लोक), (18) दशश्लोकी स्तुति (10 श्लोक)।

3. देवी-स्तोत्र

(1) सौंदर्य लहरी (100 श्लोक), (2) देवी भुजंगस्तोत्र (28 श्लोक), (3) आनंद लहरी (20 श्लोक), (4) त्रिपुर सुंदरी वेदपाद (110 श्लोक), (5) त्रिपुर सुंदरी मानसपूजा (127 श्लोक), (6) देवीचतु:षष्ट्युपचार पूजा (72 श्लोक), (7) त्रिपुर सुंदर्यष्टक (8 श्लोक), (8) ललिता-पंचरत्न (6 श्लोक), (9) कल्याण वृष्टिस्तव (16 श्लोक), (10) नवरत्न मालिका (10 श्लोक), (11) मंत्रमात्रिका पुष्पमाला (27 श्लोक), (12) गौरी दशक (11 श्लोक), (13) भवानी भुजंग (17 श्लोक), (14) कनकधारा (18 श्लोक), (15) आपूर्णाष्टक (12 श्लोक), (16) मीनाक्षी पंचरत्न (5 श्लोक), (17) मीनाक्षी स्तोत्र (अश्लोक), (18) भ्रमरांबाष्टकम् (8 श्लोक), (19) शारदाभुजमंप्रयाताष्टक (8 श्लोक)।

4. विष्णु-स्तोत्र

(1) कामभुजंगप्रयात (11 श्लोक), (2) विष्णुभुजंगप्रयात (14 श्लोक), (3) विष्णुपादादि केशांत (52 श्लोक), (4) पांडुरंगाष्टक (8 श्लोक), (5) अच्युताष्टक (8 श्लोक), (6) कृष्णाष्टक (8 श्लोक), (7) हरीमीडे-स्तोत्र (43 श्लोक), (8) गोविंदाष्टक (8 श्लोक), (9) भगवन्-मानस-पूजा (17 श्लोक), (10) जगन्नाथाष्टक (8 श्लोक)।

5. युगलदेवता-स्तोत्र

(1) अर्धनारीश्वर स्तोत्र (9 श्लोक), (2) उमामहेश्वर स्तोत्र (13 श्लोक), (3) लक्ष्मीनृसिंह पंचरत्न (5 श्लोक), (4) लक्ष्मीनृसिंह करुणारसस्तोत्र (17 श्लोक)।

6. नदीतीर्थ विषयक-स्तोत्र

(1) नर्मदाष्टक (8 श्लोक), (2) गंगाटक (8 श्लोक), (3) यमुनाष्टक दो प्रकार (8 श्लोक), (4) मणिकर्णिकाष्टक (8 श्लोक), (5) काशीपंचक (5 श्लोक)।

7. साधारण-स्तोत्र

(1) हनुमत् पंचरत्न (6 श्लोक), (2) सुब्रह्मण्यभुजंग (33 श्लोक), (3) प्रात: स्मरण स्तोत्र (4 श्लोक), (4) गुर्वष्टक (9 श्लोक)।

शंकराचार्य के नाम से ऊपर जिन 64 स्तोत्रों का उल्लेख किया गया है, उन्हें श्रृंगेरी मठ के शंकराचार्य की अध्यक्षता में श्रीवाणीविलास प्रेस से प्रकाशित 'शंकर-ग्रंथावली' में स्थान दिया गया है, परंतु शंकर के नाम से कम-से-कम 240 स्तोत्र छपे या हस्तलिखित रूप से उपलब्ध होते हैं। इन स्तोत्रों की शैली तथा विषय के अनुशीलन करने से स्पष्ट प्रतीत होता है कि अधिकांश स्तोत्र विचित्र कृत्रिमता धारण किए हुए हैं। अत: उन्हें शंकर कृत मानने में हमें विशेष संदेह है। कम-से-कम पंद्रह स्तोत्र 'भुजंगप्रयात' छंद में लिखे गए हैं और गणेश, गंडकी, दक्षिणामूर्ति, दत्त, देवी, नरसिंह, भवानी, राम, विष्णु, सांब, शिव, सुब्रह्मंय तथा हनुमान आदि देवताओं की स्तुति में निबद्ध हैं। इन किसी के ऊपर प्राचीन ग्रंथकार की व्याख्या उपलब्ध नहीं होती। अत: शिवभुजंगप्रयात को छोड़कर अन्य स्तोत्रों के आदि शंकर रचित मानने में हमें पर्याप्त आपत्ति है। इसके अनंतर लगभग 35 'अष्टक' हैं, जिनमें अच्युत, अन्नपूर्णा, अंबा, अर्द्धनारीश्वर, काल भैरव, कृष्ण, गंगा, गणेश, गोविंद, चिदानंद, जगन्नाथ, त्रिपुरसुंदरी, दक्षिणामूर्ति, नर्मदा, पांडुरंग, बालकृष्ण, विंदुमाधव, भवानी, भैरव, भ्रामरांबा, मणिकर्णिका, यमुना, राघव, राम, लिंङ्ग, शारदांबा, शिव, श्रीचक्र, सहजा, हालास्य आदि देवताओं के विषय उपलब्ध होते हैं। इनमें दो अष्टकों को हम निश्चित रूप से आदि शंकराचार्य की रचना मान सकते हैं, क्योंकि इन दोनों के ऊपर प्राचीन वेदांताचार्यों के द्वारा लिखित टीकाएँ उपलब्ध हैं। इनमें एक है, 'दक्षिणामूर्ति स्तोत्र' और दूसरा है 'गोपालाष्टक'। इन दोनों के अतिरिक्त सभी किसी अन्य शंकराचार्य की रचना प्रतीत होते हैं। इनके अतिरिक्त लगभग 30 स्तोत्र तो ऐसे मिलते हैं, जो स्तोत्र के

पद्यों की संख्या के कारण (जैसे 5, 6, 7, 9, 10, 12, 13, 50, 64, 70, 100, 108) विशिष्ट नाम धारण करनेवाले हैं। इनमें से प्राचीन आचार्यों के टीका से मंडित होने के कारण षट्पदी और दशश्लोकी के यथार्थ आचार्य शंकर की रचना होने में हमें किसी प्रकार का संदेह नहीं है। अन्य छोटे-छोटे स्तोत्रों में रचना की बड़ी कृत्रिमता दिखाई देती है, जो शंकराचार्य की निःसंदिग्ध रचनाओं में इस समीक्षा के अनुसार आचार्य बलदेव उपाध्याय ने निम्नलिखित स्तोत्र को आदि शंकर की यथार्थ रचनाएँ माना है।[13]

(1) आनंद-लहरी—इसमें शिखरिणी वृत्त में 20 पद्य हैं। इसके ऊपर 30 टीकाएँ उपलब्ध होती हैं, जिनमें एक टीका तो स्वयं शंकराचार्य की बतलाई जाती है। भगवती की इस सुंदर स्तुति पर प्राचीन काल से रसिक समाज रीझता आया है। इस स्तोत्र के पद्य बड़े ही सरस, चमत्कारपूर्ण तथा मर्मस्पर्शी हैं। अपर्णा की यह स्तुति कितनी भव्य है—

सपर्णामाकीर्णां कतिपयगुणैः सादरमिह
श्रयन्त्यन्ये बल्लिं मम तु मतिरेवं विलसति।
अपर्णैका सेव्या जगति सकलैर्यत्परिवृतः
पुराणोऽपि स्थाणुः फलति किल कैवल्यपदवीम्।।

(2) गोविंदाष्टक—इस पर आनंदतीर्थ की व्याख्या उपलब्ध होती है। वाणीविलास की शंकर ग्रंथावली (भाग-18, पृष्ठ 56-58) में प्रकाशित है।

(3) दक्षिणामूर्ति स्तोत्र—दस शार्दूलविक्रीडित पद्यों में निबद्ध है। इसके ऊपर सुरेश्वराचार्य ने 'मानसोल्लास' नामक टीका लिखी है। विद्यारण्य, स्वयंप्रकाश या प्रकाशात्मन्, पूर्णानंद, नारायण तीर्थ के द्वारा लिखित टीकाएँ मिलती हैं। इस स्तोत्र में वेदांत के साथ तंत्र का भी विशेष प्रभाव दीख पड़ता है। तंत्र के पारिभाषिक शब्द यहाँ उपलब्ध होते हैं। शंकर के तांत्रिक मत जानने के लिए यह स्तोत्र उपादेय है।

(4) दशश्लोकी—इसी का दूसरा नाम चिदानंद दशश्लोकी या चिदानंद स्तवराज है। प्रत्येक श्लोक का अंतिम चरण है, 'तदेकोऽवशिष्टः शिवः केवलोऽहम्'। इसका दूसरा नाम 'निर्वाण दशक' है। इन श्लोकों की पांडित्यपूर्ण व्याख्या मधुसूदन सरस्वती ने की है, जिसका नाम सिद्धांत बिंदु है।

(5) **चर्पट पंजरिका**—17 श्लोकों में गोविंद भजन का रसमय उपदेश है। प्रत्येक श्लोक का टेक पद है—

भज गोविंदं भज गोविंदं गोविंदं भज मूढ़मते।

इसके पद्य नितांत सरस, सुबोध तथा गीतिमय हैं। प्रसिद्ध नाम मोह मुग्द है। अन्य नाम 'द्वादश मंजूरिका' है।

(6) **द्वादश पंचरिका**—इसमें बारह पद्य हैं। प्रथम पद्य का आरंभ 'मूढ़ जहीहि धनागततृष्णां' से होता है। इन पद्यों की सुंदरता नितांत श्लाघनीय है।

(7) **षद्पदी**—इसका दूसरा नाम विष्णुषट्पदी है। इसके ऊपर लगभग छह टीकाएँ मिलती हैं, जिनमें एक टीका स्वयं शंकराचार्य की है, दूसरी टीका रामानुज मत के अनुसार की गई है। इस स्तोत्र का यह पद्य विशेष लोकप्रिय है—

सत्यपि भेदापगमे नाथ! तव हं न मामकीनस्त्वम्।

सामुद्रो हि तरङ्ग: क्वचन समुद्रो न तारङ्ग।।

(8) **हरिमीडे स्तोत्र**—इसके ऊपर विद्यारण्य, स्वयंप्रकाश, अनांदगिरि तथा शंकराचार्य के द्वारा लिखित टीकाएँ उपलब्ध होती हैं। स्वयंप्रकाश की टीका मैसूर से प्रकाशित हुई हैं। विष्णु की प्रशस्त स्तुति इसमें की गई है—

सर्वज्ञो यो यश्च हि सर्व: सकलो।

यो यश्चनंदोऽनंतगुणो यो गुणधामा।

यैंव्यक्तो व्यस्तसमस्त: सह सद्य:

तं संसारध्वान्तविनाशं हरिमीडे।।

(9) **मनीषा पंचक**—इस स्तोत्र से संबंधित एक विचित्र घटना हुई है। काशी में चांडाल वेशधारी विश्वनाथ के पूछने पर शंकर ने आत्मस्वरूप का वर्णन इन पद्यों में किया है। अंतिम पाँच पद्यों के अंत में 'मनीषा' शब्द आता है। इसीलिए इसे 'मनीषा पंचक' कहते हैं, यद्यपि पूरे स्तोत्र में नव श्लोक मिलते हैं—

जाग्रत्स्वप्नसुषुप्तिषु स्फुटतरा या संविदुज्जृम्भते,

या ब्रह्मादिपिपीलिकान्ततनुषु प्रोक्ता जगत्साक्षिणी।

सैवाहं न च दृश्यवस्तित्त्वति दृढप्रज्ञापि यस्याऽस्ति चेत्,

चाण्डालोऽस्तु स तु द्विजोऽस्तु गुरुरित्येषा मनीषा मम।।

इसके ऊपर सदाशिवेंद्र की टीका तथा गोपालाल यति रचित 'मधुमंजरी' नामक व्याख्या मिलती है।

(10) सोपान पंचक—इसी का दूसरा नाम 'उपदेश पंचक' है। इन पाँचों पद्यों में वेदांत के आचरण का सम्यक् उपदेश है (वाणी विलास, शंकर ग्रंथावली, भाग–16 पृ. 127)

(11) शिवभुजंगप्रयात—इसमें चौदह पद्य हैं। माधवाचार्य का कथन है (शंकर दिग्विजय–14/37) कि इन्हीं पद्यों के द्वारा शंकर ने अपनी माता के अंतकाल में भगवान् शंकर की स्तुति की थी, जिससे प्रसन्न होकर उन्होंने अपने दूतों को भेजा था—

महादेव देवेश देवादिदेव,
स्मरारे पुरारे यमारे हरेति।
ब्रुवाणः स्मरिष्यामि भक्त्या भवंतं,
ततो मे दयाशील देव प्रसीद।

भाष्यों की भाषा तो नितांत प्रांजल है, परंतु उनकी शैली कठिन है। अतः वे विद्वानों की वस्तु हैं। सर्वसाधारण को इन भाष्यों के परिनिष्ठित सिद्धांतों तथा उपादेय उपदेशों से परिचित कराने के लिए इन प्रकरण ग्रंथों का निर्माण किया गया है। ऐसे प्रकरण ग्रंथाों की संख्या बहुत अधिक है। इनमें से कुछ ग्रंथों की शैली आचार्य के निःसंदिग्ध ग्रंथों की शैली से इतनी भिन्न है कि उन्हें आचार्य की कृति मानना नितांत अनुचित है। किन्हीं ग्रंथाों में वेदांत के मान्य विषयों का आत्मा, अद्वैत, विषय निंदा आदि का विशद प्रतिपादन है, परंतु अनेक ग्रंथाों में अद्वैत विरोधी सिद्धांत भी उपलब्ध होते हैं। यथा—'अनादेरपि विध्वंसः प्रागभावस्य विक्षितः', जिसमें आचार्य की मान्यता के विरुद्ध न्यायसम्मत अभाव के भेदों का निर्देश है। कहीं व्याकरण की अशुद्धियाँ भी मिलती हैं (यथा 'गाणपत्यैः' जीवंमुक्तानंदलहरी श्लोक के 14 में तथा 'रमंतः' के यतिपंचक के चौथे पद्य में)। इन ग्रंथाों के कर्तव्य का विचार करते समय आचार्य की लेखन-शैली, सिद्धांत तथा पद विन्यास आदि पर ध्यान देने की बड़ी आवश्यकता है।[14]

शंकराचार्य के नाम से प्रसिद्ध मुख्य प्रकरण ग्रंथाों का परिचय पहले दिया जाता है। अनंतर उनकी तुलनात्मक समीक्षा की जाएगी। ग्रंथाों के नाम वर्णक्रम से दिए जाते हैं—

(1) **अद्वैत पंचरत्न**—अद्वैत के प्रतिपादक 5 श्लोक। प्रत्येक पद्य के अंत में 'शिवोऽहम्' आता है। इस पुस्तक का नाम 'आत्मापंचक' तथा 'अद्वैतपंचक' भी है। पंचक नाम होने पर भी कहीं-कहीं एक श्लोक अधिक मिलता है।

(2) **अद्वैतानुभूति**—अद्वैतत्त्व का 84 अनुष्टुपों में वर्णन।

(3) **अनात्मश्रीविगर्हण प्रकरण**—आत्मतत्त्व के साक्षात् न करनेवाले तथा विषय-वासना में ही जीवन बितानेवाले व्यक्तियों की निंदा प्रदर्शित की गई है। श्लोक संख्या-181 प्रत्येक पद्य के अंत में आता है—येन स्वात्मा नैव साक्षात् कृतोऽभूत्। उदाहरणार्थ पद्य—

अब्धिः पद्भ्यां लंधितों वा ततः किं
वायुः कुम्भे स्थापितो वा ततः किम्।
मेरूः पाणाबुद्धृतो वा ततः किं
येन स्वात्मा नैव साक्षात्कृतोऽभूत।।

(4) **अपरोक्षानुभूति**—अपरोक्ष अनुभव के साधन तथा स्वरूप का वर्णन। 144 श्लोक। सिद्धांत प्रतिपादन बड़े ही सुंदर दृष्टांतों के सहारे किया गया है—

यथा मृदि घटो नाम कनके कुण्डलाभिधा
शुक्तौ हि रजतख्यातिर्जीवशब्दस्तथापरे।।

'अपरोक्षानुभवामृत' नामक ग्रंथ इससे भिन्न प्रतीत होता है। इसके ऊपर प्राचीन आचार्यों की लिखी अनेक टीकाएँ हैं, जिनमें एक आचार्य शंकर रचित है और दूसरी विद्यारण्य रचित।

(5) **आत्मबोध**—68 श्लोकों में आत्मा के स्वरूप का विशद विवरण है। नाना उदाहरण देकर आत्मा को शरीर, मन तथा इंद्रियार्दिकों से पृथक् सिद्ध किया गया है। बछेंद्र किसी अद्वैत मठ के अधिपति थे और शिष्य बछेंद्र त्रिपुर सुंदरी के उपासक थे। इस पर आचार्य की तथा मधुसूदन सरस्वती की टीका का भी उल्लेख मिलता है। इसका 13वाँ श्लोक 'वेदांत परिभाषा' में उद्धृत किया गया है।

(6) **उपेदश पंचक**—पाँच पद्यों में वेदांत के आचरण का सम्यक् उपदेश।

(7) **उपदेशसाहस्त्री**—इस ग्रंथ का पूरा नाम है—सकल वेदोपनिषद्सारोपदेश साहस्त्री। इस नाम की दो पुस्तकें हैं—(1) 'गद्यप्रबंध—जिसमें गुरु-शिष्य के संवाद के रूप में वेदांत के तत्त्व गद्य में विशदरूपेण

वर्णित हैं। (2) पद्यप्रबंध—जिसमें वेदांत के नाना विषयों पर 19 प्रकरण हैं। इसके अनेक पद्यों को सुरेशवराचार्य ने 'नैष्कर्म्यसिद्धि' में उद्धृत किया है। अतः इसके आचार्यकृत होने में संदेह नहीं किया जा सकता। इसकी शंकर रचित वृत्ति संभवतः आचार्य की कृति नहीं है। आनंदतीर्थ तथा बोधनिधि की टीकाएँ मिलती हैं। रामतीर्थ ने गद्य-'शतदूषणी' में 'गद्य प्रबंध' का भी उल्लेख किया है। कतिपय विद्वान् 'गद्य प्रबंध' को आचार्य शंकर की रचना नहीं मानते।

(8) एक श्लोकी—सब ज्योतियों से विलक्षण परम ज्योति का एक श्लोक में वर्णन, एक नाम दो श्लोक प्रसिद्ध हैं, जिनमें से एक के ऊपर 'गोपाल योगींद्र, के शिष्य 'स्वयंप्रकाश' यति का 'स्वात्मदीपन' नामक व्याख्यान है।

(9) कौपीनपंचक—वेदांत तत्त्व में रमण करनेवाले ज्ञानियों का वर्णन। प्रत्येक श्लोक का अंतिम चरण 'कौपीनवंतः खलु भाग्यवंतः' है। इसी का नाम 'यतिपंचक' है।

(10) जीवंमुक्तानंद लहरी—शिखरिणी वृत्त के 17 पद्यों में जीवनमुक्त पुरुष के आनंद का ललित वर्णन। प्रत्येक पद्य का अंतिम चरण है—'मुनिर्न व्यामोहं भजति गुरुदीक्षाक्षततमाः'। उदाहरण के लिए यह पद्य पर्याप्त होगा—

कदाचित् सत्वस्यः क्वचिदपि रजोवृत्तिसुगत-
स्तोमावृत्तिः क्वापि त्रितयरहितः क्वापि च पुनः।
कदाचित् संसारी श्रुतिपथविहारी क्वचिदहो
मुनिर्न व्यामोहं भजति गुरुदीक्षाक्षततमाः।।

(11) तत्त्वबोध—वेदांत तत्त्वों का प्रश्नोत्तर रूप से संक्षिप्त गद्यात्मक वर्णन।

(12) तत्त्वोपदेश—'तत्' तथा 'त्वं' पदों का अर्थ वर्णन और गुरुपदेश से आत्मतत्त्व की अनुभूति। 87 अनुष्टुप्। 'तत् त्वमसि' वाक्य के समझने के लिए त्रिविध-जहती, अजहती-लक्षणा का सांग प्रदर्शन है।[17]

सामानाधिकरण्यं हि पदयोस्तत्त्वयोर्द्वयोः।
संबंधस्तेन वेदांततैर्ब्रह्मैक्यं पतिपाद्यते।।

(13) धन्याष्टक—ब्रह्मज्ञान से अपने जीवन को धान्य माननेवाले पुरुषों का रमणीय वर्णन। अष्टक होने पर भी कहीं-कहीं इसके अंत में दो श्लोक और भी मिलते हैं।

संपूर्णं जगदेव नन्दवनं सर्वेऽपि कल्पद्रुमाः
गाङ्गं वारि समस्तवारिनिवहः पुण्याः समस्ताः क्रियाः।
वाचः प्राकृतसंस्कृताः श्रुतिगिरो वाराणसी मेदिनी,
सर्वावस्थितिरस्य वस्तुविषया दृष्टे परे ब्रह्मणि।

(14) निर्गुण मानस पूजा—गुरु-शिष्य के संवाद रूप में निर्गुण तत्त्व का मानसिक पूजा का विवरण। इसमें 33 अनुष्टुप हैं। सगुण ईश्वर की उपासना के लिए पुष्पानुलेपन आदि बाह्य उपकरणों की आवश्यकता रहती है, परंतु निर्गुण की उपासना के लिए नाना मानसिक भावनाएँ बाहरी साधनों का काम करती हैं। इसी विषय का विस्तृत वर्णन इस ग्रंथ में है।

रागादिगुणशून्यस्य शिवस्य परमात्मनः।
सरागविषयाभ्यासत्यागस्ताम्बूलवचर्वणम्।।
अज्ञानध्वान्तविध्वंसप्रचण्डमतिभास्करम्।
आत्मनो ब्रह्मतोज्ञानं नीराजनमिहात्मनः।।

(15) निर्वाण मंजरी—12 श्लोकों में शिवतत्त्व के स्वरूप का विवेचन। अद्वैत, व्यापक, नित्य तथा शुद्ध आत्मा का कमनीय वर्णन। प्रत्येक श्लोक के अंत में कहीं 'शिवोऽहं' और कहीं 'तदेवाहमस्मि' आता है—

अहं नैव मन्ता न गन्ता न वक्ता।
न कर्ता न भोक्ता न मुक्ताश्रमस्थः।
यथाहं मनोवृत्तिभेदस्वरूप-
स्तथा सर्ववृत्तिप्रदीपः शिवोऽहम्।।

(16) निर्वाण षटक्—6 श्लोकों में आत्मस्वरूप का वर्णन। प्रत्येक श्लोक के चतुर्थ चरण के रूप में 'चिंदानंदरूपः शिवोऽहम्' आता है। नेति नेति के सिद्धांत का दृष्टांतों के द्वारा विशद विवरण प्रस्तुत किया गया है।

न पुण्यं न पापं न सौख्यं न दुःखम्
न मंत्रो न तीर्थो न वेदा न यज्ञाः।
अहं भोजनं नैव भोज्यं न भोक्ता
चिदानन्दरूपः 'शिवोऽहं शिवोऽहम्।।

(17) पंचीकरण प्रकरण—पंचीकरण का गद्य में वर्णन। सुरेश्वराचार्य

ने इसके ऊपर वार्तिक लिखाा है, जिस पर शिवराम तीर्थ का विवरण मिलता है। इस 'विवरण' पर 'आभरण' नामक एक और भी टीका मिलती है। गोपाल योगींद्र के शिष्य स्वयंप्रकाश की विवरण टीका के अतिरिक्त आनंदगिरि ने भी इस पर 'विवरण' नामक टीका लिखी है। इस पर कृष्णतीर्थ के किसी शिष्य ने 'तत्त्वचंद्रिका' नामक व्याख्या लिखी हैं। ये दोनों टीकाएँ प्रकाशित हो गई हैं।

(18) परापूजा—छह पद्यों में परम तत्त्व की पूजा का वर्णन है।

(19) प्रबोध सुधाकर—वेदांत तत्त्व का नितांत मंजुल विवेचन। इसमें 257 आर्याएँ हैं, जिनमें विषय की निंद्रा कर वैराग्य तथा ध्यान का मनोरम प्रतिपादन किया गया है। भाषा बड़ी सुबोध तथा प्रांजल है। शैली आचार्य के ग्रंथों की रीति से मिलती-जुलती है।

प्राणस्पन्दनिरोधात् सत्सङ्गाद्वासनात्यागात्।
हरिचरणभक्तियोगान्मनः स्वतेजं जहाति शनैः।।
वैराग्यभाग्यभाजः प्रसन्नमनसो निराशस्य।
अप्रार्थितफलभोक्तुः पुंसो जन्मनि कृतार्थतेह स्यात्।।

(20) प्रश्नोत्तर रत्नमालिका—प्रश्न और उत्तर के द्वारा वेदांत का उपदेश। 67 आर्याओं का नितांत लोकप्रिय ग्रंथ है।

पातुं कर्णाजंलिभिः किममृतमिव युज्यते ? सदुपदेशः।
किं गुरुतायाः मूलं, यदेतद्रप्रार्थिनं नाम।।
किं जीवितमनवद्यं किं जाड्यं पाठतोऽप्यनभ्यासः।
को जागर्ति विवेकी, का निद्रा मूढता जन्तोः।।

(21) प्रौढ़ानुभूति—आत्मतत्त्व का लंबे-लंबे 17 पद्यों में प्रौढ़ वर्णन।

देहो नाहमचेतनोऽयमनिशं कुड्यादिवन्निश्चितों
नाहं प्राणमयोऽपति वा दृतिधृतो वायुर्यथा निश्चितः।
सोऽहं नापि मनोमयः कपिचलः कार्पण्यदुष्टो न वा
बुद्धिर्बुद्धिकुवृत्तिरेव कुहना नाज्ञानमन्धन्तमः।।

(22) ब्रह्मज्ञानावली—21 अनुष्टुप श्लोकों में ब्रह्म का सरल वर्णन। इसके कतिपय श्लोकों में 'इति वेदांतडिंडिमः' पद आता है, जिसमें वेदांत के मूल तत्त्वों का वर्णन किया गया है।

अहं साक्षीति यो विद्यात्, विविच्यैव पुनः पुनः।
स एव मुक्तो विद्वान् स, इति वेदांतडिण्डिमः।।

(23) ब्रह्मानुचिंतन—21 पद्यों में ब्रह्मस्वरूप का वर्णन।

अहमेव परं ब्राह्म न चाहं ब्रह्मणः पृथक्।
इत्येवं समुपासीत ब्राह्मणों ब्रह्मणि स्थितः।।

(24) मणिरत्नमाला—32 श्लोकों में प्रश्नोत्तर के रूप में सुंदर उपदेश।

पशोः पशुः को न करोति धर्मम्
प्राचीनशास्त्रेऽपि न चात्मबोधः।
किं तद् विषं भाति सुधोपमं स्त्री
के शत्रवो मित्रवदात्मजाद्याः।

(25) मायापंचक—पाँच पद्यों में माया के स्वरूप का वर्णन।

(26) मुमुक्षु पंचक—पाँच शिखरिणी छंदों में मुक्तिकामी पुरुष के स्वरूप का सुंदर वर्णन किया गया है। छंदों में प्रवाह आचार्य के अन्य ग्रंथों की अपेक्षा बहुत ही कम है।

(27) योगतारावली—21 पद्यों में हठयोग तथा राजयोग का प्रामाणिक वर्णन। इस ग्रंथ से केवल नामसाम्य रखनेवाली दूसरी भी एक 'योगतारावली' है, जिसके निर्माता का नाम 'नंदिकेश्वर' है। शंकर ने इस ग्रंथ में चक्रों का, बंचों का तथा कुंडलिनी को जाग्रत् करने का बड़ा ही भव्य विवेचन किया है—

बन्धत्रयाभ्यासविपाकजातां विवर्जितां रेचकपूरकाभ्याम्।
विशोधयन्ती विषयप्रवाहां विद्यां भजे केवल कुम्भरूपाम्।।

(28) लघुवाक्यवृत्ति—28 अनुष्टुप पद्यों में जीव और ब्रह्म की एकता का प्रतिपादन। इस पर अनेक टीकाओं की रचना की गई है, जिनमें एक तो स्वयं आचार्य शंकर की ही है और दूसरी रामानंद सरस्वती की है। इस पर 'पुष्पांजलि' नामक टीका भी मिलती है, जिसमें 'विद्यारण्य' का नाम उल्लिखित है। अतः इसका निर्माणकाल 14वीं शताब्दी से पीछे है।

(29) वाक्यवृत्ति—'तत्त्वमसि' नाम के पदार्थ और वाक्यार्थ का विशद् विवेचन। इसमें 53 श्लोक हैं, जिनके तत्, त्वं पदों के अर्थ-वाच्यार्थ और लक्ष्यार्थ का निरूपण भलीभाँति किया गया है—

घटद्रष्टा भटाद्भिन्न: सर्वथा न घटो यथा।
देहद्रष्टा तथा देहो नाहमित्यवधारय।।

इसके ऊपर महायोगी माधवप्राज्ञ के शिष्य विश्वेसर पंडित की 'प्रकाशिका' टीका है।[19]

(30) वाक्यसुधा—43 श्लोकों का विद्वत्तापूर्ण ग्रंथ है, जिसमें आत्मा के स्वरूप का वर्णन मार्मिक ढंग से किया गया है, जिसका आरंभ इस पद्य से होता है—

रूपं दृश्यं लोचनं दृक् तद् दृश्यं दृष्टमानसम्।
दृश्याधीवृत्तय: साक्षी दृगेव न तु दृश्यते।।

यद्यपि टीकाकार मुनिदास भूपाल ने इसकी रचना शंकर के द्वारा ही मानी है, किंतु ब्रह्मानंद भारती के माननीय मत में यह ग्रंथ स्वामी विद्यारण्य और उनके गुरु भारतीतीर्थ की सम्मिलित रचना है। इसके दूसरे टीकाकार विश्वेश्वर मुनि का मत है कि विद्यारण्य ही इसके एकमात्र रचयिता हैं। अत: हम निस्संदेह कह सकते हैं कि यह आचार्य की रचना नहीं है, यद्यपि इसका समावेश आचार्य की ग्रंथावली में प्राय: अब तक किया जाता रहा है।[20]

(31) विज्ञाननौका—10 पद्यों में अद्वैत निरूपण

यदज्ञानतो भाति विश्वं समस्तं
विनष्टं च सद्यो यदात्मप्रबोधे।
मनोवागतीतं विशुद्धं विमुक्तं
परं ब्रह्म नित्यं तदेवाहमस्मि।।

प्रत्येक पद्य का अंतिम चरण वही है, जो ऊपर के पद्य का चतुर्थ चरण है।

(32) विवेकचूड़ामणि—अद्वैत प्रतिपादक व्यापक प्रौढ़ ग्रंथ। यह ग्रंथ के साथ आकार में भी बड़ा है। इसमें 581 छोटे-बड़े पद्य हैं, जिनमें वेदांत के तत्त्व का प्रतिपादन नाना सुंदर दृष्टांतों के द्वारा किया गया है।

अनुक्षणं यत् परिहृत्य कृत्यमनाद्यविद्याकृतबन्धमोक्षणम्।
देह: परार्थोऽयममुष्य पोषणे य: सज्जते स स्वमनेन हन्ति।। 85।।
शब्दादिभि: पंचभिरेव पंच पंचत्वामपु: स्वगुणेन बद्धा:।
कुरङ्गमातङ्गपतङ्मीनभृङ्गा नर: पुन: पंचभिरजिंत: किम्।। 88।।

(33) वैराग्यपंचक—5 श्लोकों में वैराग्य का नितांत साहित्यिक रसमय वर्णन है।

(34) शतश्लोकी—सौ लंबे-लंबे पद्यों में वेदांत के सिद्धांत का विशद विवेचन। विज्ञानात्मा, आनंदकोश, जगन्मिथ्यात्व और कर्ममीमांसा प्रकरण, इन कारणों में यह ग्रंथ विभक्त है।

इस ग्रंथ में वेदांत के समर्थन में उपनिषदों के प्रमाण बड़ी सुंदरता से उपन्यस्त हैं। शंकराचार्य के नाम से एक टीका भी उपलब्ध होती है। आनंदगिरि की टीका मैसूर से प्रकाशित ग्रंथावली में प्रकाशित है।

(35) सदाचारानुसंधान—55 श्लोकों में चित् तत्त्व का प्रतिपादन। इसका दूसरा नाम 'सदाचार स्तोत्र' भी है।

(36) सर्ववेदांतसिद्धांतसारसंग्रह—यह विपुलकाय ग्रंथ है, जिसमें श्लोकों की संख्या एक हजार छह (1,006) है। गुरु-शिष्य के संवाद रूप में वेदांत का बड़ा ही परिनिष्ठित विवेचन प्रस्तुत किया गया है।

(37) सर्वसिद्धांतसारसंग्रह—यह एक स्वतंत्र ग्रंथ है, जिसमें वैदिक तथा अवैदिक दर्शनों का श्लोकबद्ध वर्णन है। इसमें वेदांत के अतिरिक्त वेदव्यास के मत का पृथक् प्रतिपादन है। इस ग्रंथकर्ता की सम्मति में पूर्वमीमांसा, उत्तरमीमांसा तथा देवताकांड (संकर्षण कांड) एक ही अभिन्न शास्त्र हैं, परंतु शंकराचार्य ने पूर्वमीमांसा और उत्तरमीमांसा को भिन्न-भिन्न शास्त्र स्वीकृत किया है। (द्रष्टव्य ब्रह्मसूत्र 1/1/1 पर शंकर भाष्य)। अत: यह ग्रंथ आद्य शंकर की रचना सिद्ध नहीं होता।

(38) स्वात्मनिरूपण—156 पद्यों में आत्मतत्त्व का विशद् और विस्तृत विवेचन। गुरु-शिष्य संवाद के रूप में यह विवेचन किया गया है।

(39) स्वात्मप्रकाशिका—आत्म रूप का 68 श्लोकों में सुबोध एवं रुचिकर निरूपण।

'स्वरूपानुसंधानाष्टक' तथा 'साधनपंचक' स्वतंत्र ग्रंथ नहीं हैं, प्रत्युत विज्ञाननौका (नं. 31) तथा उपदेश पंचक (नं. 6) के ही क्रमश: नामांतर हैं। प्राचीन टीकाकारों की मान्यता तथा शैली आदि अनेक कारणों से जिन ग्रंथों को हम आदि शंकराचार्य विरचित मानते हैं, उनमें चिह्न लगा दिया है। आचार्य की जो रचना वस्तुत: नहीं है, उसके साथ चिह्न लगाया गया है। अन्य ग्रंथों के

विषय में संदेहहीन निर्णय अभी तक नहीं हो पाया। अत: वे आचार्य की संदिग्ध रचनाएँ हैं, इससे अधिक निर्णय इस समय नहीं हो सकता।[22]

(ङ) तंत्र ग्रंथ

आचार्य के द्वारा रचित दो तंत्र ग्रंथ भी उपलब्ध होते हैं—

(1) **सौंदर्य लहरी**—आचार्य की उपासना-पद्धति से अपरिचित विद्वान् इसे आचार्य की रचना होने में शंका करते हैं, परंतु यह वास्तव में आचार्य की नि:संदिग्ध रचनाओं में से अन्यतम है। प्रसिद्ध है कि कैलाश पर्वत पर स्वयं महादेवजी ने इस ग्रंथ को आचार्य को दिया था। काव्य की दृष्टि से यह जितना अभिराम तथा सरस है, पांडित्य की दृष्टि से यह उतना ही प्रौढ़ तथा रहस्यपूर्ण है। संस्कृत के स्तोत्र साहित्य में ऐसा अनुपम ग्रंथ मिलना कठिन है। आचार्य ने तंत्र के रहस्यमय सिद्धांतों का प्रतिपादन बड़ी मार्मिकता के साथ यहाँ किया है। इसके ऊपर 35 विद्वानों ने टीकाएँ लिखी हैं, जिनमें लक्ष्मीधर, कैवल्याश्रम, भास्कर राय, कामेश्वर सूरि तथा अच्युतानंद की व्याख्याएँ मुख्य हैं। इस ग्रंथ में सौ श्लोक शिखरिणी वृत्त में हैं। आचार्य ने इन श्लोकों में कविता तथा तांत्रिकता, दोनों का अपूर्व सामंजस्य दिखलाया है। आरंभ के 41 पद्यों में तांत्रिक रहस्य का प्रतिपादन है तथा अंत के 59 पद्यों में भगवती त्रिपुर सुंदरी के अंग-प्रत्यंग का सरस तथा चमत्कारपूर्ण वर्णन है। षट् चक्रों में विराजमान भगवती के नाना मूर्तियों का वर्णन आचार्य ने बड़े पांडित्य के साथ किया है।[23]

इस ग्रंथ के रचयिता के विषय में टीकाकारों में भी पर्याप्त मतभेद हैं। लक्ष्मीधर, भास्कर राय, वल्लभवेद ने, जिनका समय 15वीं शताब्दी माना जाता है, अपनी 'सुभाषितावलि' में ''जपो जल्प: श्रिपं सरलमपि मुद्राविरचना''—(सौ.ल., श्लोक 27) को शंकराचार्य के नाम से उद्धृत किया है। अत: टीकाकारों के संप्रदायानुसार सौंदर्य लहरी को आचार्य की नि:संदिग्ध रचना मानना उचित है।[24] इस लहरी के पद्य में किसी द्रविड़ शिशु का उल्लेख है, जिसे भगवती ने अपने स्तन का दुग्धपान स्वयं कराया था और जो इस दैवी कृपा के कारण कमनीय कवि बन गया था। इस द्रविड़ शिशु के व्यक्तित्त्व के विषय में नाना मत हैं। अधिकांश टीकाकारों के मत में यह द्रविड़ शिशु तमिल देश के प्रसिद्ध शैव

संत 'श्री ज्ञान-संबंध' थे। तमिल देश के जिन चार शैव मत का विपुल प्रचार किया, उनमें इनका स्थान महत्त्वपूर्ण है। 'ज्ञानसंबंध' का समय विक्रम की छठी या सातवीं शताब्दी का है। इस उल्लेख से प्रतीत होता है कि आचार्य शंकर का समय इसके पूर्व कभी भी नहीं हो सकता।[25]

(2) **प्रपंचसार**—यह ग्रंथ तांत्रिक परंपरा से आदि शंकर की ही रचना माना जाता है। यद्यपि आधुनिक आलोचकों की दृष्टि में यह बात संदिग्ध है, तथापि प्राचीन परंपरा तथा ऐतिहासिक अनुशीलन से यह आचार्य की ही कृति ज्ञात होती है। इसकी 'विवरण' नामक टीका भी है, जिसके रचयिता पद्मपाद हैं। पद्मपाद के व्याख्याता होने का तात्पर्य है कि यह ग्रंथ वस्तुत: आचार्य-कृत ही है। टीकाकार की संप्रति में इस ग्रंथ के रचयिता सुप्रसिद्ध शंकराचार्य ही हैं, जिन्होंने किसी 'प्रपंचागम' नामक प्राचीन तंत्र का सार इस ग्रंथ में रखा है।[26] इस सिद्धांत की पुष्टि अन्य प्रमाणों से की जा सकती है।[27]

अमरप्रकाश के शिष्य उत्तम बोधाचार्य ने 'प्रपंचसार-संबंध-दीपिका' टीका में लिखा है कि 'प्रपंचसार' प्रपंचागम नामक किसी प्राचीन ग्रंथ का सारमात्र है। यह शंकर का कोई अभिनव ग्रंथ नहीं है। मद्रास की सूची नं. 5299 में प्रपंचसार विवरण की एक व्याख्या भी मिलती है, जिसका नाम है 'प्रयोगक्रमदीपिका'। इस टीका का स्पष्ट कथन है कि विवरण के कर्ता प्रपंचसार ने अपने गुरु शंकर के प्रति आदर प्रकट करने के लिए ही भगवान् पद का उपयोग किया है—(भगवान् इति पूजा स्वगुर्वनुस्मरणं ग्रंथरंभे क्रियते)। प्रपंचसार का मंगल श्लोक शारदा की स्तुति में है। इसका भी रहस्य 'क्रमदीपिका' में बतलाया गया है। दीपिका के रचयिता का कहना है कि शंकराचार्य ने इस ग्रंथ की रचना कश्मीर रहते समय ही की। कश्मीर की अधिष्ठात्री देवी शारदा ही हैं। अत: उन्हीं भगवती शारदा की स्तुति शंकर ने इस ग्रंथ के आरंभ में की है। यह प्रसिद्ध बात है कि आदि शंकराचार्य ने इस देवी के मंदिर में सर्वज्ञ पीठ पर अधिरोहण किया था। अत: 'क्रमदीपिका' का यह मत 'शारदा तिल' के टीकाकार राघवभट्ट, 'षट्चक्र-निरूपण' के टीकाकार कालीचरण आदि तंत्रनिष्णात पंडितों की संपत्ति से बिल्कुल सामंजस्य रखता है।[28]

अद्वैत वेदांत के पंडितों ने भी इसे आदि शंकर की कृति माना है। अमलानंद

ने वेदांत कल्पतरु (1/3/33) में इसे आचार्यकृत माना है तथा चावोचन्नाचार्या: प्रपंचसारे—

अविनजलानलमारूतविहायसां शक्तिर्भिँ तद्बिम्बैः।
सारूप्यमात्त्मनैं प्रतिनीत्वा तत्तदाशु जयति सुधीः।।

ब्रह्मसूत्र 1/3/33/ के भाष्य के अंत में आचार्य ने श्रुति द्वारा योग माहात्म्य का प्रतिपादन करने के निमित्त, 'पृथिव्यप्तेजोऽनिलखे समुत्थिते' (श्वेता 2/14) को उद्धृत किया है। इतना ही नहीं, नरसिंहपूर्वतापिनी के भाष्य में भी शंकर ने प्रपंचसार से अनेक श्लोक ही नहीं उद्धृत किए हैं, प्रत्युत 'प्रपंचागमशास्त्र' को भी अपनी ही कृति बतलाया है। अतएव 'हृदयाघंग मंत्राणमर्थंयाचक्षणैरस्माभिरुक्तं प्रपंचागमशास्त्रे हृदयं बुद्धिगम्यत्वात्।' (प्रपंचसार 6/7 पृ. 80) इस उद्धरण में ग्रंथ का नाम 'प्रपंचागम' दिया गया है, परंतु उपनिषद् भाष्य में (4/2) इसे 'प्रपंचसार' ही कहा गया है। इन प्रमाणों के आधार पर आदि शंकर को ही प्रपंचसार का रचयिता मानना युक्तियुक्त प्रतीत होता है।

संदर्भ–

1. आचार्य बलदेव उपाध्याय, श्री शंकराचार्य, इलाहाबाद, पृ. 139
2. शमिती विरचित मंगल श्लोक 617
3. गीतासु केवलादेव तत्त्वज्ञानात् मोक्षप्राप्तिः, न कर्मसमुच्चितात् इति निश्चितोऽर्थः
4. आचार्य बलदेव उपाध्याय, वही पृ. 140
5. वही, पृ. 141
6. श्वेताश्वतर उपनिषद् भाष्य-उपोद्घात।
7. ब्रह्मसूत्र 1/2/14 में शंकराचार्य ने 'मृल्लोहविस्फु लिंगाघैः' मांडूक्यकारिका 3/4 का उद्वरण देते हुए गौड़पाद को 'संप्रदायविदो वदंति' कहा है। ब्रह्मसूत्र 2/1/9 के भाष्य में शंकर ने 'अनादिमायया सुप्तो' मांडूक्यकारिका 1/16 का उद्धरण देते हुए लिखा है—
   ''अत्रोंक्त वेदांतार्थसंप्रदायविद्भिाराचार्यैः।''
8. आचार्य बलदेव उपाध्याय, वही पृ. 142

9.   आचार्य ग्रंथावली, श्रीरंग 16वाँ खंड, पृ. 163 (प्रकाशित)

10. आचार्य बलदेव उपाध्याय, वही पृ. 144

11. द्रष्टव्य, महामहोपाध्याय गोपीनाथ कविराज-जयमंगला की भूमिका, पृ. 8-9 (कलकत्रा)

12. आचार्य बलदेव उपाध्याय, वही पृ. 146

13. वही पृ. 147

14. आचार्य बलदेव उपाध्याय, वही पृ. 149

15. यह टीका मैसूर से 1896 में प्रकाशित शंकर ग्रंथावली के द्वितीय भाग में है। टीका विद्यारण्य स्वामी की नि:संदिग्ध रचना है, यह कहना कठिन है।

16. द्रष्टव्य-तंजोर की हस्तलिखित पुस्तकों की सूची। परिचय संख्या- 9194

17. आचार्य बलदेव उपाध्याय, वही पृ. 150

18. वही पृ. 152

19. इस टीका के साथ यह ग्रंथ आनंदाश्रम संस्कृतमाला में प्रकाशित हुआ है।

20. अंग्रेजी अनुवाद स्वामी निखिलानंद ने किया है तथा रामकृष्ण मिशन से प्रकाशित हुआ है। बँगला अनुवाद भी 'रत्नपिटक ग्रंथावली' काशी में दो टीकाओं के साथ प्रकाशित हुआ है।

21. आचार्य बलदेव उपाध्याय, वही पृ. 159

22. वही, पृ. 155

23. इनमें से कतिपय टीकाओं तथा अंग्रेजी अनुवाद के साथ यह ग्रंथ मद्रास से हाल में प्रकाशित हुआ है। अडयार (मद्रास) वाले संस्करण में अनुवाद के साथ अंग्रेजी में व्याख्या भी है।

24. तव स्तन्यं मन्ये धराणिधरकन्ये! हृदयत: पय: पारावार: परिवहति सारस्वत इव-सौंदर्य लहरी, पद्य 95

25. आचार्य बलदवे उपाध्याय, वही पृ. 156

26. इह खलु भगवान् शंकराचार्य समस्तागमसारसंग्रहप्रपचंगमसारसंग्रहरू
    पं ग्रंथ चिकीषु: ।

27. कश्मीर मंडले प्रतिद्धेय देवता। तत्र निवसता आचार्येण अंय ग्रंथ कृत:
    इति तदनुस्मरणौत्पति: सकलागमानामधिदेवतेयमिति–(पृ. 382) । उक्त
    प्रपंचसारविवरण तथा प्रयोगक्रमदीपिका के साथ कलकत्ते से 'तांत्रिक'
    नामक ग्रंथमाला (नं. 18 ।19) में दो भागों में प्रकाशित हुआ है ।

28. प्रपंचसार के 19वें पटल में यह 47वाँ श्लोक है (पृ. 232) । अंतर
    इतना है कि 'तद् बिंबै:' के स्थान पर 'तद्बीर्ज:' पाठ है। विवरण में
    इस पद्य की व्याख्या नहीं है, पर अमलानंद तथा अप्पय दीक्षित ने अर्थ
    किया है ।

□

शंकर-अद्वैत

भगवान् श्री शंकराचार्य अलौकिक प्रतिभासंपन्न महापुरुष थे। ये असाधारण विद्वत्ता, तर्कपटुता, दार्शनिक सूक्ष्म दृष्टि, रहस्यवादी, कवित्व शक्ति, धार्मिक पवित्रता, कर्तव्यनिष्ठा तथा सर्वातिशायी विवेक और वैराग्य की मूर्ति थे। इनका आविर्भाव आठवीं शती में केरल के मलावार क्षेत्र के कालड़ी नामक स्थान में नंबूदरी ब्राह्मण के घर में हुआ और निर्वाण बत्तीस वर्ष की आयु में हिमालय में केदारनाथ में हुआ। ज्ञान के प्राधान्य का साग्रह प्रतिपादन करने वाले और कर्म को अविद्याजन्य माननेवाले संन्यासी आचार्य का समस्त जीवन लोकसंग्रहार्थ निष्काम कर्म को समर्पित था। उन्होंने भारतवर्ष का भ्रमण करके हिंदू समाज को एक सूत्र में पिरोने के लिए उत्तर में बदरीनाथ, दक्षिण में श्रृंगेरी, पूर्व में पुरी तथा पश्चिम में द्वारका, चार पीठों की स्थापना की। बत्तीस वर्ष की स्वल्पायु में अपने सुप्रसिद्ध ब्रह्म सूत्र भाष्य के अतिरिक्त ग्यारह उपनिषदों पर तथा गीता पर भाष्यों की रचना करना एवं अन्य ग्रंथ और अनुपम स्रोत–साहित्य का निर्माण करना तथा वैदिक धर्म एवं दर्शन के समुद्धार, प्रतिष्ठा और प्रचार के दु:साध्य कार्य को भारत में भ्रमण करते हुए, प्रतिपाक्षियों को शास्त्रार्थ में पराजित करते हुए, अपने दर्शन की महत्ता का प्रतिपादन करते हुए तथा भारत की चारों दिशाओं में चार पीठों की स्थापना करते हुए संपादित करना वस्तुत: अलौकिक और अद्वितीय है। इसीलिए उन्हें भगवान् शंकर का अवतार माना जाता है। गौड़पादाचार्य के प्रशिष्य एवं गोविंदपादाचार्य के शिष्य शंकराचार्य का दर्शन उनके प्रतिपाद्य ब्रह्म के समान पूर्वापरकोटिवर्ज्य और पूर्ण है। शंकराचार्य का स्थान विश्व के सर्वोच्च दार्शनिकों में है।

वेदांत के सभी संप्रदाय स्वयं को उपनिषद् पर आधारित बताते हैं तथा उपनिषद् को वेदांत का मूलप्रस्थान मानते हैं, किंतु शंकराचार्य का अद्वैत वेदांत ही वस्तुत: औपनिषद् दर्शन है। शंकराचार्य ने युक्तियुक्त रूप से प्रतिपादित किया है कि अद्वैत ही उपनिषदों का दर्शन है और अद्वैत द्वारा ही श्रुतियों की एकवाक्यता सिद्ध की जा सकती है। शंकराचार्य ने ही ग्यारह मूल उपनिषदों पर भाष्य-रचना की है, वेदांत के अन्य संप्रदायाचार्यों ने नहीं। अद्वैत वेदांत से सहमत होना या न होना अलग बात है। कोई भी विद्वान् अन्य वेदांत संप्रदाय को या किसी भी दार्शनिक संप्रदाय को अपनी श्रद्धा के कारण अधिक संतोषजनक मान सकता है, किंतु कोई भी निष्पक्ष विद्वान् यह नहीं कह सकता कि अद्वैत उपनिषदों का केंद्रीय दर्शन नहीं है।

शंकराचार्य ने अपने अद्वैत वेदांत को सुप्रतिष्ठित करने के लिए निम्नांकित कार्य संपादित किए—

1. उन्होंने यह स्पष्ट किया कि वैशेषिक, न्याय और सांख्य वैदिक दर्शन नहीं हैं, यद्यपि ये वेद में आस्था प्रकट करते हैं। प्राचीन सांख्य संभवत: ईश्वरवादी था तथा स्वयं को उपनिषद् पर आधारित कहता था और उसके दावे का खंडन महर्षि बादरायण ने ब्रह्मसूत्र में तथा शंकराचार्य ने अपने भाष्य में किया। शंकराचार्य ने सांख्य को वेदांत का 'प्रधानमल्ल' (मुख्य प्रतिद्वंद्वी) बताया है और द्वैतवादी होने के कारण उसे श्रुति-प्रतिकूल सिद्ध किया है, यद्यपि सांख्य के बहुत से तत्त्वों को वेदांत ने उसी रूप में या कुछ परिवर्तन के साथ अपना लिया है।

2. उन्होंने पूर्वमीमांसा कृत वेद की कर्मपरक व्याख्या को निराश किया। पूर्वमीमांसा के अनुसार, वेद क्रियार्थक है तथा वेद के वे भाग, जो स्पष्ट रूप से कर्मपरक नहीं हैं, परोक्षतया कर्म का अंग बनकर ही सार्थक हो सकते हैं। शंकराचार्य ने इस व्याख्या को उलट दिया और यह सिद्ध किया कि वेद का मुख्य लक्ष्य परमतत्त्व को प्रकाशित करना है। अत: वेद का ज्ञानपरक मंत्रभाग और उपनिषद् भाग मुख्य है तथा वेद के कर्म एवं उपासनापरक भाग गौण हैं, क्योंकि इनका प्रयोजन चित्त-शुद्धि है।

3. उन्होंने उपनिषद् और ब्रह्मसूत्र के उन प्राचीन व्याख्याकारों (जैसे,

भर्तृप्रपंच आदि) के मत का खंडन किया, जो ब्रह्मपरिमाणवाद या भेदोभेदवाद के पोषक थे। शंकराचार्य ने ब्रह्मपरिणामवाद के स्थान परब्रह्मविवर्तवाद का और भेदाभेदवाद के स्थान पर अद्वैतवाद का प्रतिपादन किया।

4.   उन्होंने यह स्पष्ट किया कि निर्विशेष या निर्गुण ब्रह्म 'शून्य' नहीं है, यदि 'शून्य' का अर्थ सर्वनिषेध हो। 'नेति नेति' ब्रह्मविषयक निर्वचनों का निषेध करती है, स्वयं ब्रह्म का नहीं। निर्विशेष ब्रह्मवाद निरपेक्ष अद्वैतवाद है।

5.   उन्होंने बौद्ध विज्ञानवाद का मार्मिक खंडन करके अपने नित्य औपनिषद् आत्मचैतन्यवाद को उससे पृथक् सिद्ध किया।

6.   उन्होंने सिद्ध किया कि माया या अविद्या ब्रह्म की अनिर्वचनीय शक्ति के रूप में उपनिषद् सिद्धांत है। उपनिषद् में तात्त्विक भेद, द्वैत, परिणाम आदि का कोई स्थान नहीं है।

माया, अविद्या या अभ्यास

अद्वैत वेदांत का सार श्लोकार्थ में इस प्रकार व्यक्त किया जा सकता है—ब्रह्म ही सत्य है, जगत् मिथ्या है और जीव ब्रह्म ही है, उससे भिन्न नहीं और ब्रह्म और आत्मा एक हैं, दोनों परम तत्त्व के पर्याय हैं। जगत्-प्रपंच माया की प्रतीति है, जीव और जगत्, दोनों मायाकृत हैं। जिस प्रकार रज्जु भ्रम में सर्प के रूप में प्रतीत होती है और रज्जु का ज्ञान हो जाने पर सर्प का बोध हो जाता है, उसी प्रकार ब्रह्म, अविद्या या माया के कारण, जीव जगत् प्रपंच रूप में प्रतीत होता है और निर्विकल्प अपरोक्ष ज्ञान द्वारा ब्रह्मानुभव होने पर जीव-जगत्-प्रपंच का बोध हो जाता है। यही मोक्ष या आत्मस्वरूप का ज्ञान है।

माया, अविद्या, अज्ञान, अध्यास, अध्यारोप, विवर्त, भ्रांति, भ्रम, सदसदनिर्वचनीयता आदि शब्दों का प्रयोग वेदांत में प्राय: पर्यायों के रूप में किया जाता है। इनमें पाया, अविद्या, अज्ञान, अध्यास और विवर्त शब्दों का पर्यायार्थक प्रयोग अधिकतर होता है।

शंकराचार्य के अनुसार माया या अविद्या की निम्नांकित विशेषताएँ हैं—

1. माया सांख्य की प्रकृति के समान भौतिक और जड़ है, किंतु सांख्य की प्रकृति के विपरीत, न तो सत् और न स्वतंत्र है।
2. माया ब्रह्म की अभिन्न शक्ति है। यह ब्रह्म पर आश्रित है और उससे अपृथक् है। इसे ब्रह्म से 'अनन्या' कहा जाता है। वस्तुतः माया और ब्रह्म में कोई संबंध नहीं हो सकता, न भेद, न अभेद और न भेदाभेद; उनके इस प्रातीतिक संबंध को 'तादात्म्य' नाम दिया गया है।
3. माया अनादि है।
4. माया भावरूप है, किंतु सत् नहीं है। यह बतलाने के लिए कि माया केवल अभावरूप नहीं है, इसे भावरूप कहा जाता है। माया अभावरूप भी है और भावरूप भी है। इसका अभावपक्ष 'आवरण' कहलाता है, जो तत्त्व को आवृत्त कर देता है, उस पर परदा डाल देता है, जिससे तत्त्व का ज्ञान नहीं हो पाता। इसका भावपक्ष 'विक्षेप' कहलाता है, जो तत्त्व पर किसी अन्य वस्तु का आरोप कर देता है, जिससे तत्त्व की अन्यथा प्रतीति होने लगती है। वस्तुतः माया न अभाव है और न भाव है।
5. माया सदसदनिर्वचनीय या भावाभावविलक्षण है। माया सत् नहीं है, क्योंकि ब्रह्म से भिन्न इसकी कोई सत्ता नहीं है; यह असत् भी नहीं है, क्योंकि यह ब्रह्म पर जगत्–प्रपंच का आरोप करती है। यह सत् नहीं है, क्योंकि अधिष्ठान के ज्ञान से इसका बोध हो जाता है, यह असत् भी नहीं है, क्योंकि इसकी प्रतीति होती है। यह सत् और असत्, दोनों भी नहीं है, क्योंकि सत् और असत्, प्रकाश और अंधकार के समान, एक साथ नहीं रह सकते।
6. माया अध्यास है। यह भ्रांति या भ्रम है। यह किसी वस्तु (रज्जु या शुक्ति) पर किसी अन्य वस्तु (सर्प या रजत्) का अध्यास, आरोप या विक्षेप है। यह मिथ्या ज्ञान या अन्यथा ज्ञान है, जैसे रज्जुसर्प का या शुक्तिरजत का ज्ञान। अध्यास या विक्षेप के पूर्व आवरण या अज्ञान का होना आवश्यक है, जैसे रज्जु या शुक्ति पर आवरण पड़ना, जिससे उनका अज्ञान बना रहे और ज्ञान न हो सके। यह केवल अज्ञान की

अर्थात् ज्ञान के अभावमात्र की व्यवस्था है, जिसे भ्रम नहीं कहा जा सकता। भ्रम अध्यास या विक्षेप है, जिससे किसी वस्तु पर किसी अन्य वस्तु का आरोप हो सके और उस वस्तु का मिथ्या ज्ञान या अन्यथा ज्ञान हो। भ्रम अध्यास या मिथ्या ज्ञान है।

7. माया ज्ञाननिरस्या है, अर्थात् अधिष्ठान के ज्ञान से इसका निरास, बोध या निवृत्ति हो जाती है, जैसे रज्जु के ज्ञान से रज्जुसर्प की और ब्रह्मज्ञान से जगत् प्रपंच की।

8. माया विवर्त है। यह आभास मात्र है। रज्जु भ्रम में भी सर्प के रूप में परिवर्तित नहीं होती; ब्रह्म जगत् प्रपंच के रूप में परिवर्तित नहीं होता, केवल प्रतीतिमात्र होती है। अत: माया की प्रातीतिक अर्थात् व्यावहारिक या प्रातिभासिक सत्ता है, जगत् प्रपंच की व्यावहारिक और रज्जुसर्प की प्रातिभासिक। रज्जुसर्पादिक व्यक्तिगत भ्रम (एवं स्वप्न आदि) को, जिसका बोध लौकिकज्ञान व्यवहार से हो सके 'प्रतिभास' कहते हैं; तथा इस जागतिक विराट् भ्रम, इस लोक-व्यवहार, जिसका अर्थ ब्रह्मज्ञान से, परमार्थ से हो सके, 'व्यवहार' कहते हैं।

9. माया का आश्रय और विषय ब्रह्म ही है; तथापि ब्रह्म माया से सर्वथा और सर्वदा अलिप्त है, जिस प्रकार आकाश तल्लीनता से या रज्जु से अलिप्त है। अधिष्ठान कभी अध्यस्त पदार्थ से कलुषित नहीं होता।

शंकराचार्य ने अपने ब्रह्मसूत्र भाष्य के प्रारंभ में अनुभव का विवेचन करते हुए दर्शन की मूलभूत समस्या, 'भ्रम' की समस्या, का मार्मिक विश्लेषण प्रस्तुत किया है। आचार्य का कथन है कि यह समस्त लोक व्यवहार दो तत्त्वों के मिलन या तादात्म्य पर निर्भर है—एक तो शुद्ध चैतन्यस्वरूप आत्मस्वरूप जो विषयी, ज्ञाता, चेतन और नित्य है एवं 'अहं' प्रत्ययगोचर है; और दूसरा विषय या ज्ञेय पदार्थ जो जड़ और अनित्य है एवं 'इदं' (या युष्मत्) प्रत्यगोचर है। यह युक्तियुक्त है कि विषयी आत्मा और विषयरूपी अनात्मा, जो प्रकाश और अंधकार के समान परस्पर अत्यंत विरुद्ध हैं, जिनमें आत्मा शुद्ध चैतन्यस्वरूप, अपरिणामी, ज्ञाता और नित्य है तथा अनात्मा विषय, ज्ञेय, परिणामी, जड़ पदार्थ और अनित्य है, कभी एक-दूसरे से मिल नहीं सकते। प्रकाश और अंधकार के मिलन के समान इनका

मिलन असंभव है, किंतु इनके मिलन या तादात्म्य के बिना कोई लोक-व्यवहार, कोई लौकिक अनुभव सिद्ध नहीं होता। इस असंभव मिलन को संभव के रूप में प्रतीत कराने वाली शक्ति का नाम माया या अविद्या है। किंतु यह स्वीकार करना होगा कि जब आत्मा और अनात्मा का वास्तविक मिलन या संबंध असंभव है, तब उनके मिलन या संबंध में प्रतीति और तज्जन्य लोक-व्यवहार मिथ्या ही होना चाहिए। जब आत्मा और अनात्मा में कोई संबंध या तादात्म्य नहीं हो सकता तब उनके धर्मों का भी परस्पर कोई संबंध या तादात्म्य नहीं हो सकता।[4] इस संबंध की मिथ्या प्रतीति कराने वाली माया मूलविद्या है? विराट् समष्टि की भ्रांति है, जो समस्त विश्व की जननी है और संसार-चक्र चला रही है। हम सब जीव इसी में जन्म लेते हैं, व्यवहार करते हैं और मरते हैं तथा मरने के बाद पुनः जन्म लेते हैं। अतः सत् आत्मा और असत् अनात्मा का एक-दूसरे पर आरोप एवं एक के धर्मों का दूसरे के धर्मों पर आरोप हमारे लिए स्वाभाविक है, क्योंकि हमारा समस्त लोक व्यवहार इसी अनादि मिथ्या ज्ञान इस सत् और असत् के मिलन पर, इस सत्य और अनृत के मिथुनीकरण पर आधारित है।[5]

यहाँ यह प्रश्न उठता है कि शुद्ध चैतन्यस्वरूप आत्मा तो असंग और अविषय है, तब वह 'अहं' प्रत्यय का विषय कैसे हो सकता है? और जब आत्मा विषय के रूप में अवस्थित नहीं होती तब उसपर अनात्मा का या अनात्त्मधर्मों का अध्यास कैसे संभव है? इसका उत्तर इस प्रकार है—वस्तुतः आत्मचैतन्य असंग और अविषय ही है। अतः 'अहं' प्रत्यय का विषय जीव या प्रमाता है। किंतु स्वप्रकाश साक्षीचैतन्य ही अविद्या के कारण जीव या प्रमाता के रूप में भासित होता है। अतः अविषय आत्मतत्त्व को 'अहं' प्रत्ययविषयवत् कल्पित कर लिया जाता है। पुनश्चः, अध्यास के लिए यह आवश्यक नहीं है कि अधिष्ठान का विषय के रूप में प्रत्यक्ष हो क्योंकि अप्रत्यक्ष आकाश पर भी अज्ञानी जन तलमलिनता का अध्यास कर देते हैं। शुद्ध आत्मचैतन्य प्रमातृ प्रमेय प्रमाण व्यवहारातीत है। वह स्वयंप्रकाश और असंग तथा विषय है। इस शुद्ध आत्मतत्त्व पर अविद्या के कारण अनात्मा का तथा देहेंद्रियांतः करणादि अनात्मधर्मों का अध्यास होते ही यह शुद्ध साक्षीचैतन्य जीव का प्रमाता के रूप में प्रतीत होता है। यह मुख्य अध्यास है। इस अध्यास को पंडितजन अविद्या कहते हैं और आत्मा तथा अनात्मा के विवेक से

चिदात्मा के स्वरूप ज्ञान को विद्या कहते हैं।[6] अतः अविद्यावान् जीव या प्रमाता को विषय और आश्रय बनाकर प्रमातृप्रमाणप्रमेय आदि समस्त लोक व्यवहार एवं विधि, निषेध और मोक्षपरक समस्त शास्त्र प्रवृत्त होते हैं।[7] इस अविद्या के कारण जीव अपने आत्मस्वरूप को भूलकर अनात्मपदार्थों और अनात्मधर्मों को अपने ऊपर आरोपित करता है। वह कलत्र, पुत्र, मित्रादि बाह्य वस्तुओं, देह, इंद्रियों, अंतःकरण और इनके धर्मों से तादात्म्य स्थापित करता है। वह अहंकार और ममकार से ग्रसित होकर स्वयं को कर्ता और भोक्ता समझता है तथा जन्म-मरण चक्र में संसरण करता है। यह अनादि, अनंत, नैसर्गिक तथा मिथ्या ज्ञानरूप अध्यास सारे अनर्थों का मूल कारण के लिए सारे वेदांतशास्त्र प्रारंभ होते हैं।[8]

शंकराचार्य ने अध्यास के तीन लक्षण दिए हैं, जिनमें कोई तात्विक भेद नहीं है। प्रथम लक्षण के अनुसार, 'अध्यास स्मृतिरूप परत्र पूर्वदृष्टावभास' है। अध्यास 'अवभास' है, अर्थात् निरास योग्य आभास है, जो अभी भासित हो रहा है, किंतु बाद में उत्तर-ज्ञान से निरस्त या बाधित हो जाएगा। यह अवभास 'पूर्वदृष्ट' का है, अर्थात् उस वस्तु का है, जो पूर्वकाल में देखी गई थी, किंतु अभी नहीं है। यह अवभास 'स्मृतिरूप' है अर्थात् स्मृति तो नहीं है, किंतु स्मृति के समान रूपवाला है, अर्थात् जिस प्रकार स्मृति संस्कार-जन्य है, उसी प्रकार यह अवभास भी संस्कार-जन्य है। यह अवभास 'परत्र' है, अर्थात् अपने 'अधिकरण' में है, जो यहाँ इस समय उपस्थित है। इस लक्षण के अनुसार अध्यास या भ्रम के तीन घटक होते हैं—

(1) वह वस्तु जो यहाँ इस समय प्रत्यक्ष उपस्थित है (परत्र) और सत् है; यह वस्तु भ्रम का 'अधिष्ठान' या अधिकरण है, जिस पर किसी अन्य वस्तु का आरोप या अध्यास किया जाता है, जैसे रज्जु या शुक्ति; (2) वह वस्तु जिसका पूर्वकाल में प्रत्यक्ष हुआ था (पूर्वदृष्ट) और जो अपने स्वरूप में भले ही सत् हो, किंतु यहाँ इस समय उपस्थित नहीं होने से 'असत' है; यह वस्तु 'अध्यस्त' है, अर्थात् इसका अध्यास अधिष्ठान पर किया जाता है, जैसे सर्प या रज्जु; यह स्मृति नहीं है, किंतु इसका रूप, स्मृति के समान, इसके संस्कारों में उद्बुद्ध होता है, जिसे अंतःकरण गलती से उपस्थित अधिष्ठान पर (जिसका प्रत्यक्ष हो रहा है) आरोपित कर देता है (स्मृतिरूप); और (3) आरोप या तादात्म्य की क्रिया

अर्थात् अध्यस्त वस्तु (सर्प या रजत) का उपस्थित अधिष्ठान (रज्जु या शुक्ति) पर आरोप किया जाना। जब ये तीनों घटक होंगे, तभी अध्यास या भ्रम होगा।[9] आचार्य ने अध्यास का दूसरा लक्षण इस प्रकार दिया है—'अध्यास किसी अन्य वस्तु (अधिष्ठान) को किसी अन्य वस्तु (अध्यस्त) के धर्म के रूप में अवभासित होना है।[10] प्रत्येक वस्तु में द्रव्यांश (इदमंश) और धर्मांश, दोनों होते हैं। एक वस्तु के 'द्रव्य' पर किसी अन्य वस्तु के 'धर्म' को आरोपित करना अध्यास है, जैसे रज्जु या शुक्ति के द्रव्यांश (इदम्) पर सर्पमयत्व या रजतत्त्व धर्म का आरोप। तृतीय लक्षण है—'अध्यास असत् में तद्बुद्धि है।'[11] अर्थात् अध्यास किसी वस्तु का (रज्जु या शुक्ति का जो वस्तुतः सर्प या रजत नहीं है) किसी अन्य वस्तु (सर्प या रजत) के रूप में ज्ञान है। अध्यास मिथ्या ज्ञान या अन्यथा ज्ञान हैं। यह असत् का सत् पर आरोप है। यह सत् और असत् का सत्य और अनृत का मिथुनीकरण है। असत् 'सत' के रूप में प्रतीत होता है और बाद में अधिष्ठान के ज्ञान से बाधित हो जाता है। आचार्य ने प्रभाकर के अख्यातिवाद और अन्यथाख्यातिवाद का उल्लेख किया है एवं यह बताता है कि भ्रम विवेकाग्रह या ज्ञानाभाव या अपूर्ण ज्ञान नहीं है, अपितु मिथ्या ज्ञान या अन्यथा ज्ञान है। अध्यास असत् का सत् पर आरोप है, यह असत् अध्यस्त का सत् अधिष्ठान से तादात्म्य है। अध्यस्त पदार्थ स्वरूप से ही मिथ्या है। यह सतत अधिष्ठान पर आरोपित होकर 'सत्' के रूप में प्रतीत होता है, किंतु वस्तुतः यह प्रतीति के समय भी असत् है, क्योंकि भ्रम की अवस्था में भी रज्जु सर्प के रूप में परिणत नहीं होती; अधिष्ठान के ज्ञान से यह बाधित हो जाता है। अधिष्ठान सत् है; असत् अध्यस्त से उसका संबंध मिथ्या है; अतः वह संसर्ग से मिथ्या है। वस्तुतः अविद्या, अध्यास, भ्रम, तादात्म्य भी मिथ्या है। असत् और सत् दो भिन्न स्तरों के पदार्थ हैं, अतः इनमें कोई वास्तविक संबंध नहीं हो सकता। तादात्म्य वस्तुतः संबंध नहीं है, अपितु भेद, अभेद और भेदाभेद रूपी संबंध का अभाव है। तादात्म्य का केवल यही अर्थ है कि असत् की प्रतीति भी सत् पर आरोपित होकर ही हो सकती है। अध्यस्त पदार्थ 'सत्' नहीं है, क्योंकि वह अधिष्ठान के ज्ञान से बाधित हो जाता है; वह 'असत' भी नहीं है, क्योंकि भ्रम-दशा में उसकी प्रतीति होती है। अतः उसे सदसदनिर्वचनीय या मिथ्या कहा जाता है। अद्वैत वेदांत 'अनिर्वचनीयख्याति' को स्वीकार करता है।

हम तेरहवें अध्याय में ख्यातिवाद का विशद विवेचन कर चुके हैं।[12]

प्रोफेसर कृष्णचंद्र भट्टाचार्य के अनुसार, वेदांत में भ्रम-विषयक तीन अवस्थाएँ होती हैं। भ्रम-पदार्थ को पहले तो सत् मान लिया जाता है, फिर उसका बोध होता है और तत्पश्चात् उसके स्वरूप का विश्लेषण करने पर उसके मिथ्यात्त्व का बोध होता है। प्रथम अवस्था भ्रम या अज्ञान की अवस्था है, जिसमें भ्रम-पदार्थ की, जैसे रज्जु सर्प की सत् के रूप में प्रतीति होती है। हमें सर्प का प्रत्यक्ष ज्ञान होता है—'यह सर्प है।' रज्जु और सर्प का पूर्ण तादात्म्य हो जाता है, इतना पूर्ण कि रज्जु सर्वथा आवृत्त हो जाती है और सर्प ही रह जाता है। द्वितीय अवस्था ज्ञान की अवस्था है, जिसमें अधिष्ठान के ज्ञान से अध्यस्त का सर्वथा बोध, निरास या निषेध कर दिया जाता है। इस अवस्था में न्याय वाक्य इस प्रकार होता है—'यह तो रज्जु है' या 'यह सर्प नहीं है' या 'यह तो रज्जु है, सर्प नहीं है।' 'यह' सर्प और रज्जु को जोड़नेवाली कड़ी है, क्योंकि 'यह सर्प है, और 'यह तो रज्जु है', इन दोनों न्याय-वाक्यों में 'यह' उद्देश्य है। 'यह तो रज्जु है', इस न्याय वाक्य से सर्प और रज्जु का तादात्म्य निरस्त हो जाता है तथा फलस्वरूप असत् सर्प का सत् रज्जु पर अध्यास बाधित हो जाता है। तृतीय अवस्था भ्रम के दार्शनिक विश्लेषण द्वारा उसके मिथ्यात्त्व के बोध की अवस्था है। इस अवस्था में भ्रम-पदार्थ की सदसदनिर्वचनीयता का एवं उसके मिथ्यात्व का बोध होता है। भ्रम-पदार्थ सत् और असत् रूप से अनिर्वचनीय और अलक्षणीय है। उसके लिए इस व्यावहारिक जगत् में कोई स्थान नहीं है, क्योंकि वह इस जगत् की वस्तु नहीं है। क्योंकि जब तक उसकी प्रतीति है, तभी तक उसकी सत्ता है; उसकी सत्ता है; उसकी सत्ता उसकी उपलब्धि तक ही सीमित है, किंतु उपलब्धि के समय भी उसकी 'प्रतीति मात्र' होती है, उसकी सत्ता नहीं होती। उपलब्धि के समय भी वहाँ सर्प नहीं है, रज्जु ही है। रज्जु सर्प की उपलब्धि के पूर्व और पश्चात् कोई सत्ता नहीं होती और उपलब्धि के समय भी उसकी सत्ता नहीं होती, अत: रज्जु सर्प भी वंध्यापुत्र और खपुष्प के समान, भूत-भविष्यत्-वर्तमान, तीनों कालों में नितांत असत् सिद्ध होता है। तथापित रज्जु सर्प में 'सर्प' के रूप में प्रतीत होने का सामर्थ्य है; असत् होते हुए भी वह 'सत्' के छद्मवेश में प्रतीत होती है और हम धोखे में उसे 'सत्' के रूप में प्रत्यक्ष होता है, किंतु वंध्यापुत्र

और खपुष्प आदि में तो प्रतीति-सामर्थ्य भी नहीं है, उनकी कभी उपलब्धि भी नहीं होती। अत: उन्हें 'तुच्छ' या अत्यंत असत् कहा जाता है व्यक्तिगत भ्रम के रज्जुसर्पादिक पदार्थ 'प्रतिभास' कहे जाते हैं। समष्टि-भ्रम के लौकिक पदार्थ 'व्यवहार' के अंतर्गत आते हैं। दोनों ही सदसदनिर्वचनीय होने के कारण मायिक और मिथ्या हैं। रज्जुसर्पादिक भ्रमपदार्थ और वंध्यापुत्रादिक तुच्छ पदार्थ यद्यपि सत्ता की दृष्टि से समान रूप से त्रिकाल में असत् हैं, तथापि दोनों में महत्त्वपूर्ण भेद यह है कि रज्जुसर्पादिक पदार्थ सदसदनिर्वचनीय और मिथ्या हैं, क्योंकि उनमें अपने अधिकरण में उनका अत्यंताभाव होने पर भी सत् के रूप में प्रतीयमान होने का सामर्थ्य है और भ्रम के समय उनकी 'सत्' के रूप में उपलब्धि होती है, जबकि वंध्यापुत्रादिक पदार्थों में प्रतीति-सामर्थ्य भी नहीं है, इसलिए उन्हें तुच्छ और अत्यंत असत् कहा जाता है।[13] उपलब्धि न होने के कारण वे वस्तुत: पदार्थ भी नहीं हैं, वे शब्दमात्र हैं। भ्रम-पदार्थ 'सत्' नहीं है, क्योंकि ज्ञान से उसका बोध हो जाता है; वह 'असत' भी नहीं है, क्योंकि उसकी भ्रम-दशा में प्रतीति होती है, सत् और असत् परस्पर विरुद्ध हैं। अत: भ्रम-पदार्थ को सदसत भी नहीं कहा जा सकता। इसलिए सत्, असत् और सदसत से विलक्षण होने के कारण भ्रम पदार्थ को सदसदनिर्वचनीय या सदसद्विलक्षण कहा जाता है एवं जो सदसदनिर्वचनीय है वह भासिक और मिथ्या है। अध्यास या माया के इन त्रिविध रूपों का संक्षेप में सुर निरूपण स्वामी विद्यारण्य ने अपनी प्रपंचशी में इस प्रकार किया है—माया तीन रूपों में प्रतीत होती है—वास्तव, अनिर्वचनीय और तुच्छ। उसके ये तीन रूप क्रमश: लौकिक, यौक्तिक और श्रौत, इन तीन प्रकार के बोधों से जाने जाते हैं। लौकिक ज्ञान की दृष्टि से माया वास्तविक प्रतीत होती है और उससे समस्त लौकिक व्यवहार संपन्न होते हैं, रज्जुसर्प भी भ्रम की अवस्था में वास्तविक सर्प में प्रतीत होता है तथा भयादि उत्पन्न करता है। यौक्तिक ज्ञान से अर्थात् युक्ति या दार्शनिक विश्लेषण की दृष्टि से माया व्यवहार और प्रतिभास, दोनों रूपों में सदसदनिर्वचनीय और मिथ्या सिद्ध होती है। श्रौतज्ञान से अर्थात् श्रुतिगम्य अपरोक्षानुभव या ब्रह्मज्ञान से माया की आत्यांतिक निवृत्ति होने पर उसकी नितांत असत्ता या तुच्छता का बोध होता है, जैसे रज्जु के ज्ञान से सर्प के त्रैकालिक असत्व या तुच्छता का ज्ञान होता है।

अद्वैत वेदांत के अनुसार 'सत्' वह है, जिसका त्रिकाल में बोध नहीं हो सके (त्रिकालाऽबाध्यत्वं सत्वम्) अर्थात् जो कूटस्थ नित्य और सदा एकरस एवं अपरिणामी हो। इस अर्थ में ब्रह्म या आत्मा की 'सत्' है और वही परमार्थ है। 'असत्' वह है, जिसकी त्रिकाल में कोई सत्ता न हो और जिसमें कभी 'सत्' के रूप में प्रतीत होने का सामर्थ्य भी न हो (क्वचिदप्युपाधौ सत्वेन प्रतीत्यनर्हत्वम् अत्यन्ताऽसत्वम्), इस अर्थ में वंन्धयपुत्र और खपुष्प आदि असत् हैं। वेदांत में 'सत्' शब्द अपने आत्यंतिक अर्थ में प्रयुक्त हुए हैं, किंतु हमारे समस्त लौकिक अनुभव में कोई भी वस्तु ऐसी नहीं है, जिसे हम वेदांत के अनुसार सत् या असत् कह सकें। सत् ब्रह्म हमारे लौकिक अनुभव के ऊपर है और असत् या तुच्छ वंध्यापुत्रादिक लौकिक अनुभव के नीचे हैं। अत: हमारे लौकिक अनुभव का सारा क्षेत्र 'सदसदनिर्वचनीय' या 'मिथ्या, पदार्थों तक सीमित है। जो भी पदार्थ हैं, वह ज्ञेय, दृश्य, परिच्छिन्न और अचित होने के कारण सदसदनिर्वचनीय और मिथ्या है; जो मिथ्या है, वह अविद्या माया या भ्रम है। अद्वैत वेदांत के अनुसार यह भ्रम, भ्रांति या अविद्या, दो प्रकार की है। एक तो व्यक्तिगत भ्रम और दूसरा, समष्टिगत या विराट् भ्रम। पहले को प्रतिभास और दूसरे को व्यवहार कहते हैं। प्रतिभास के अंतर्गत समस्त व्यक्तिगत भ्रम और स्वप्नादि आते हैं। व्यवहार के अंतर्गत समस्त जगत्-प्रपंच या लोक व्यवहार आता है। प्रतिभास व्यक्तिगत भ्रम और स्वप्न है, जिसकी प्रतीति हमें होती है और जिसका बोध भी हमारे लौकिक ज्ञान से हो जाता है। व्यवहार समष्टिगत भ्रम है, जिसकी प्रतीति हमें न तो भ्रम के रूप में होती है और न जिसका बोध हमारे लौकिक ज्ञान से हो सकता है। तब इसे 'भ्रम' किस आधार पर कहा जाता है ? शंकराचार्य ने अत्यंत विशुद्ध और युक्तियुक्त रूप से इसका प्रतिपादन किया है। उनके अनुसार, व्यक्तिगत भ्रम (रज्जुसर्प) के मार्मिक विश्लेषण से (जिसका निरूपण हम ऊपर कर चुके हैं) यह सिद्ध होता है कि व्यक्तिगत भ्रम समष्टिगत भ्रम का ही अंग है और उसी पर आश्रित है एवं उसी की ओर संकेत करता है। व्यक्तिगत भ्रम में जितनी विशेषताएँ और घटक पाए जाते हैं, वे सब जगत्-प्रपंच या लोक-व्यवहार के पदार्थों में भी समान रूप से पाए जाते हैं। अत: जगत्-प्रपंच समष्टिभ्रम सिद्ध होता है। व्यक्तिगत भ्रम के रज्जुसर्पादि पदार्थों में और समष्टिगत भ्रम के लौकिक पदार्थों में भ्रम के रूप में

कोई मौलिक अंतर नहीं है । दोनों में ही अधिष्ठान-अध्यस्त-अध्यास की त्रिपुटी, अपने स्तर पर सत्य प्रतीत होना और उच्च स्तर के ज्ञान से बाधित होना, विषय के रूप में उपलब्धि, अर्थ क्रिया सामर्थ्य, परिच्छिन्नत्व, सदसदनिर्वचनीयत्व और मिथ्यात्त्व आदि पाए जाते हैं । शंकराचार्य के अनुसार दोनों भ्रम हैं, किंतु दोनों में अत्यंत महत्त्वपूर्ण अंतर यह है कि दोनों दो भिन्न स्तरों के भ्रम हैं । प्रतिभास व्यक्तिगत स्तर का भ्रम है और व्यवहार समष्टिगत स्तर का भ्रम है । प्रतिभास का बोध व्यवहार से हो जाता है, किंतु व्यवहार का बोध व्यवहार से नहीं, परमार्थ से होता है । प्रतिभास अपने स्तर पर सत्य प्रतीत होता है । भ्रम की अवस्था में रज्जुसर्प की प्रतीति सर्प के रूप में ही होती है और वह भयादि उत्पन्न करता है, स्वप्न का पानी स्वप्न की प्यास बुझाता है, स्वप्नदृष्ट सिंह की गर्जना से भय, रोमांच, कंप आदि होते हैं । रज्जु के ज्ञान से, जो व्यवहार के स्तर का ज्ञान है, रज्जुसर्प के भ्रम का बोध होता है । जाग्रत् अवस्था में आने पर ही स्वप्न का बोध होता है । इसी प्रकार लौकिक प्रपंच अपने स्तर पर सत्य है तथा उसका बोध परमार्थिक ब्रह्मज्ञान से ही संभव है और जब तक यह ज्ञान प्राप्त नहीं होता, तब समस्त लौकिक तथा वैदिक व्यवहार उत्पन्न हैं, उनकी व्यावहारिक सत्यता अक्षुण्ण है । शंकराचार्य ने इसका साग्रह और बार-बार प्रतिपादन किया है ।[15]

शंकराचार्य मानते हैं कि व्यावहारिक ज्ञान ज्ञेय वस्तु के बिना नहीं हो सकता । वे इस सिद्धांत को वस्तुवादी से भी अधिक दृढ़ता से स्वीकार करते हैं । वस्तुवादी भ्रम-पदार्थ के निरूपण में या तो अपने इस सिद्धांत को छोड़ देता है या इससे समझौता कर लेता है । शंकराचार्य के अनुसार, भ्रम में भी ज्ञेय विषय होता है । रज्जुसर्प के भ्रम में सर्प की बाह्य पदार्थ के रूप में प्रतीति होती है । आचार्य को व्यवहार में वस्तुवाद स्वीकार है, किंतु वे तात्त्विक वस्तुवाद के विरोधी हैं, क्योंकि उनके अनुसार भ्रम में सर्पाकार विज्ञान की प्रतीति नहीं होती, अपितु सर्प की बाह्य पदार्थ के रूप में प्रतीति होती है । वस्तुवादी शंकराचार्य पर आक्षेप करते हैं कि उनके मायावाद से सारे लौकिक पदार्थों को भ्रम और स्वप्न के पदार्थों के समान असत् बना दिया है । यह आक्षेप पूर्णतया असत्य है । शंकराचार्य ने तो भ्रम और स्वप्न के पदार्थों को भी, जिनको वस्तुवादी असत् मानते हैं, प्रातिभासिक सत्ता प्रदान की है तथा लौकिक पदार्थों की तो उच्चतर व्यावहारिक सत्ता स्वीकार की है ।

यह ध्यान में रखना आवश्यक है कि शंकराचार्य ने प्रतिभास और व्यवहार में भेद करके व्यवहार को उच्चतर स्तर का माना है और जगत् की व्यावहारिक सत्ता का एवं उसके सापेक्ष सत्यत्त्व का साग्रह प्रतिपादन किया है। जगत्-प्रपंच व्यक्तिगत भ्रम या स्वप्न नहीं है। ऐसा भ्रम या स्वप्न, जिसे सारे प्राणियों के लिए एक साथ देखना नैसर्गिक हो, साधारण भ्रम या स्वप्न नहीं है। यह व्यावहारिक वास्तविकता है, जो ब्रह्मज्ञान होने तक बनी रहती है। प्रतिभास और व्यवहार में और भी भेद है। प्रतिभास जीवसृष्ट है, व्यवहार ईश्वरसृष्ट है। प्रतिभास साक्षिभास्य, व्यवहार वृत्तिभास्य है। प्रतिभास व्यक्तिगत है, व्यवहार समष्टिगत है। प्रतिभास की सत्ता उपलब्धि तक ही सीमित है, व्यवहार की सत्ता उपलब्धि के बाद भी बनी रहती है। स्वप्न-प्रतिभास मानस और इंद्रियसन्निकर्ष रहित होता है, व्यवहार बाह्य और इंद्रियसन्निकर्ष सहित होता है। प्रतिभास क्षीण, अस्पष्ट और अल्पकालिक होता है, व्यवहार तीव्र, स्पष्ट और दीर्घकालिक होता है।

हम अभी बता चुके हैं कि हमारा सारा बुद्धि-विकल्पजन्य लौकिक ज्ञान 'अनिर्वचनीय' और 'मिथ्या' तक ही सीमित है। यदि हमारा भावात्मक या विधानात्मक ज्ञान मिथ्या पदार्थ का ज्ञान है तो यह युक्तियुक्त है कि निषेध भी मिथ्या का ही हो सकता है। अबाध्य होने के कारण सत् का निषेध नहीं हो सकता और प्रतीत न होने के कारण असत् (खपुष्प) के निषेध का कोई अर्थ नहीं है। अत: अध्यस्त पदार्थ का ही निषेध संभव है। अध्यस्त का निषेध उसके अधिकरण (अधिष्ठान) से अभिन्न है, अत: अध्यस्त के निषेध से अधिष्ठान की सत्ता का बोध होता है। रज्जुसर्प के निषेध से रज्जु की सत्ता का और प्रपंच के निषेध से ब्रह्म की सत्ता का बोध होता है, अध्यस्त के समान उसका निषेध भी अविद्याजन्य है, अत: अंतत: इस निषेध का भी निषेध हो जाता है, किंतु अध्यस्त के निषेध का निषेध अध्यस्त की सत्ता का विधान नहीं करता। किसी वस्तु के निषेध का निषेध–उस वस्तु की सत्ता का विधान तभी करता है, जब वस्तु और उसका निषेध समान स्तर के हों और एक ही अधिकरण में नहीं रहते हों, जैसे रज्जुत्व और रज्जुत्वाभाव एक साथ नहीं रह सकते। अत: रज्जुत्वाभाव का निषेध रज्जुत्व की सत्ता का विधान करता है, किंतु अध्यस्त और अधिष्ठान समान स्तर के नहीं है, क्योंकि अध्यस्त असत् और अधिष्ठान सत् है। तथा अध्यस्त और उसका अभाव

(निषेध) दोनों एक समय एक ही अधिष्ठान में रहते हैं, क्योंकि अध्यस्त उसी अधिकरण में 'सत्' के रूप में प्रतीत होता है, जहाँ उसका अत्यंताभाव है। अत: अध्यस्त के अभाव (निषेध) का निषेध साथ ही अध्यस्त का भी निषेध करता है। इसलिए अध्यस्त के निषेध का निषेध अध्यस्त की सत्ता का विधान नहीं करता, अपितु अधिष्ठान की सत्ता को ही प्रकाशित करता है। रज्जुसर्प के निषेध का निषेध रज्जु की सत्ता का विधायक है और प्रपंच के निषेध का निषेध ब्रह्म की सत्ता को प्रकाशित करता है। प्रपंचमिथ्यात्व का मिथ्यात्व प्रपंच के सत्यत्व का विधान नहीं करता, अपितु अधिष्ठानभूत ब्रह्म के सत्यत्व को प्रकाशित करता है।[16]

कई विरोधियों ने अविद्या या माया का अर्थ और महत्त्व नहीं समझकर तथा उसे 'अत्यंत असत' के रूप में ग्रहण करके अद्वैत वेदांत पर सारे जगत् कहकर उसका निषेध करने का मिथ्या आरोप लगाया है। स्वयं शंकराचार्य ने इस प्रकार की आपत्तियों को पूर्वपक्ष के रूप में उपस्थित करके उनका समचित समाधान कर दिया है। आश्चर्य है कि उनके प्रतिपक्षियों ने उनके इस समाधान पर ध्यान नहीं दिया है। प्रतिपक्षी का आक्षेप है कि असत् माया सत् ब्रह्म का व्यावहारिक जगत् के रूप में किस प्रकार भास करा सकती है? जगत् जीव और शास्त्र के असत्य होने पर मोक्ष प्राप्ति की असत्य होगी और उसका प्रतिपादन करनेवाला अद्वैत वेदांत भी असत्य होगा। अनृत मोक्षशास्त्र द्वारा प्रतिपादित ब्रह्मात्म्यैक्य किस प्रकार सत्य हो सकता है? असत्य वेदांत वाक्यों द्वारा ब्रह्मात्मतारूपी सत्य मोक्ष की प्राप्ति किस प्रकार संभव हो सकती है?[17] यदि जगत् असत् है तो असत् साधनों से सद्ब्रह्म की प्राप्ति नहीं हो सकती; और यदि जगत् सत् है तो वह माया नहीं है। ऐसा अद्वैत वेदांत दर्शन, जो केवल यही कह सके कि असत् जीव असत् में असत् साधनों द्वारा असत् मोक्ष प्राप्त करने का असत् प्रयत्न कर रहे हैं, स्वयं असत् है। असत् प्रयत्नों से कभी सत् की प्राप्ति नहीं हो सकती, और न कभी असत् वस्तु अर्थक्रियासमर्थ हो सकती है। क्या कभी किसी ने कहीं भी रज्जुसर्प के काटे हुए को मरते देखा है? या कभी किसी ने कहीं भी मृग-जल से अपनी प्यास बुझाई है या उसमें स्नान किया है?[18]

शंकराचार्य का उत्तर है कि इस प्रकार के आक्षेप प्रतिपक्षी के अज्ञान के कारण हैं। प्रतिपक्षी प्रतिभास, व्यवहार और परमार्थ का भेद नहीं समझ रहा है

और उन्हें एक-दूसरे में मिला रहा है। प्रतिभास और व्यवहार अपने-अपने स्तर पर सत्य हैं। प्रतिभास को मिथ्यात्व व्यवहार के स्तर से ज्ञात होता है और व्यवहार का मिथ्यात्व पारमार्थिक ब्रह्मात्मता के अनुभव से विदित होता है, इसके पूर्व नहीं। रज्जुसर्प का मिथ्यात्व भ्रम-निवृत्ति के बाद और स्वप्न-पदार्थों का मिथ्यात्त्व जाग्रतावस्था में आने पर प्रतीत होता है। इसी प्रकार जगत्-प्रपंच का मिथ्यात्त्व भी ब्रह्म-ज्ञान हो जाने पर विदित होता है। ब्रह्मात्मैक्य के अपरोक्षानुभव के पूर्व सभी जगत्-व्यवहार सत्य हैं, जिस प्रकार जाग्रतावस्था के पूर्व स्वप्न-व्यवहार सत्य है।[19] अहंकार-ममकार के अविद्या-चक्र में फँसा जीव अपनी स्वाभाविक ब्रह्मात्मता को भूलकर भेद-प्रपंच में ही विचरण करता है। अतः ब्रह्मात्त्मतानुभूति के पूर्व सारे लौकिक और वैदिक व्यवहारों की सत्यता उत्पन्न है।[20] आचार्य-वचन है कि वे बार-बार कह चुके हैं कि आत्म-ज्ञान के पूर्व सारा लौकिक और वैदिक व्यवहार अक्षुण्ण और अव्याहत बना रहता है; जिसे लोक सत्य मानता है, वह व्यापार लोक-दृष्टि से सत्य है, और जिसे अनृत समझता है, वह व्यवहार लोक-दृष्टि से अनृत है।[21] प्रतिपक्षी का यह कथन मिथ्या पदार्थ अर्थक्रियासमर्थ नहीं होता, असत्य है। प्रतिभास और व्यवहार के पदार्थ अपने-अपने स्तर पर अर्थक्रियासमर्थ हैं। रज्जुसर्प भ्रम-दशा में भ्रांत व्यक्ति को भयभीत करता है। वह व्यक्ति स्वयं को सर्प-दृष्ट समझकर भ्रांत मनोदशा में मरणासन्न मान सकता है। यदि रज्जुसर्प पर पाँव पड़ते समय वहाँ कोई नुकीला पत्त्थर या कील पाँव में छेद करके रक्त निकाल दे तो शरीर में सर्प विष-प्रवेश की तीव्र शंका से उत्पन्न भय से कभी-कभी हृदयगति भी रुक जाती है। स्वप्न में सर्पदृष्ट व्यक्ति स्वयं को मृतक मान लेता है। स्वप्न-जल से स्वप्न की प्यास मजे में बुझती है। स्वप्न-दृष्ट सिंह की गर्जना से या अन्य भयावह स्वप्न से नींद खुल जाती है और भय, कंप, रोमांच के अनुभव की अनुगूँज जाग्रत् में भी कुछ देर चलती है। प्रतिभास और व्यवहार अपने-अपने स्तर पर, बोध होने से पूर्व, सत्य हैं। स्वप्न-पदार्थों का जाग्रत् में बोध हो जाने पर भी उनकी अवगति या अनुभूति का बोध नहीं होता। स्वप्न में पदार्थों को अनुभव हुआ, यह अनुभव जाग्रत् में भी बना रहता है। पुनः भ्रम का बोध अधिष्ठान के ज्ञान से और स्वप्न का बोध जाग्रत्-ज्ञान से होता है। इसी प्रकार जगत्-प्रपंच का बोध आत्म-ज्ञान से होता है। यह ज्ञान या

अनुभूति सत्य है एवं सार्थक है। इसे अनर्थक या भ्रांति नहीं कहा जा सकता, क्योंकि इससे अविद्या की निवृत्ति होती है तथा बोधकज्ञानरहित होने के कारण इसका बोध नहीं हो सकता।[22]

इस प्रकार शंकराचार्य ने व्यवहार के स्तर पर समस्त प्रपंच के सत्यत्व को स्वीकार किया है। उन्होंने तो प्रतिभास तक को उसके स्तर पर सत्य माना है, जिसे वस्तुवादी असत् मानते हैं। प्रतिभास और व्यवहार 'असत' नहीं हैं; वे सदसदनिर्वचनीय और मिथ्या हैं। जगत् सत् नहीं है, क्योंकि वह ब्रह्म के समान कूटस्थ नित्य नहीं है; जगत् भी नहीं है, क्योंकि वह वंध्यापुत्र के समान प्रतीति-रहित नहीं है। जगत् को जिस 'सत्ता' से वंचित किया गया है, वह कूटस्थ नित्यता है तथा उसे जिस 'असत्ता' से भूषित किया गया है, वह अनित्यता एवं देश-काल वच्छिन्नता है। कौन कह सकता है कि जगत् कूटस्थ नित्य है या जगत् देश-काल वच्छिन्न और अनित्य नहीं है? [illegible] के स्तर से जगत् का निषेध असंभव है; और पारमार्थ विधि-निषेध के ऊपर है। अध्यास, अविद्या, माया का इतना विशद और विस्तृत व्याख्यान इसलिए किया गया है कि यह सब अनर्थों का मूल कारण है और इसके प्रहाण से अखंड आनंदस्वरूप आत्मतत्त्व की प्राप्ति जीवन का सर्वोच्च लक्ष्य है।

आत्मा या ब्रह्म

आत्मा और ब्रह्म का तादात्म्य उपनिषद् के ऋषियों के दर्शन की महान् देन है। विषयी और विषय, प्रमाता और प्रमेय, दोनों में एक ही तत्त्व प्रकाशित हो रहा है, जो दोनों में अंतर्यामी है और दोनों के पारगामी भी है। आत्मा और ब्रह्म का विशद विवेचन हम उपनिषद् दर्शन में कर चुके हैं।[23] जीव में जो शुद्ध चैतन्य प्रकाशित हो रहा है, वही ब्रह्मरूप से इस समस्त बाह्य जगत् में भी व्याप्त है। अखंडचिदानंद स्वरूप परम तत्त्व को आत्मा या ब्रह्म कहते हैं। आत्मा, शरीर, इंद्रिय, मन, अहंकार, बुद्धि से भिन्न है। वह शुद्ध चैतन्य है और समस्त ज्ञान तथा अनुभव का अधिष्ठान है; वह स्वतः सिद्ध तथा स्वप्रकाश है। उसका निराकरण असंभव है, क्योंकि जो निराकर्ता है, वही उसका स्वरूप है।[24] शुद्ध आत्मचैतन्य अविद्या के कारण शरीर, इंद्रिय और अंत:करण से परिच्छिन्न होकर जीव के रूप

में प्रतीत होता है। जाग्रत्, स्वप्न और सुषुप्ति आत्मा की अभिव्यक्ति की तीन व्यावहारिक अवस्थाएँ हैं। इंद्रियार्थ सन्निकर्ष होने पर अंत:करण 'अर्थ' का रूप ग्रहण कर लेता है, जिसे 'वृत्ति' कहते हैं। जब इस वृत्ति पर साक्षी चैतन्य का प्रकाश पड़ता है, तब हमें वृत्तिरूप पदार्थ का ज्ञान होता है। जाग्रत् अवस्था में हमें बाह्य पदार्थों का ज्ञान बहिरिंद्रिय और बहिरर्थ के सन्निकर्ष से होता है एवं मानस पदार्थों का अनुभव अंत:करण और मनोभाव के सन्निकर्ष से होता है। स्वप्नावस्था में अंत:करण अकेला काम करता है और मानस पदार्थों की कल्पना करता है, जो सीधे साक्षी चैतन्य से प्रकाशित होते है। सुषुप्ति में बाह्य और मानस, दोनों प्रकार के विषयों के अभाव में अंत:करण अपने कारण अविद्या में लीन हो जाता है, अत: यह अज्ञान की अवस्था है, किंतु है सुखदु:खादिद्वंद्वरहित। अंत:करण के अभाव में भी सुषुप्ति में जीवत्व बना रहता है, क्योंकि अविद्या नष्ट नहीं होती। यद्यपि अविद्या से आवृत्त होने के कारण साक्षी चैतन्य प्रकाशित नहीं होता, तथापि उसकी स्थिति के कारण सुषुप्ति के पूर्व और पश्चात् के अनुभवों की एकता बनी रहती है। आत्मा तुरीय या शुद्ध चैतन्य है। तुरीयावस्था में अविद्या की निवृत्ति हो जाने पर शुद्ध अखंडानंदस्वरूप आत्मचैतन्य प्रकाशित होता है।

उपनिषद् में ब्रह्म के दो रूपों का वर्णन मिलता है। अपरब्रह्म को सगुण, सविशेष, सविकल्पक और सोपाधिक कहा गया है। इसी को ईश्वर कहते हैं। ईश्वर समस्त विश्व के कर्ता, धर्ता, नियंता और आराध्य हैं। परब्रह्म निर्गुण, निर्विशेष, निर्विकल्पक, निरूपाधिक, निष्प्रपंच, अनिर्वचनीय और अपरोक्षनुभूतिगम्य है। सगुण ब्रह्म के तटस्थ और स्वरूप, दो लक्षण हैं। निर्गुण ब्रह्म अलक्षण है, जिसका केवल निषेधमुख से वर्णन संभव है। ब्रह्म-विषयक सर्वोच्च स्थिति उसका मौन साक्षात्कार है।

लक्षण दो प्रकार के होते हैं। तटस्थ लक्षण वस्तु के आगंतुक और परिणामी धर्मों का वर्णन करता है; स्वरूप लक्षण वस्तु के तात्विक स्वरूप को प्रकाशित करता है। ब्रह्मसूत्र (1-1-2) में ब्रह्म का लक्षण इस प्रकार दिया है—ब्रह्म इस जगत् की उत्पत्ति, स्थिति और लय का कारण है।[25] शंकराचार्य के अनुसार यह सूत्र तैत्तिरीय उपनिषद् के उस वाक्य कि ओर संकेत करता है, जिसमें कहा गया है कि ब्रह्म वह है, जिससे इस जगत् के समस्त पदार्थ उत्पन्न होते हैं, जिसमें

स्थित और जीवित रहते हैं और जिसमें पुन: विलीन हो जाते हैं।[26] ब्रह्म इस जगत् का उपादान कारण और निमित्तकारण, दोनों हैं। शंकराचार्य के अनुसार, जगत् ब्रह्म का विवर्त है, परिणाम नहीं। जगत् ब्रह्म की प्रतीति मात्र है, विकार या तात्त्विक परिवर्तन नहीं। ब्रह्म कूटस्थ नित्य है। अत: उसमें किसी प्रकार का कोई परिवर्तन संभव नहीं है। माया या अविद्या के कारण ब्रह्म जीव और जगत् के रूप में प्रतीत होता है। अत: जगत्कारणता सगुण ब्रह्म का तटस्थ लक्षण है। सगुण ब्रह्म या ईश्वर इस जगत् की उत्पत्ति, स्थिति और लय के कारण है। वे सर्वज्ञ, सर्वशक्तिमान्, सर्वव्यापक, सर्वांतर्यामी और सबके स्वामी हैं। यह सबकुछ ब्रह्म है—सर्वं खलु इदं ब्रह्म। सगुण ब्रह्म का स्वरूप लक्षण है—सत्यं ज्ञानमनन्तं ब्रह्म[27] (ब्रह्म सत्, चित् और अनंत (आनंद) हैं); विज्ञानमानन्दं ब्रह्म[28] (ब्रह्म चित् और आनंद है); आनंद ब्रह्म (ब्रह्म आनंद है) श्रुतियाँ बार-बार ब्रह्म को नित्य सत्, शुद्ध चैतन्य और अखंड आनंद बताती हैं। ब्रह्म त्रिकालाबाध्य सत् है। वह कूटस्थ नित्य और अपरिणामी है। जो सत् है, वही चित् है। ब्रह्म शुद्ध निर्विकल्प चैतन्य है। जो चित् है, वही आनंद है। सत् और चित्, दोनों आनंद के अंतर्गत आ जाते हैं। अत: आनंद ब्रह्म का स्वरूप लक्षण है। सत्, चित् और आनंद ब्रह्म के धर्म या गुण नहीं हैं; ये ब्रह्म के आवश्यक और अपृथक् गुण भी नहीं हैं। ये तीन नहीं हैं, एक ही है। बुद्धि इनको तीन भिन्न गुण मानती है, किंतु तात्त्विक रूप में ये एक हैं। ये ब्रह्म का स्वरूप है। ब्रह्म में और इनमें कोई भेद नहीं हैं। जो सत् है, वही चित् है, वही आनंद है, वही ब्रह्म है। ब्रह्म वस्तुत: निर्गुण और निर्विशेष है, अत: अलक्षण है। इंद्रिय, बुद्धि-विकल्प और वाणी के द्वारा ग्राह्य नहीं होने से उसे अगोचर या अतींद्रिय, निर्विकल्प और अनिर्वचनीय कहा जाता है। समस्त अनुभव का अधिष्ठान होने के कारण ब्रह्म स्वत: सिद्ध और स्वप्रकाश आत्मचैतन्य है। यदि उसका वर्णन करना हो तो निषेधमुख से करना चाहिए। ब्रह्म के विषय में ओदा 'नेति नेति' है।[29] 'नेति नेति' से ब्रह्म के गुणों का, विशेषणों का, विर्वचनों का निषेध होता है, स्वयं ब्रह्म का नहीं। 'नेति नेति' से ब्रह्म की अनिर्वचनीयता और निर्विशेषता सिद्ध होती है, उसकी शून्यता नहीं। याज्ञवल्क्य का उद्घोष है कि दृष्टा दर्शन, विज्ञाता का विज्ञान असंभव है, क्योंकि जिसके द्वारा यह सब दृश्य-प्रपंच जाना जाता है, उस विज्ञाता को विज्ञेय या विषय के रूप में कैसे जाना जा सकता है?[30] किंतु इसका यह अर्थ

नहीं है कि बुद्धि-विकल्पातीत विज्ञाता या दृष्टा सर्वथा अज्ञेय या शून्य है। इसी को स्पष्ट करने के लिए याज्ञवल्क्य ने पुनः उद्घोष किया कि स्वतः सिद्ध और स्वप्रकाश विज्ञाता के विज्ञान का या दृष्टा की दृष्टि का लोप कभी नहीं हो सकता हैं।[31] नित्य और स्वप्रकाश आत्मा की ज्योति कभी लुप्त नहीं हो सकती।[32] इंद्रिय संवेदन, बुद्धि-विकल्प और वाणी के शब्दों द्वारा अग्राह्य निर्विशेष आत्मचैतन्य अपरोक्षानुभूतिगम्य है। सापेक्ष बुद्धि ज्ञाता-ज्ञेय-ज्ञान के त्रिपुटी के अंतर्गत कार्य करती है और अपनी चार कोटियों के सहारे कार्य करती है। आत्मतत्त्व इस त्रिपुटी के और बुद्धि-कोटियों के ऊपर है; उनका अधिष्ठान है। अतः अद्वैत और निर्विकल्प आत्मा बुद्धि-ग्राह्य नहीं हो सकता। सविकल्प बुद्धि विषयी और विषय में, ज्ञाता और ज्ञेय में, प्रमाता और प्रमेय में भेद करके ज्ञान को दोनों का संबंध मानती है; किंतु यह ज्ञान खंडित, सविकल्प और मिथ्या है। परमार्थ में ज्ञाता-ज्ञेय-ज्ञान एक हो जाते हैं।[33] आत्मा ही प्रमाता जीव और प्रमेय जगत् के रूप में प्रतीत होता है, जीव और जगत्, दोनों का अधिष्ठान एक है। अतः विशुद्ध नित्य चैतन्य ही शुद्ध ज्ञान, शुद्ध ज्ञाता और शुद्ध ज्ञेय है। आत्मचैतन्य में त्रिपुटी-प्रपंच नहीं है। सापेक्ष बुद्धि के विकल्प जाल में निरपेक्ष आत्मतत्त्व बुद्ध नहीं हो सकता। बुद्धि अपने इस वैफल्य पर सिर धुन रही है और तर्क अपने द्वैत-शर से ब्रह्म लक्ष्य को बेधने के अजस्त्र असामर्थ्य पर विमूढ़ है। प्रतिपक्षी का यह आक्षेप कि अद्वैती तत्त्व को अनिर्वचनीय कहते हैं और उसका निर्वाचन भी करते हैं, उचित नहीं है, क्योंकि तत्त्व का निर्वचन व्यावहारिक स्तर पर बुद्धि द्वारा किया जा रहा है और यहाँ भी निषेध-मुख से निर्वाचन का प्राधान्य है। निषेधात्मक निर्वचन वस्तुतः निर्वचन का निषेध है। पुनश्च, प्रतिपक्षी का यह आक्षेप कि बुद्धि तत्त्व को अज्ञेय रूप से तो ग्रहण करती है, अनुचित है, क्योंकि यह तत्त्व का ज्ञान नहीं है, अपितु बुद्धि द्वारा अपने अज्ञान का, तत्त्व को न जानने की अपनी सीमा का ज्ञान है। इसी आधार पर बुद्धि तत्त्व की ओर संकेत करती है और उसे स्वानुभूतिगम्य बताती है। बुद्धि की कल्पनाओं का आधारभूत तत्त्व स्वतः सिद्ध है।

ईश्वर, जीव और साक्षी

निर्गुण परब्रह्म का सगुण सविशेष रूप अपरब्रह्म या ईश्वर है। निरूपाधिक

परब्रह्म माया की उपाधि के कारण ईश्वर के रूप में भासता है। माया में प्रतिबिंबित या माया से अवच्छिन्न या माया के कारण आभासिक परब्रह्म ही ईश्वर कहलाता है। परब्रह्म बुद्धि द्वारा अग्राह्य है, अत: परब्रह्म के लिए जो भी शब्द प्रयुक्त किए जाते हैं, वे वस्तुत: ईश्वर का ही बोध कराते हैं। सापेक्ष बुद्धि के लिए ईश्वर ही सर्वोच्च है। माया के कारण ब्रह्म ईश्वर, जीव और जगत् के रूप में प्रतीत होता है तथा माया के निवृत्त होने पर शुद्ध परब्रह्म ही प्रकाशित होता है। यद्यपि ईश्वर, जीव और जगत्, तीनों की व्यावहारिक सत्ता है और तीनों ही एक साथ प्रतीत होते हैं तथा एक साथ निवृत्त होते हैं, तथापित जीव की दृष्टि से तो ईश्वर ही सबकुछ है। हम यह भी कह सकते हैं कि माया के कारण परब्रह्म ईश्वर के रूप में प्रतीत होता है तथा ईश्वर जीव और जगत् के रूप में प्रतीत होते हैं। माया के हटते ही ईश्वर, जीव और जगत्, तीनों आभास एक साथ निवृत्त होते हैं।

ईश्वर निरूपाधिक निर्वैयक्तिक परब्रह्म का सोपाधिक व्यक्तित्व [illegible] है। ईश्वर ब्रह्म का सर्वोच्च आभास है। ईश्वर का व्यक्तित्त्व पूर्ण है। वे सर्वगुण-संपन्न हैं। उनका स्वरूप सच्चिदानंद है; सत्, चित् और आनंद तीन गुण नहीं हैं, अपितु एक और ईश्वर-स्वरूप हैं। ईश्वर मायापति हैं; माया के स्वामी हैं। वे सृष्टि के कर्ता, हर्ता और नियंता हैं। वे सृष्टि के अंतर्यामी नियंता हैं तथा वे सृष्टि के पारगामी भी हैं। वे सृष्टि में है और सृष्टि उनमें हैं, तथापि वे सृष्टि में सीमित नहीं हैं। जीव और जगत् ईश्वर के सूक्ष्म और स्थूल शरीर हैं तथा ईश्वर जीवों की और जगत् की आत्मा हैं। वे प्रभु हैं, आराध्य देव हैं, भगवान् हैं। वे भक्ति से प्रसन्न होकर भक्तों पर अनुग्रह करते हैं। वे भुक्ति-मुक्ति प्रदाता हैं। शंकराचार्य के लगभग 300 वर्षों के बाद रामानुजाचार्य ने ब्रह्म का जो निरूपण किया है, वह सब शंकराचार्य के ईश्वर में घटित होता है तथा उसी का विस्तृत निरूपण लगता है।

शंकराचार्य अद्वैत वेदांतियों ने ईश्वर और जीव के विषय में प्रतिबिंबिवाद, अवच्छेदवाद और आभासवाद की अवधारणा की है। प्रतिबिंबवाद के अनुसार, ब्रह्म का माया में प्रतिबिंब ईश्वर है और अविद्या में प्रतिबिंब जीव है, किंतु ब्रह्म और माया, दोनों ही निराकर हैं, अत: निराकर में प्रतिबिंब कैसे संभव है? कुछ अद्वैती ईश्वर को बिंब और जीवों को ईश्वर के प्रतिबिंब मानते हैं। अवच्छेदवाद

के अनुसार मायावच्छिन्न (माया से सीमित) ब्रह्म ईश्वर है और अविद्या अथवा अंत:करणावच्छिन्न ब्रह्म जीव है, किंतु माया या अविद्या नित्य अनंत ब्रह्म को सीमित कैसे कर सकती है? आभासवाद के अनुसार, ब्रह्म का माया में आभास ईश्वर और अविद्या या अंत:करण में आभास जीव है। माया या अविद्या के सदसदनिर्वचनीय और मिथ्या होने के कारण आभास भी सदसदनिर्वचनीय और मिथ्या है। शंकराचार्य आभासवाद को मानते हैं, यद्यपि उन्होंने प्रतिबिंब और अवच्छेद की उपमाएँ और दृष्टांत भी दिए हैं। उन्होंने प्रतिबिंब और अवच्छेद को 'वाद' के रूप में ग्रहण नहीं किया है, केवल 'उपमा' के रूप में अपनाया है। उनके अनुसार, प्रतिबिंब और अवच्छेद भी आभास के अंतर्गत आ जाते हैं। आचार्य के अनुसार, माया या अविद्या ब्रह्म को वस्तुत: न तो प्रतिबिंब कर सकती है और न सीमित कर सकती है। माया या अविद्या भ्रांति है, अत: उसके आभास भी मिथ्या हैं। आभास ब्रह्म के विवर्त हैं, परिणाम नहीं। ईश्वर माया के स्वामी हैं। वे माया की विक्षेप शक्ति का ही प्रयोग करते हैं। उनपर माया या अविद्या का 'आवरण' नहीं है; माया उन्हें आवृत नहीं कर सकती। अत: ईश्वर स्वयं को 'ईश्वर' के रूप में नहीं, अपितु परब्रह्म के रूप में अनुभव करते हैं; जीव उन्हें ईश्वर मानता है। जीव अविद्या के कारण ब्रह्म को ईश्वर मानता है।

शंकराचार्य के अनुसार सर्वज्ञ, सर्वशक्तिमान, सर्वव्यापक, जगतत्कारण एवं जगन्नियंता ईश्वर की सिद्धि श्रुतिवाक्यों के आधार पर होती है, अनुमान या तर्क द्वारा नहीं। सविकल्प बुद्धि अपनी युक्तियों या तर्कों से ईश्वर को सिद्ध नहीं कर सकती। पाश्चात्य दार्शनिक कांट ने भी ईश्वर की सत्ता को बुद्धि-सिद्धि नहीं मान कर श्रद्धा का विषय माना था। कांट ने देकार्त द्वारा ईश्वर की सिद्धि के लिए प्रदत्त तर्कों का खंडन किया और बताया कि बुद्धि ईश्वर की सिद्धि और असिद्धि, दोनों के लिए तुल्य-बल तर्क देती है, किंतु ईश्वर की सिद्धि या असिद्धि का निर्णय नहीं कर सकती। सविकल्प बुद्धि स्वभावत: अंतर्विरोधग्रस्त है। वह इन विरोधों से मुक्त नहीं हो सकती। शंकराचार्य भी न्याय द्वारा ईश्वर की सिद्धि के लिए दिए गए तर्कों से सहमत नहीं हैं।[34] ईश्वर की सिद्धि श्रुतिवाक्यों से ही होती है, अनुमान या तर्क से नहीं।[35]

जिस प्रकार ईश्वर वस्तुत: ब्रह्म ही है, उसी प्रकार जीव भी वस्तुत: ब्रह्म

ही है। माया या अविद्या के कारण ब्रह्म की प्रतीति ईश्वर और जीवों के रूप में होती है और ईश्वर की प्रतीति भी जीव की दृष्टि से ही है। तत्त्वमसि आदि श्रुतिवाक्यजन्य ज्ञान से जीव अपने ब्रह्मस्वरूप को पा लेता है। यद्यपि शंकरोत्तर अद्वैत वेदांतियों में ईश्वर एवं जीव के विषय में मतभेद है, जो प्रतिबिंबवाद, एकबिंबवाद, अवच्छेदवाद तथा आभासवाद के रूप में प्रतिपादित हुए हैं, तथापि ईश्वर तथा जीव के विषय में निर्विवाद तथ्य इस प्रकार व्यक्त किए जा सकते हैं—

ब्रह्म माया या अविद्या की उपाधि के कारण ईश्वर और जीव के रूप में प्रतीत होता है। ईश्वर मायापति हैं, जीव मायादास है।[36] ईश्वर में माया या अविद्या की केवल विक्षेपशक्ति उनके अधीन रहकर कार्य करती है; ईश्वर में माया या अविद्या की आवरण शक्ति या अज्ञान का सर्वथा अभाव है, जिस कारण ईश्वर स्वयं को अखंड चिदानंद परब्रह्म के रूप में ही अनुभव करते हैं। जीव माया या अविद्या की आवरण (अज्ञान) और विक्षेप (मिथ्या ज्ञान), दोनों शक्तियों से आबद्ध है। ईश्वर निरतिशयोपाधिसंपन्न हैं, जीव निहीनोपाधिसंपन्न है।[37] ईश्वर में माया का शुद्ध सत्त्व मात्र है; जीव त्रिगुणात्मक है। ईश्वर में अज्ञान और अंत:करण तथा भौतिक देहेनिंद्रयादि नहीं है, क्योंकि वे आत्मस्वरूप हैं। उनके देहादि दिव्य और चिन्मय हैं। जीव अज्ञान और अंत:करण से अवच्छिन्न चैतन्य है तथा उसके लिए भौतिक देहेंद्रियादि आवश्यक है। ईश्वर जगत्कारण है; वे जगत् का विक्षेप करते हैं, किंतु उससे स्वयं मोहित नहीं होते, जैसे मायावी अपनी प्रसारित माया से स्वयं मोहित नही होता।[38] उनकी माया से जीव मोहित होते हैं। ईश्वर का कर्तृव्य अज्ञानजन्य नहीं है, अत: ईश्वर में भोकतृत्व का सर्वथा अभाव है। जीव में अज्ञानजन्य कर्तव्य और भोक्तृत्व है; वह अज्ञानवश कर्म करता है, स्वयं को अभिमानी कर्ता मानता है तथा सुख-दु:ख रूपी कर्मफल का भोक्ता भी मानता है। ईश्वर में शुद्ध अहंता है; जीव अज्ञानजन्य अहंकार-ममकार से ग्रस्त है। ईश्वर ज्ञानस्वरूप है तथा उनमें शुद्ध ज्ञातृत्व है; जीव में सविकल्प बुद्धि का प्रमातृत्व है अर्थात् जीव प्रमातृप्रमेय-प्रमाणांतर्गत व्यवहार का प्रमाता है। ईश्वर सर्वज्ञ, सर्वशक्तिमान् और विभु है, जीव अल्पज्ञ, अल्पशक्तिमान् और देहेंद्रियांत:करण से सीमित है। ईश्वर स्वामी है; जीव सेवक है। ईश्वर आराध्य, उपास्य, भगवान् है; जीव आराधक, उपासक, भक्त है। जीव को ईश्वर का 'अंश' कहा गया।[39]

जैसे अग्नि से विस्फुलिंग निकलते हैं, वैसे ही ईश्वर से जीव। शंकराचार्य के अनुसार 'अंशत्व' वास्तविक नहीं है, अपितु अविद्याजन्य प्रतीतिमात्र है, क्योंकि ईश्वर वस्तुतः निरवयव ब्रह्म है।[40] ईश्वर सत्, चित् आनंद है। जीव सत्-असत्, चित्-अचित् और सुख-दुःख का मिश्रण है। जीव अविद्या और कर्म के कारण संसार-चक्र में, जन्म-मरण चक्र में घूम रहा है। ईश्वर जगत् के कर्ता, धर्ता, हर्ता, नियंता हैं। वे अंतर्यामी और परब्रह्म दोनों है, उनकी कृपा से जीव अपरोक्षानुभूति द्वारा आत्मैक्य प्राप्त कर सकता है।

जीव और ईश्वर का भेद व्यावहारिक है। परमार्थकः जीव और ब्रह्म में कोई भेद नहीं है—जीवो ब्रह्मैव नापरः। वस्तुतः जीव, ईश्वर और ब्रह्म एक ही है। अद्वैत में भेद कैसा? अनादि अविद्या की गाढ़ी निद्रा में चिरकाल से सोया जीव जब तत्त्वमसि आदि वाक्य-ज्ञान से जागता है, तब उसे देह, इंद्रिय, बुद्धि की उपाधि से परे अद्वैत आत्मतत्त्व का साक्षात्कार होता है। अविद्या की मिथ्या कार्यजाल भी नष्ट हो जाता है तथा जीवत्व, कर्तत्व, भोक्तृत्व आदि की मिथ्या कल्पनाएँ भी विलीन हो जाती हैं। यह कथन भी कि जीव ब्रह्म बन जाता है, उपचारमात्र है, क्योंकि वस्तुतः जीव सदा ही ब्रह्म है। जीवत्व अविद्याजन्य भ्रांति है, रज्जुसर्प, शुक्तिरजत, आकाशतलमलिनता आदि के समान या निकटस्थ जवाकुसुम के कारण प्रतीत होने वाले शुभ्र स्फटिक के समान। बंधन और मोक्ष, दोनों व्यावहारिक हैं, पारमार्थिक नहीं। जीव का जन्म-मरण या उत्पत्ति-विनाश का संसरण अविद्या कृत है। जब तक अविद्या है, तभी तक जीव का जीवत्व है। जब तक देहेंद्रियमनोबुद्धि रूपी उपाधियाँ हैं, तब तक जीव का जीवत्व है। अविद्या-निवृत्ति होते ही जीव अपने शुद्धात्मस्वरूप में प्रकाशित होता है। वेदांत में एक ही कूटस्थ नित्य विशुद्ध विज्ञानस्वरूप परमात्म तत्त्व है और यह विज्ञानधातु अविद्या से अनेक रूपों में प्रतीत होता है तथा इसके अतिरिक्त अन्य कोई तत्त्व नहीं है।[41] जो लोग श्रुति में जीव और ब्रह्म का वास्तविक भेद प्रतिपादित मानते हैं, उनको शंकराचार्य ने 'पंडितापसद' (पंडितों में निकृष्टतम) कहा है।[42]

साक्षी के विषय में भी शंकरोत्तर अद्वैतियों में मतभेद है। कुछ विद्वान् प्रति शरीर में भिन्न साक्षी मानते हैं, कुछ सब शरीरों में एक ही साक्षी स्वीकार करते हैं। कुछ विद्वान् साक्षी को 'जीव-साक्षी' और 'ईश्वर-साक्षी' इन द्विविध रूपों में

मानते हैं। साक्षी के विषय में तथ्य इस प्रकार हैं—

साक्षी अद्वैत वेदांत का एक विशिष्ट तत्त्व हैं, जो आत्मा या ब्रह्म, ईश्वर और जीव, इन तीनों से भिन्न है। साक्षी परब्रह्म के समान निर्गुण, निर्विशेष और नित्य चैतन्य है, जो स्वतःसिद्ध और स्वप्रकाश है। विशुद्ध आत्मतत्त्व के समान यह साक्षी समस्त ज्ञान और अनुभव का अधिष्ठान है। परब्रह्म या आत्मतत्त्व निरूपाधिक हैं, किंतु साक्षी सोपाधिक है, यद्यपि वह उपाधि में किसी प्रकार भी लिप्त नहीं होता। साक्षी जीव और ईश्वर में अभिव्यक्त होता है। प्रत्येक जीव में उसका साक्षी विद्यमान रहता है। जीव में अविद्याजन्य देह, इंद्रिय, अंतःकरण का संघात है। जीव अंतःकरणावच्छिन्न चैतन्य है, जो देहेंद्रियानतः करणसंघात में लिप्त है एवं अहंकार-ममकार युक्त है तथा कर्ता, भोक्ता और प्रमाता है। साक्षी अंतःकरणोपहित चैतन्य है। अंतःकरण की उपाधि निर्विशेष ब्रह्म को साक्षीचैतन्य बना देती है। साक्षी अविक्षा तथा देहेंद्रियांतःकरण युक्त जीव का अधिष्ठानभूत कूटस्थनित्यचैतन्य है, जो स्वयं प्रकाशित होकर जीव, देह, इंद्रिय, अंतःकरण और विषयों को प्रकाशित करता है। यह निर्लिप्त और निर्विकार द्रष्टा या साक्षी है। यह उपाधियों से किसी प्रकार भी स्पष्ट नहीं है। साक्षी के कारण जीव के विविध अनुभवों में एकता बनी रहती है। सुषुप्ति में जब जीव और अंतःकरण अविद्या में लीन हो जाते हैं और कोई विषय नहीं रहता, तब भी साक्षी स्वयं प्रकाशित रहता है तथा उसके कारण सुषुप्ति में पूर्व के और पश्चात् के अनुभवों में एकता बनी रहती है। ज्ञात या अज्ञात रूप से सब वस्तुएँ साक्षी-चैतन्य की विषय हैं।[43] साक्षी कभी विषय के रूप में ज्ञात नहीं हो सकता, क्योंकि वह द्रष्टा के रूप में प्रत्येक अनुभव में प्रकाशित रहता है। अहं-प्रत्यय विषय जीव है, साक्षी नहीं है। जीव कर्ता और भोक्ता है, साक्षी केवल निर्विकार द्रष्टा है।[44] साक्षी शुद्ध नित्य चैतन्य और निर्गुण निर्विकार द्रष्टा है। दो पक्षी साथ-साथ सखा भाव से एक ही वृक्ष पर रहते हैं, उनमें से एक स्वादु फल को चाव से खाता है, किंतु दूसरा बिना खाए केवल देखता रहता है।[45] यह उपनिषद् वाक्य जीव और साक्षी का अंतर बता रहा है। शंकराचार्य ने इस पर अपने भाष्य में यह बताया है कि जीव भोक्ता है और ईश्वर द्रष्टा एवं प्रेरयिता है। ईश्वर अपने दर्शन मात्र से भोक्ता और भोग्य—दोनों को प्रेरित करता है।[46] कुछ विद्वानों ने इससे यह प्रतिपादित किया कि साक्षी

ईश्वर का ही एक विशेष रूप है। अन्य विद्वानों के अनुसार, ईश्वर सगुण तथा मायाशबलित होने के कारण 'केवल और निर्गुण' नहीं है। अत: निर्विशेष विशुद्ध ब्रह्म ही साक्षी रूप में प्रतीत होता है। साक्षी निर्विवाद रूप से निर्विशेष शुद्ध नित्य चैतन्य है, जो उपाधि के कारण, उपाधि से सर्वथा निर्लिप्त रहकर, देहेंद्रियांत: करणविषयादि को प्रकाशित करने तथा देखने के कारण साक्षी कहलाता है। उपाधिभेद से, अंत:करण से उपहित साक्षी 'जीव-साक्षी' तथा माया से उपहित साक्षी को 'ईश्वर-साक्षी' की संज्ञा से अभिहित किया जाता है। विधारण्य स्वामी ने साक्षी की उपमा नृत्यशाला के उस दीपक से दी है, जो सूत्रधार को, नर्तकी को और सभ्यों (दर्शकों) को संभव से प्रकाशित करता है तथा उनके न रहने पर भी स्वयं प्रकाशित रहता है। अहंकार सूत्रधार है, बुद्धि नर्तकी है, विषय दर्शक और साक्षी दीपक है।[47] साक्षीचैतन्य समस्त ज्ञान और अनुभव का अधिष्ठान है एवं स्वत:सिद्ध तथा स्वप्रकाश है। जीव 'सत्यानृतमिथुनीकरण' है। उसमें सत्य का अंश साक्षीचैतन्य का है और अनृत अंश अद्यिताकृत जीवत्व का है। अविद्या निवृत्त होते ही जीव, साक्षी और ईश्वर एक साथ परब्रह्म के रूप में प्रकाशित होते हैं।

मोक्ष

मोक्ष आत्मा या ब्रह्म के स्वरूप की अनुभूति है। आत्मा या ब्रह्म नित्य शुद्ध चैतन्य एवं अखंड आनंदस्वरूप है। आत्मा ज्ञानस्वरूप है और मोक्ष आत्मा का स्वरूप-ज्ञान है। जिस प्रकार भगवान् बुद्ध के अनुसार, अद्वैत परमतत्त्व और निर्वाण एक ही है, उसी प्रकार शंकराचार्य के अनुसार ब्रह्म और मोक्ष, एक ही है। जो ब्रह्म को जानता है, वह स्वयं ब्रह्म हो जाता है।[48] इस श्रुतिवाक्य के अनुसार, ब्रह्म-ज्ञान और ब्रह्म-भाव एक है। वस्तुत: जीव ब्रह्म 'होता' या 'बनता' नहीं है; ब्रह्म-ज्ञान में कोई क्रिया नहीं है, क्योंकि जीव सदैव ब्रह्म है। बंधन और मोक्ष, दोनों अविद्याजन हैं। जब बंधन वास्तविक नहीं है तो मोक्ष के वास्तविक होने का प्रश्न नहीं उठता। जीव का जीवत्व अविद्या के कारण है। अविद्या के कारण जीव देहेंद्रियांत: करणादि से तादात्म्य कर लेता है और अहंकार-ममकार युक्त होकर स्वयं को शुभाशुभ कर्मों का कर्ता, सुख-दु:ख रूपी कर्म फल का भोक्ता मानकर जन्म-मरण-चक्र में संसारण करता है। यही उसका बंधन है। जब आत्मज्ञान द्वारा

अविद्या निवृत्त हो जाती है तो जीव नित्य शुद्ध-बुद्ध मुक्त ब्रह्मभाव को प्राप्त कर लेता है। यह उसकी बंधन से मुक्ति है, किंतु ब्रह्मात्म्येक्य के त्रिकालसिद्ध और नित्य होने के कारण जीव का न तो बंधन होता है और न मोक्ष। केवल अविद्या ही आती है और अविद्या भ्रांति है, अत: उसका आवागमन, उसकी प्रवृत्ति और निवृत्ति, दोनों भ्रांति रूप हैं। बंधन और मोक्ष, दोनों व्यावहारिक हैं तथा परमार्थत: मिथ्या है। यद्यपि भ्रम की अवस्था से भ्रमनिवारक ज्ञान की अवस्था में आने में समय का अंतर होता है, क्योंकि भ्रम की अवस्था पूर्वकालिक और भ्रमनिवृत्ति की अवस्था उत्तरकालिक होती है, तथापि भ्रम-पदार्थ के त्रिकाल में असत् होने के कारण भ्रम और उसकी निवृत्ति को काल-सापेक्ष नहीं माना जा सकता। भ्रम और उसकी निवृत्ति, दोनों अंतत: मिथ्या हैं। अधिष्ठान का ज्ञान और भ्रम-निवृत्ति एक साथ होती है और दोनों एक ही हैं। ब्रह्मसाक्षात्कार, अविद्या-निवृत्ति, प्रपंच विलय और मोक्ष प्राप्ति, ये सब एक हैं। ये एक साथ होते हैं, यह कथन भी उपचार मात्र है, क्योंकि यहाँ कोई 'होना' या क्रिया नहीं है। अविद्या-निवृत्ति और ब्रह्मभाव या मोक्ष में कार्यांतर नहीं है।[49] आत्म-ज्ञान मोक्ष को फल या कार्य के रूप में उत्पन्न नहीं करता। मोक्ष-प्रतिबंधरूप अविद्या की निवृत्ति मात्र ही आत्म-ज्ञान का फल है।[50] ज्ञान वस्तुतंत्र और प्रकाशक या ज्ञापक होता है, कारक नहीं, क्योंकि ज्ञान क्रिया नहीं है। अत: ज्ञान का फल अज्ञान की निवृत्ति मात्र है, जो ज्ञान के प्रकाश से स्वत: हो जाती है, जैसे प्रकाश से अंधकार की निवृत्ति होती है। मोक्ष नित्य सच्चिदानंदस्वरूप आत्मा या ब्रह्म की अपरोक्षानुभूति है। मोक्ष या ब्रह्म हेय और उपादेयरहित है; मोक्ष में न कुछ खोना है, न पाना है।[51] मोक्ष प्राप्ति का ज्ञान भी अविद्याजन्य है। मोक्ष किसी अनलप्राप्य वस्तु की प्राप्ति नहीं है; मोक्ष आत्मभाव है, जो सदा प्राप्त है। शंकराचार्य ने मोक्ष के तीन लक्षण बताए हैं—

1. मोक्ष अविद्या-निवृत्ति है। (अविद्यानिवृत्तिरेव मोक्ष:)
2. मोक्ष ब्रह्मभाव या ब्रह्मसाक्षात्कार है। (ब्रह्मभावश्य मोक्ष:)
3. मोक्ष नित्य अशरीरत्व है। (नित्यमशरीरत्वं मोक्षाख्यम्)

इनमें पहले दोनों लक्षणों को एक बताते हुए उनका निरूपण किया जा चुका है। तीसरे लक्षण का निरूपण अभी आगे करेंगे। यहाँ इतना बताना पर्याप्त है कि इस लक्षण के अनुसार मोक्ष स्थूल, सूक्ष्म और कारण इन तीनों प्रकार के शरीरों

के संबंध से अत्यंत रहित नित्य आत्मस्वरूप का अनुभव है। यह ध्यान में रखना आवश्यक है कि अशरीर का अर्थ शरीर-रहित नहीं, अपितु शरीर-संबंध-रहित है, अत: शंकराचार्य जीवंमुक्ति का साग्रह प्रतिपादन करते हैं।

आचार्य ने मोक्ष का अत्यंत सुंदर निरूपण इस प्रकार किया है—

यह पारमार्थिक सत् है, कूटस्थनित्य है, आकाश के समान सर्वव्यापी है, सब प्रकार के विकार से रहित है, नित्य तृप्त है, निरवयव है, स्वयंज्योति:स्वभाव है, यह धर्म और अधर्म नामक शुभाशुभ कर्मों से तथा (सुख-दु:ख रूपी) उनके कार्यों से अस्पृष्ट है, वह कालत्रयातीत है, यह अशरीरत्व मोक्ष कहलाता है।[52]

आचार्य के इस मोक्ष-निरूपण का व्याख्यान करें। मोक्ष पारमार्थिक सत् है। बंधन और मोक्ष अविद्याकृत होने से सापेक्ष और मिथ्या है, किंतु परब्रह्म या परमात्मतत्त्व के रूप में मोक्ष पारमार्थिक सत् है। यहाँ आचार्य को बंधन-सापेक्ष मोक्ष अभिप्रेत नहीं है। आचार्य के अनुसार, ब्रह्म ही मोक्ष अर्थात् नित्य मुक्त परमार्थ है। यह कूटस्थ नित्य है, क्योंकि इसमें किसी प्रकार का परिवर्तन, परिणाम या विकार संभव नहीं है, यह परिणामि-नित्य नहीं है, क्योंकि किसी भी प्रकार का परिणाम इसकी नैसर्गिक शुद्धता को नष्ट कर सकता है। यह अनंत और सर्वव्यापी भूतवस्तु है। यह कारणकार्यभाव के पार है, क्योंकि यह सब प्रकार के विकारों से रहित है। यह नित्यतृप्त है, अर्थात् आप्तकाम है तथा नित्य अखंडानंद है। यह ज्ञाता-ज्ञेय-ज्ञान या वेदक-वेद्य-वेदना की त्रिपुटी के पार है, अत: इसका ज्ञान और आनंद सवसंवेद्य नहीं है। यह स्वयं शुद्ध चैतन्य और आनंद है। यह अद्वैत, निरवयव और अखंड है। यह स्वयंज्योति या स्वप्रकाश है। यह स्वत:सिद्ध है। यह दिक्कालातीत है। यह अविद्या, कर्म (धर्म और अधर्म), फल (सुख और दु:ख) और शरीरेंद्रियविषयादि से सर्वथा अस्पृष्ट है। यह लौकिक सुखदु: खातीत है। इसका आनंद लौकिक सुख नहीं है। यह अशरीर आत्मा है। स्थूल, सूक्ष्म और कारण शरीर से इसका कोई संबंध नहीं है। आत्मा और शरीर का संबंध अविद्याजन्य है, देहाध्यास के कारण है, मिथ्या ज्ञाननिमित्त है। अत: अविद्या-निवृत्ति होने पर देहाध्यास भी निवृत्त हो जाता है तथा शरीर के रहने पर भी शरीर-संबंध की आत्यंतिक निवृत्ति के कारण अशरीरत्व सिद्ध होता है एवं जीवंमुक्ति सिद्ध होती है। यह स्वातंत्र्य है, स्वराज्य है, अभयपद है, और परम पुरुषार्थ है।[53]

मोक्ष कार्य या उत्पाद्य नहीं है। मोक्ष को किसी कारण द्वारा उत्पन्न कार्य नहीं माना जा सकता। मोक्ष न तो कर्म का फल है और न उपासना का फल है। मोक्ष को कार्य या उत्पाद्य मानने पर निश्चित रूप से अनित्य होगा। मोक्ष में विश्वास रखने वाले सभी व्यक्ति मोक्ष को नित्य मानते हैं।[54] मोक्ष नित्य आनंद है और लौकिक (सांसारिक) तथा पारलौकिक (स्वर्गिक) सुखों से भिन्न एवं अत्यंत उत्त्कृष्ट है। लौकिक एवं स्वर्गिक सुख कर्मजन्य हैं; वे सत्त्कर्म या धर्म की पुण्य नामक शक्ति से उत्पन्न होते हैं तथा पुण्य समाप्त हो जाने पर वे सुख भी समाप्त हो जाते हैं।[55] स्वर्गिक सुख भले ही चिरस्थायी हों, किंतु हैं विनाशकारी और अनित्य। यदि मोक्ष को कर्म या उपासना द्वारा उत्पन्न माना जाए तो वह निश्चित ही नश्वर और अनित्य होगा, भले ही उसे लौकिक या स्वर्गिक सुखों से अधिक चिरस्थायी और श्रेष्ठ माना जाए। पुनश्च, मोक्ष को ब्रह्म-ज्ञान द्वारा उत्पन्न फल भी नहीं स्वीकार किया जा सकता। प्रथम तो कार्य होने से मोक्ष अनित्य होगा और द्वितीय, ज्ञान प्रकाशक होता है, कारक नहीं। ब्रह्म-ज्ञान केवल मोक्षप्रतिबंधभूत अविद्या को निवृत्त करता है, मोक्ष को उत्पन्न नहीं करता। ब्रह्म-ज्ञान, अविद्या-निवृत्ति और मोक्ष एक ही हैं; और एक साथ होते हैं एवं उनमें कार्यांतर नहीं होता। 'एक साथ होते हैं', यह कथन भी उपचार मात्र है, क्योंकि वस्तुत: वे एक ही हैं।[56] उपासना या ध्यान के समान, शुद्ध ज्ञान मानसी क्रिया नहीं है। यह अपरोक्ष अनुभव का प्रकाश मात्र है। वेदांतशास्त्र इदंतया विषयभूत ब्रह्म का प्रतिपादन नहीं करता। वह स्वप्रकाश ब्रह्म को अविषय बताते हुए अविद्याकल्पित वेदक-वेद्य-वेदना की त्रिपुटी के पार स्वानुभूतिगम्य बताता है।[57] आत्मज्ञान का फल मोक्ष प्रतिबंधभूत अविद्या की निवृत्ति मात्र है।[58]

मोक्ष कार्य या उत्पाद्य नहीं है। वह विकार्य या कारण का विकार भी नहीं है, क्योंकि कार्य और विकार्य, दोनों अनित्य होते हैं। वह संस्कार्य भी नहीं है, क्योंकि उसमें गुणाधान या दोषापनयन रूपी संस्कार संभव नहीं है। वह तो स्वभाव से ही नित्य विशुद्ध है। वह आप्य या प्राप्य भी नहीं है, क्योंकि वह अप्राप्त की प्राप्ति नहीं है, अपितु सदा प्राप्त है।

आचार्य शंकर के अनुसार जीवंमुक्ति सिद्ध है। मोक्ष मृतकों के लिए आरक्षित नहीं है। उसे यहीं इसी जीवन में प्राप्त किया जाता है। मोक्ष नित्य अशरीरत्व

है ।[59] स्थूल शरीर पंचभौतिक है; सूक्ष्म शरीर इंद्रियांत:करणादिनिमित है; कारण शरीर अविद्या और कर्म संस्कार निर्मित है। मृत्यु के समय स्थूल शरीर के नष्ट हो जाने पर भी सूक्ष्म और कारण शरीर जीव के साथ लगे रहते हैं और उसे पुनर्जन्म हेतु बाध्य करते हैं। मोक्ष अशरीरत्व अर्थात् त्रिविध शरीर सम्बंराहित्य है। नित्य अशरीरत्व आत्मा का स्वभाव है। अविद्या के कारण आत्मा पर शरीरादि का अध्यास होता है, जिसे शरीरादि में आसक्ति होती है। अध्यास भ्रांति है और अधिष्ठान रूप आत्मा के साक्षात् ज्ञान से सर्वदा के लिए निवृत्त हो जाती है। आत्मा और शरीर का तादात्म्य मिथ्या है, भ्रांति है, अध्यास है। अत: अधिष्ठानभूत आत्म-साक्षात्कार से अविद्या-निवृत्ति होते ही शरीर के रहने पर भी अशरीरत्व या जीवंमुक्ति सिद्ध है ।[60] इस अशरीर को सुख-दु:ख स्पर्श नहीं करते ।[61] जिस प्रकार सर्प की अपनी केंचुल को उतार फेंकने पर उसमें कोई आसक्ति नहीं रहती, उसी प्रकार जीवंमुक्ति की अपने शरीर में कोई आसक्ति नहीं रहती, क्योंकि वह अशरीर अमृत ब्रह्म ही है ।[62] जिस प्रकार मदिरामदांध व्यक्ति को यह बुद्धि और चिंता नहीं रहती कि उसका वस्त्र उसके शरीर पर है या गिर रहा है, उसी प्रकार जीवंमुक्ति सिद्ध को यह बुद्धि और चिंता नहीं रहती कि उसका वस्त्र उसके शरीर पर है या गिर रहा है, उसी प्रकार जीवंमुक्ति सिद्ध को यह बुद्धि और चिंता नहीं रहती कि उसका नश्वर शरीर पड़ा है या खड़ा है ।[63] जिस प्रकार कुम्हार का चाक उससे हाथ हटा लेने पर भी पूर्व वेग के कारण कुछ देर घूमता है, उसी प्रकार जीवंमुक्ति का शरीर प्रारब्ध कर्म के कारण कुछ समय तक बना रहता है, किंतु इस अवधि में नवीन कर्म संचय नहीं होता। प्रारब्ध कर्म नष्ट होने पर देहपात होकर विदेहमुक्ति होती है।

जब श्रुति का 'तत्त्वमसि' उपदेशवाक्य 'अहं ब्रह्मास्मि' इस अनुभव वाक्य में परिणत हो जाए, तब ब्रह्म-साक्षात्कार होता है। शब्दकोश किस प्रकार अपरोक्षानुभव में परिणत होता है, इसे 'दस मूर्खों की कथा' से समझा जा सकता है। इस कथा में दस मूर्खों ने, कोई बह न जाए इस भय से, एक-दूसरे का हाथ पकड़कर एक छोटी नदी पैदल पार की। पार जाकर जब वे अपनी गणना करने लगे तो प्रत्येक ने स्वयं को छोड़कर अन्य नौ जनों को ही गिना। तब वे विलाप करने लगे कि उनमें से एक व्यक्ति नदी में बह गया। एक बुद्धिमान व्यक्ति ने जब उनकी कथा

सुनी तो उन्हें बताया कि वे दस ही हैं, किंतु इस शब्दकोश से उन्हें विश्वास नहीं हुआ। तब उस व्यक्ति ने स्वयं उनको गिनना प्रारंभ किया और जब वह दसवें व्यक्ति को गिनने लगा तो उसे थपथपाकर कहा, 'तुम ही दसवें व्यक्ति हो' (त्वमेव दशमोऽसि), तब उस दसवें व्यक्ति को साक्षात् अनुभव हुआ कि वही दसवाँ व्यक्ति है, जो स्वयं को गिनना भूल गया था। 'तत्त्वमसि' में 'तत्' पद परब्रह्म को सूचित करता है, जो अधिष्ठान तत्त्व है; 'त्वम्' पद जीव को सूचित करता है, जो साक्षी और अविद्या का मिश्रण है, 'असि' पद से दोनों के पूर्ण तादात्म्य का प्रतिपादन होता है। यह महाकाव्य जीव के आरोपित जीवत्व का निषेध करके उसके ब्रह्मस्वरूप का पुनर्विधान करता है—'तुम ब्रह्म हो', 'जीव ब्रह्म ही है।'

ज्ञान, कर्म और उपासना

शंकराचार्य के अनुसार, मोक्ष का साधन केवल ज्ञान है, जो मोक्षप्रतिबंधभूत अविद्या को दूर करता है। कर्म और उपासना चित्त को शुद्ध और एकाग्र बनाने के साधन हैं, जिससे शुद्ध और एकाग्र चित्त ज्ञान की ज्योति ग्रहण कर सके। उपासना ध्यान रूपी मानसी क्रिया है। कर्म और उपासना अविद्या में ही संभव है। ज्ञान और कर्म, प्रकाश और अंधकार के समान परस्पर विरुद्ध हैं। इनका समुच्चय नहीं हो सकता। सिद्धों के लिए कोई विधि-निषेध नहीं है, तथापि उनकी स्थिति मात्र से लोक कल्याण होता है और उनके निष्काम कर्म लोक संग्रह के लिए होते हैं। स्वयं शंकराचार्य का कर्मठ जीवन इसका प्रमाण है।

शुभ कर्म या धर्म अपनी पुण्य नामक शक्ति से सुखरूपी फल देता है तथा अशुभ कर्म या अधर्म पाप नामक शक्ति से दु:ख रूपी फल देता है। कर्म का फल अवश्य भोगना पड़ता है। इसलिए अविद्या और कर्म में लिप्त व्यक्ति जन्म-मरण के चक्र में घूमता रहता है। कर्म में कर्ता और कर्म का द्वैत तथा उपासना में ध्याता-ध्येय या उपासक-उपास्य का द्वैत बना रहता है। कर्म और उपासना अविद्या के अंतर्गत हैं। ज्ञान अविद्या की निवृत्ति करता है। ब्रह्मज्ञान का अवसान (परिणति) अपरोक्ष अनुभव में होता है।[64] ज्ञान ब्रह्म को इदंतया विषय नहीं बनाता; वह ब्रह्म को अविषय बताते हुए अविद्याकल्पित ज्ञातृ-ज्ञेय भेद की निवृत्ति से अपरोक्षानुभूति प्रतिपादित करता है।[65] ब्रह्म-ज्ञान सविकल्प बौद्धिक ज्ञान नहीं है,

अपितु निर्विकल्प अपरोक्षानुभूति है। ज्ञान प्रकाशक या ज्ञापक होता है, कारक नहीं। ज्ञान से अविद्या निवृत्ति मात्र होती है। अविद्या-निवृत्ति, ब्रह्मभाव और मोक्ष एक ही हैं। ज्ञान अविद्या-निवृत्ति-रूपी क्रिया का संपादन नहीं करता; ज्ञान की स्थिति मात्र से अविद्या रूपी भ्रांति निवृत्त होती है जैसे प्रकाश से अंधकार। ज्ञान में क्रिया की गंध मात्र भी नहीं हैं।[66] पुनश्च, कर्म पुरुषतंत्र होता है; कर्म कर्ता की इच्छा पर निर्भर है। कर्ता चाहे तो कर्म करे, चाहे तो अन्यथा करे और चाहे तो न करे। किंतु ज्ञान वस्तु-तंत्र होता है; वह भूतवस्तु विषयक है। यह ज्ञाता पर निर्भर नहीं है कि वह अपनी इच्छानुसार किसी वस्तु को जाने या अन्यथा जाने या न जाने। ज्ञान को बनाना, बिगाड़ना या बदलना हमारे वश में नहीं है। ज्ञान में विधि-निषेध नहीं होते। ज्ञान प्रमाणजन्य, अनुभवावसान और वस्तुतंत्र होता है। पुनश्च, कर्म का फल अभ्युदय (लौकिक एवं पारलौकिक सुख) है; ज्ञान का फल नि:श्रेयस (मोक्ष) है। कर्म और उपासना से उत्पन्न सुख अनित्य है। यदि मोक्ष को कर्म या उपासना का कार्य माना जाए तो वह निश्चित रूप से अनित्य होगा। मोक्ष नित्य होगा। मोक्ष नित्य आनंद है। उसे ज्ञान का 'फल' कहना भी उपचार मात्र है, क्योंकि ज्ञान मोक्ष को उत्पन्न नहीं करता, केवल अविद्या-निवृत्ति करता है, जिससे स्वप्रकाश आत्मतत्त्व का साक्षात् अनुभव होता है।

शंकराचार्य ने पूर्वमीमांसा के मत का कि वेद कर्मपरक हैं, मार्मिक खंडन किया है। पूर्वमीमांसा के अनुसार, वेद क्रियार्थक या कर्मपरक हैं, अत: वेद का वह भाग, जो साक्षात् रूप से कर्मपरक या परोक्ष रूप से कर्म का अंग न हो, अनर्थक (कम अर्थवाला अर्थात् गौण) है।[67] इसके अनुसार कर्मकांड मुख्य है; उपासना या ध्यान मानस कर्म होने के कारण कर्म के अंतर्गत है। ज्ञान या उपनिषद्-भाग उपासना-कर्मपरक बनकर या कर्म का परोक्ष रूप से अंग बनकर ही समर्थक हो सकता है। शंकराचार्य ने पूर्वमीमांसा की व्याख्या को उलट दिया है और यह सिद्ध किया है कि ज्ञानकांड (उपनिषद्-भाग) ही वेद का मुख्य भाग है तथा कर्म और उपासना कांड गौण हैं। कर्म या उपदेश चित्त-शुद्धि के लिए और उपासना (ध्यान) का उपदेश चित्त की एकाग्रता के लिए है। वेद का अर्थ ही ज्ञान है। श्रुतियों में इस विषय में एक-वाक्यता है कि उनका लक्ष्य ब्रह्म को प्रकाशित करना है तथा ब्रह्म के विषय में श्रुति ही मुख्य प्रमाण है। ब्रह्म का सच्चिदानंद स्वरूप

में प्रतिपादन करनेवाली अनेक श्रुतियों के होते हुए भी मीमांसक का यह कथन कि भूतवस्तुपरक वेदभाग नहीं है, दुस्साहस मात्र है।[68] ज्ञान और कर्म के अंतर का विस्तृत प्रतिपादन ऊपर किया जा चुका है। अतः ब्रह्म का उपासना कर्मपरत्व या उपासना-विधिशेषवत्व या कर्तव्यशेषत्व संभव नहीं है।[69] कर्म और उपासना अविद्या में संभव है और ब्रह्मज्ञान से अविद्या की सर्वथा निवृत्ति होती है। समस्त अनर्थों की जड़ अविद्यज्ञ का विनाश और हेयपादेय शून्य तथा अखंड आनंदस्वरूप ब्रह्मानुभव जीवन का चरम पुरुषार्थ है तथा वेदांतशास्त्र का प्रयोजन है।[70]

श्रुति, तर्क और अनुभव

ब्रह्म का ज्ञान वेदांतशास्त्र से ही होता है। ब्रह्म के विषय में श्रुति प्रबल प्रमाण है। श्रुति रत्न ऋषियों के बुद्धि-सागर के मंथन से निकले हैं। श्रुतिवाक्य ऋषियों के ब्रह्मविषयक स्वानुभव की शाब्दिक अभिव्यक्ति हैं, अतः श्रुति को शब्द-ब्रह्म भी कहते हैं। यहाँ बुद्धि अपनी सीमा को जान लेती है और तत्त्व को अतींद्रिय, बुद्धि-विकल्पातीत तथा अनिर्वचनीय जानकर उसे अद्वैत परोक्षानुभूतिगम्य मानती है। तत्त्वदर्शी, ब्रह्मवेत्ता, आत्मवित् ऋषियों के वाक्य ही ब्रह्म या आत्मा के विषय में प्रमाण हो सकते हैं। यद्यपि निर्विकल्प तत्त्व का बुद्धि विषय के रूप में ग्रहण और अनिर्वचनीय का पूर्ण निर्वचन संभव नहीं है, तथापि निषेध-मुख से निरूपण और शब्दों का सांकेतिक प्रयोग मुमुक्षुओं की सहायतार्थ, अनिवार्य रूप से उपादेय है। ब्रह्म रूपादि के अभाव के कारण अतींद्रिय है, और लिंगादि के अभाव के कारण निर्विकल्प है। अतः प्रत्यक्ष और अनुमान का विषय नहीं है। अतः ब्रह्म के विषय में श्रुति ही प्रबल प्रमाण है।

बुद्धि या तर्क दो प्रकार का है। श्रुत्यनुकूल तर्क सुतर्क है। श्रुतिप्रतिकूल तर्क केवल वाद-विवाद और वितंडा के लिए प्रयुक्त तर्क-कुतर्क है। सुतर्क ग्राह्य है। कुतर्क अप्रतिष्ठित है। मतिवैरूप और मति-विरोध के कारण कुतर्क अनवस्थित और भ्रांत है।[71] श्रुतिवाक्य, कुतर्क द्वारा मृषा नहीं किया जा सकता।[80] आमिषार्थी हिंसक जंतुओं के समान तार्किकजन शुष्क वाद-विवाद में फँसकर परस्पर लड़ते-झगड़ते हैं। ये आगम ज्ञानरहित एवं दयनीय हैं। बिना सींग-पूँछवाले इन तार्किक-वृषभों के अनुमान कौशल का क्या कहना?[82]

किंतु सुतर्क या सुबुद्धि का व्यवहार में प्रभुत्व अक्षुण्य है। श्रुति का अर्थ भी बुद्धिमान् व्यक्ति ही जान सकता है। यास्क मुनि के अनुसार, जो व्यक्ति वेद रट लेता है, किंतु उसका अर्थ नहीं जानता, वह केवल एक कुली के समान वेद का बोझा अपने सिर पर लादे फिरता है।[83] शंकराचार्य केवल अंधविश्वास के कारण श्रुति को मानने के लिए नहीं कहते। किसी भी गंभीर दार्शनिक विषय पर वे श्रुति के उद्धरण से ही संतुष्ट नहीं हो जाते, अपितु उसके प्रतिपादनार्थ अकाट्य युक्तियाँ भी देते हैं।[84] यदि श्रुति का अन्य प्रमाण से विरोध हो तो उसकी विवेचना उस प्रमाण के प्रकाश में करनी चाहिए। श्रुति की अपेक्षा युक्ति अनुभव के अधिक निकट होती है।[85] यदि सैकड़ों श्रुतियाँ भी अग्नि को शीतल और अप्रकाश बताएँ, तो भी अनुभव विरुद्ध होने के कारण उन्हें प्रामाणिक नहीं माना जा सकता।[86] व्यावहारिक जगत् में बुद्धि या सुतर्क की महत्ता स्वीकार्य है। व्यवहार में सुतर्क प्रतिष्ठित और प्रामाणिक है। यह नहीं कहा जा सकता कि तर्क मात्र अप्रतिष्ठित है, क्योंकि तर्क का अप्रतिष्ठित तत्त्व भी तर्क द्वारा ही प्रतिष्ठित किया जाता है।[87]

तर्क या बुद्धि का साम्राज्य व्यवहार तक ही सीमित है, परमार्थ में उसकी गति नहीं है। अत: बुद्धि अपनी सीमा का ज्ञान करके अपरोक्षानुभूति की ओर संकेत करती है, जो ज्ञातृ-ज्ञेय-भेदरहित विशुद्ध चैतन्य है। यह नित्य चैतन्य ही अखंड आनंद है। यह बुद्धि के अधिष्ठान आत्मा का स्वरूप है, जो स्वत:सिद्ध और स्वप्रकाश है। यह अद्वैतानुभूति ही ब्रह्म, आत्मा या मोक्ष है। ब्रह्मज्ञान का अवसान इसी स्वानुभव में होता है।

सांख्य-प्रकृतिपरिणामवाद-खंडन

शंकराचार्य ने सांख्य को वेदांत का 'प्रधानमल्ल' बताया है।[88] उनकी मान्यता है कि यद्यपि सांख्य महर्षि कपिल द्वारा उपदिष्ट और शिष्ट-परिगृहीत है, तथापि द्वैतवादी होने के कारण सांख्य को श्रुतिमूलक नहीं माना जा सकता।[89] श्रुति और स्मृति में सांख्य और योग शब्द क्रमश: ज्ञान और कर्म के अर्थ में प्रयुक्त हुए हैं। अचेतन प्रकृति अनुमानिक है एवं श्रुति में चेतन ब्रह्म को ही जगत्कारण बताया गया है। तर्क एवं युक्तियों के आधार पर भी सांख्य-मत खंडित होता है। सांख्य का प्रमुख दोष उसका द्वैतवाद है। अचेतन प्रकृति जगत् की रचना नहीं कर सकती।[90]

सृष्टि के लिए आवश्यक मूल प्रवृत्ति अर्थात् गुणसाम्यावस्था की गुणवैषम्यावस्था में परिणति बिना चेतन तत्त्व के सहयोग के नहीं हो सकती।[91] सांख्य सृष्टि को प्रयोजनमूलक मानता है। प्रकृति पुरुष के भोग और अपवर्ग के प्रयोजन को सिद्ध करने के लिए सृष्टि करती है। किंतु जड़ और अचेतन प्रकृति यह प्रयोजन कैसे सिद्ध कर सकती है ? प्रकृति और पुरुष के संयोग के लिए सांख्य ने अंध और पंगु का दृष्टांत किया है, वह सही नहीं है। अंध और पंगु, दोनों चेतन व्यक्ति हैं, दोनों का समान प्रयोजन है, दोनों उसकी सिद्धि के लिए मिलकर कार्य कर सकते हैं। किंतु प्रकृति अचेतन है, उसका कोई प्रयोजन नहीं है; पुरुष निष्क्रिय और असंग है, उसका भी कोई प्रयोजन नहीं है। इनको मिलनेवाला कोई तीसरा तत्त्व सांख्य को स्वीकार नहीं है। तब इनका संयोग कैसे हो सकता है ?[93] सांख्य का यह दृष्टांत भी कि जैसे वत्स के पोषण के लिए गाय के थनों से अचेतन दूध की प्रवृत्ति होती है, वैसे ही पुरुषार्थ सिद्धि के लिए अचेतन प्रकृति होती है, सही नहीं है। दूध की प्रवृत्ति चेतन धेनु, चेतन वत्स और धेनु के मातृस्नेह के कारण होती है, अत: चेतन की अपेक्षा यहाँ भी सिद्ध है।[94] अत: सांख्य की अचेतन प्रकृति को जगत्कारण नहीं माना जा सकता।[95]

वैशेषिक-मत-खंडन

शंकराचार्य ने वैशेषिक के परमाणुकारणवा का और पदार्थों का खंडन किया है। परमाणु जगत्कारण नहीं हो सकते। क्या परमाणु स्वरूपत: चल या स्थिर या उभय या अनुभय रूप है ? यदि चल है तो सृष्टि शाश्वत हो जाएगी। यदि स्थिर हैं, तो सृष्टि होगी ही नहीं। एक ही वस्तु चल और अचल, दोनों हो सकती है। यदि परमाणु स्वरूपत: स्थिर है, तो उनमें गति या परिस्पंद बाहर से आना चाहिए। यह बाह्य कारण या तो दृष्टि है या अदृष्टि। सृष्टि-पूर्व दृष्ट पदार्थ की सत्ता न होने से यह कारण दृष्ट नहीं हो सकता। यदि अदृष्ट है, तो क्या यह परमाणुओं के समीप है या दूर ? यदि समीप है तो सृष्टि शाश्वत होगी। यदि दूर है तो असंभव होगी। इन सब दोषों से सिद्ध है कि परमाणुओं से इस जगत् की सृष्टि नहीं हो सकती।[96]

वैशेषिक के पदार्थों का खंडन करते हुए आचार्य कहते हैं कि षट्पदार्थों का

वर्गीकरण दोषपूर्ण है। एक ओर तो पदार्थों को पृथक् और स्वतंत्र माना गया है तथा दूसरी ओर गुण, कर्म आदि को द्रव्याश्रित बताया है। पदार्थ तो स्वतंत्र सत् होना चाहिए। अत: गुण, कर्म आदि को पदार्थ नहीं माना जा सकता। सामान्य भी व्यक्ति-सापेक्ष है। विशेष की कल्पना भेद-सिद्धि के लिए की गई है, जो कल्पना मात्र है; और विशेष वैसे भी नित्य-द्रव्य-सापेक्ष है। समवाय संबंध भी असिद्ध है। संयोग को गुण और समवाय को पदार्थ मानने में कोई हेतु नहीं है, क्योंकि दोनों ही संबंध हैं। समवाय जिन दो अयुतसिद्ध वस्तुओं को संबंध करता है, उनमें से यदि एक में रहता है तो दूसरी वस्तु को उस वस्तु को उस वस्तु से संबंध नहीं कर सकता; यदि समवाय दोनों वस्तुओं से भिन्न है तो वह स्वयं तीसरी वस्तु सिद्ध होता है और उसे उक्त दोनों वस्तुओं से संबंध होने के लिए एक अन्य समवाय संबंध की अपेक्षा होगी और इस प्रकार अनावस्था दोष आएगा। अत: समवाय असिद्ध है।[97] इस प्रकार केवल द्रव्य को ही स्वतंत्र पदार्थ माना जा सकता है। वैशेषिक के नौ द्रव्यों में भी वस्तुत: स्वतंत्र सत् केवल आत्मा ही हो सकती है, किंतु आत्मा शुद्ध चैतन्य स्वरूप ज्ञाता या द्रष्टा है, जो द्रव्य पदार्थ या विषय नहीं हो सकता। वैशेषिक आत्मा को जड़ द्रव्य के रूप में स्वीकार करता है और ज्ञान एवं आनंद को उसके आगंतुक धर्म मानता है। अत: इस मत की हीनता और हेयता स्पष्ट है। इस प्रकार वैशेषिक के पदार्थ केवल कल्पना हैं और यदि कल्पना करने लगे तो छह के स्थान पर शत और सहस्र पदार्थों की कल्पना की जा सकती है।[98]

ईश्वर की केवल निमित्तकारणता का खंडन

न्याय-वैशेषिक और योग तथा कुछ शैव मत ईश्वर को, जगत् को केवल निमित्तकारण मानते हैं तथा परमाणुओं या प्रकृति को उपादानकारण स्वीकार करते हैं। यदि ईश्वर केवल अधिष्ठाता है और इच्छानुसार जीवों को हीन, मध्यम तथा उत्तम बनाता है एवं सुख-दु:ख की व्यवस्था भी मनमानी करता है तो ईश्वर को भी साधारण पुरुषों के समान रागद्वेषादियुक्त मानना पड़ेगा। यदि जीव अपने कर्मों से संचालित है, तो कर्म मुख्य और ईश्वर गौण है।[99] पुनश्च, ईश्वर अनंत नित्य परमाणुओं से या नित्य जड़ प्रकृति से और नित्य जीवों से सदा घिरा रहता है।

ईश्वर, जीव और प्रकृति, तीनों का अधिष्ठाता कैसे हो सकेगा? ईश्वर का जीवों से, प्रकृति से या परमाणुओं से कोई आंतरिक संबंध सिद्ध नहीं हो सकता। ऐसा ईश्वर जगत् का कर्ता, धर्ता, हर्ता और नियंता नहीं हो सकता। न वह सर्वज्ञ और सर्वशक्तिमान् हो सकता है।[100]

ईश्वरपरिणामवाद का खंडन

भागवत संप्रदाय चतुर्व्यूहवादी है। यह ईश्वर को जगत्कारण और चिद्चिद्रूप विश्व को ईश्वर का परिणाम मानता है। ईश्वर को अभिन्ननिमित्तेपादान-कारण मानता है। शंकराचार्य के लगभग तीन सौ वर्ष बाद रामानुजाचार्य ने भागवत् संप्रदाय के सिद्धांतों को अपने विशिष्टाद्वैत संप्रदाय के ब्रह्मनिमित्तोपादान मानते हैं तथा चिदचिद्रूप विश्व को ब्रह्म की माया के कारण अभिव्यक्ति या प्रतीति मानते हैं। आचार्य ने स्पष्ट कहा है कि वे भागवत् सप्रदाय के ईश्वर को जगत् का अभिन्ननिमित्तोपादान-कारण मानने का, ईश्वर के चिदचिद् रूप में अभिव्यक्ति होने का, ईश्वर के निरंतर प्रणिधान द्वारा उसके अजस्र आराधन का, ईश्वर के ज्ञानस्वरूप परमार्थ तत्त्व होने का निराकरण नहीं करते। वे ईश्वर को जगत् का वास्तविक कर्ता मानने का और जगत् को ईश्वर का तात्त्विक परिणाम या विकार मानने का प्रतिषेध करते हैं।[101] उनके अनुसार जगत् ब्रह्म का वितर्क है; परिणाम नहीं। जगत् मायाजन्य प्रतीति मात्र है और उसकी सत्ता व्यावहारिक है।

शंकराचार्य ने न्याय-वैशेषिक के असत्कार्यवाद या आरंभवाद का खंडन किया है। 'असत्' कार्य वंध्यापुत्रवत् कभी उत्पन्न नहीं हो सकता। सत्कार्यवाद की परिणामवाद के अर्थ में लिया जाए तो वह भी आचार्य को अभीष्ट नहीं है। उन्होंने सांख्य के प्रकृति-परिणामवाद का और भागवतों के ईश्वर-परिणामवाद (ब्रह्मपरिणामवाद) का भी खंडन किया है। वे ब्रह्मविवर्तवाद को मानते हैं। विवर्तवाद को सत्कार्यवाद की ही एक शाखा माना जाता है; किंतु विवर्तवाद को 'सत्कारणवाद' की संज्ञा देना अधिक उपयुक्त होगा, क्योंकि इसके अनुसार कारण ही 'सत्' है, और कार्य उसका मायिक आभास है। चिंतन करने पर परिणाम (तात्त्विक परिवर्तन) विवर्त (अतात्त्विक परिवर्तन) में परिणत होता है। इसीलिए सर्वज्ञात्ममुनति ने परिणामवाद को विवर्तवाद की पूर्वभूमि कहा है।[102]

बौद्ध-मत-खंडन

(1) सर्वास्तिवाद-खंडन

सर्वास्तिवादी बौद्ध क्षणिक परमाणु और क्षणिक विज्ञान की सत्ता स्वीकार करता है। ये दोनों अलग-अलग भौतिक चैत्त संघात बनाते हैं। शंकराचार्य का कथन है कि क्षणभंगवाद के कारण ये संघात नहीं बन सकते। न तो क्षणिक परमाणु भौतिक एवं संघात बना सकते हैं और न क्षणिक विज्ञान स्कंध-संघात। बौद्ध दर्शन ने किसी चेतन भोक्ता या नियंता की सत्ता नहीं मानी है, जो संघात बना सके। प्रतीत्यसमुत्पादचक्र में भी प्रत्येक पूर्व अंग केवल अपर अंग का कारण है, संपूर्ण चक्र का नहीं, अतः अंगों को संघात भी नहीं बना सकता।[103]

(2) क्षणभंगवाद-खंडन

शंकराचार्य का आक्षेप है कि प्रतीत्यसमुत्यपादचक्र में पूर्व अंग को अपर अंग का भी कारण नहीं माना जा सकता, क्योंकि उत्तर अंग की उत्पत्ति के समय पूर्व अंग विनष्ट हो जाता है। यदि यह कहा जाए कि पूर्व अंग परिनिष्पन्न भाव बनकर उत्तर अंग की उत्पत्ति के व्यापार में प्रवृत्त होता है तो निश्चय ही द्वितीय क्षण में भी उसकी स्थिति माननी पड़ेगी। और यदि पूर्व अंग की उत्पत्ति और स्थिति को एक मानकर उसकी स्थिति मात्र को ही कारण-सामर्थ्य मान लिया जाए। (भाव एवास्य व्यापारः) अर्थात् कारण की सत्तामात्र को ही उत्पाद शक्तिरूप माना जाए (सत्तैपव व्यापृतिः) तो भी कारण के स्वभाव को ग्रहण किए बिना कार्य उत्पन्न नहीं हो सकता और यह स्वीकार करना कि कारण स्वभाव रूप से कार्य में विद्यमान रहता है, क्षणभंगवाद को ठुकरा देना है। पुनश्च, क्या उत्पाद और विनाश वस्तु के स्वरूप हैं, अथवा अवस्थांतर हैं अथवा कोई अन्य वस्तु हैं? यदि इन्हें वस्तु का स्वरूप माना जाए तो ये एक-दूसरे के पर्याय बन जाएँगे। यदि उत्पाद को आदि वस्तु के मध्य और विनाश को अंत माना जाए तो एक वस्तु की कम-से-कम आदि मध्य-अंत के तीन क्षणों तक स्थिति माननी पड़ेगी। यदि उत्पाद और विनाश की वस्तु से अत्यंत भिन्न (अन्य वस्तु) माना जाए तो वस्तु उत्पाद-विनाशरहित नित्य हो जाएगी। अतः क्षणभंगवाद दूषित है।[104]

सर्वास्तिवाद आकाश, प्रतीत्यसमुत्पाद (अप्रतिसंख्यानिरोध) और निर्वाण

(प्रतिसंख्या-निरोध) इन तीनों को असंस्कृत धर्म मानता है। संस्कृत या उत्पन्न न होने के कारण ये नित्य हैं। इन्हें अभाव मात्र मानना भी उचित नहीं है। आकाश को 'आचरण का अभाव' मानना ठीक नहीं है, क्योंकि आकाश वस्तुओं की स्थिति या विस्तार का अवकाश देता है। प्रतीत्य समुत्पाद में प्रत्येक क्षण अंग का उत्पादानंतर विनाश निरंतर चलता रहता है; यह विनाश अप्रतिसंख्याक अर्थात् अबुद्धिपूर्वक और अहेतुक है। इसे 'नित्य स्वभाव' मानना अनुचित है, क्योंकि यह पूरे चक्र का विनाश नहीं है। यह 'संतति-नित्य' या 'प्रवाह-नित्य' है। निर्वाण को दु:खाभावमात्र मानना भी अनुचित है। सर्वास्तिवाद स्वयं उसे सुख रूप नित्य द्रव्य मानता है। तीनों असंस्कृत धर्म क्षणभंगवाद को निरस्त करते हैं।[105]

पुनश्च, क्षणभंगवाद के कर्मवाद ध्वस्त होता है; कृतप्रकाश और अकृताभ्यागम दोष आते हैं। लोक व्यवहार और साधना-मार्ग नष्ट होता है; बंध और मोक्ष की व्यवस्था मिटती है।

पुनश्च, ज्ञान, स्मृति और प्रत्यभिज्ञा क्षणभंगवाद पर मार्मिक प्रहार करती है। नित्य ज्ञाता के बिना ज्ञान, स्मृति और प्रत्यभिज्ञा संभव नहीं है। प्रथम क्षण में निर्विकल्प प्रत्यक्ष और द्वितीय क्षण में सविकल्प प्रत्यक्ष ज्ञान होता है। पूर्व क्षण में अनुभूत वस्तु की उत्तर क्षण से स्मृति होती है। प्रथम क्षण में किसी वस्तु या व्यक्ति का प्रत्यक्ष हुआ; द्वितीय क्षण में फिर उसी का प्रत्यक्ष हुआ; और तृतीय क्षण में ज्ञाता को दोनों पूर्व क्षणों के अनुभव की तुलना करके प्रत्यभिज्ञा हुई कि 'यह वही है।' प्रत्येक ज्ञान और अनुभव में स्वत:सिद्ध नित्य ज्ञाता की सत्ता का स्पष्ट अनुभव होता है। ज्ञाता की सत्ता पर संदेह भी नहीं किया जा सकता, क्योंकि संदेहकर्ता स्वयं ज्ञाता है। नित्य आत्मा की सत्ता असंदिग्ध है, क्योंकि इसके बिना कोई ज्ञान या अनुभव नहीं हो सकता। जन्म से लेकर मृत्यु पर्यंत समस्त विज्ञानों को अपनी ही आत्मा के विज्ञान अनुभव करनेवाला क्षणभंगवादी बौद्ध को आत्मा को भी क्षणिक विज्ञान मानने में तनिक भी लज्जा नहीं आती।[106]

(3) विज्ञानवाद-खंडन

शंकराचार्य के अनुसार, बौद्ध विज्ञानवादी अपने मत की पुष्टि इस प्रकार करते हैं—यदि बाह्य अर्थ हैं तो वे या तो परमाणु रूप हैं या संघातरूप। परमाणु

दृष्टिगत नहीं होते और षडंश होने के कारण अविभाज्य नहीं हो सकते। परमाणु संघात भी परमाणुओं से भिन्न या अभिन्न सिद्ध नहीं होते। सहोपलंभानियम अर्थात् विज्ञान और विषय (अर्थ) की सदा एक साथ उपलब्धि इस बात का प्रबल प्रमाण है कि विज्ञान ही अर्थाकार लेकर प्रतीत होता है। पुन: भ्रम और स्वप्न के पदार्थों में तथा जाग्रत् अवस्था के लौकिक पदार्थों में कोई भेद नहीं है, क्योंकि दोनों में विज्ञान ही अर्थाकार लेकर प्रतीत होता है। विज्ञानबहुत्व का कारण अनादि वासना भेद है, पदार्थ भेद नहीं। अनादि संसारचक्र में वासना और विज्ञान, बीज और अंकुर के समान एक-दूसरे का कारण और कार्य बनते रहते हैं। आचार्य ने विज्ञानवाद का यह सही निरूपण प्रस्तुत किया है।

शंकराचार्य ने इस मत का मार्मिक खंडन किया है। कुछ विद्वानों ने शंकराचार्य पर यह मिथ्या आरोप लगाया है कि स्वयं विज्ञानवादी होते हुए भी उन्होंने बौद्ध विज्ञानवाद का खंडन वस्तुवाद के दृष्टिकोण से किया है, जिसमें उनका कोई विश्वास नहीं है। अत: सही स्थिति को जान लेना आवश्यक है। शंकराचार्य पारमार्थिक विज्ञानवाद और व्यावहारिक वस्तुवाद को स्वीकार करते हैं। उनका विरोध व्यावहारिक विज्ञानवाद और पारमार्थिक वस्तुवाद से है। पारमार्थिक विज्ञानवाद के साथ व्यावहारिक वस्तुवाद सुसंगत है। पाश्चात्य दार्शनिक कांट ने भी बर्केले के व्यावहारिक विज्ञानवाद के खंडन में यही दृष्टिकोण अपनाया है। बौद्ध विज्ञानवाद का सबसे बड़ा दोष यही है कि वह व्यवहार में भी विज्ञानवाद स्वीकार करता है एवं समस्त लोक-व्यवहार का व्यर्थ में ही निषेध करता है। विश्व के प्रसिद्ध विज्ञानवाद-संप्रदायों में बौद्ध विज्ञानवाद ही एकमात्र ऐसा संप्रदाय है, जो परमार्थ और व्यवहार, दोनों में विज्ञानवाद स्वीकार करता है। शंकराचार्य ने सुस्पष्ट और युक्तियुक्त रूप से प्रतिपादित किया है कि व्यवहार में वस्तुवाद ही मानना पड़ता है, क्योंकि व्यवहार में भी विज्ञानवाद मानने से सारे लोक-व्यवहार का निरर्थक निषेध होता है।[107]

शंकराचार्य के अनुसार सहोपलंभनियम केवल यही सिद्ध करता है कि विज्ञान और विषय की अनुभूति युगपत होती है। इससे विज्ञान और अर्थ की एकता सिद्ध नहीं होती, क्योंकि विज्ञान-सहचर होना विज्ञान स्वरूप होना नहीं है, विज्ञान-ग्राह्य होना विज्ञानांश बनना नहीं है। लोक-व्यवहार में बाह्य पदार्थों की

असंदिग्ध उपलब्धि या अनुभूति होती है, जिसका व्यवहार में अपलाप नहीं किया जा सकता। अत: अर्थ और ज्ञान का भेद सिद्ध है। 'श्वेत गाय' और 'कपिला गाय' में स्वेतत्त्व और कपिलत्व भिन्न हैं, किंतु गोत्व वही है। 'घट विज्ञान' और 'पट विज्ञान' में घट और पट भिन्न हैं, किंतु विज्ञान एक है। इस प्रकार भी अर्थ और विज्ञान का भेद स्पष्ट है।[108]

आचार्य ने दिंनाग की 'आलंबनपरीक्षा' की छठी कारिका के पूर्वार्ध को उद्धृत किया है— 'जो अंतर्ज्ञेयप है, वही बहिर्वत् अवभासित होता है।[109] आचार्य का आक्षेप है कि यदि बाह्य पदार्थ वंधयापुत्र के समान नितांत असत् और परिकल्पित हैं तो बाह्य पदार्थ की कल्पना भी असंभव होगी। यदि बाह्य पदार्थ न हों तो विज्ञान उनका आकार ग्रहण नहीं कर सकता और बाह्य पदार्थों नहीं हो सकता। सत्ता के बिना संभाव्यता या समानता की कल्पना असंभव है। यदि बाह्य पदार्थ न हों तो यह कथन भी संभव नहीं हो सकता कि विज्ञान 'बहिर्वत्' प्रतीत होता है। यह तो कोई नहीं कहता कि 'विष्णुमित्र वंध्यापुत्रवत् प्रतीत होता है।' वस्तु का संभव या असंभव होना उसके प्रमाण-सिद्ध या प्रमाणाऽसिद्ध होने पर निर्भर करता है। व्यवहार में बाह्य पदार्थ समस्त प्रमाणों द्वारा सिद्ध है, अत: उनका निषेध नहीं किया जा सकता।[110]

पुनश्च, बौद्धों का यह कथन कि स्वप्न-पदार्थ और जाग्रत् अवस्था के लौकिक पदार्थ, भ्रम होने के कारण, समान स्तर के हैं तथा वंध्यापुत्रवत् नितांत असत् और परिकल्पित हैं, असत्य हैं। भ्रम पदार्थों की प्रतीति होती है। वंध्यापुत्र में तो प्रतीति-सामर्थ्य भी नहीं है। अत: भ्रम पदार्थ सदसदनिर्वचनीय हैं, असत् नहीं। स्वप्न पदार्थों को और लौकिक पदार्थों को समान स्तर पर रखना नितांत अनुचित है। स्वप्न का बाध जाग्रत् में होता है, किंतु जाग्रत् के लौकिक पदार्थों का बाध व्यवहार में नहीं हो सकता। स्वप्न पदार्थ व्यक्तिगत, जीव-सृष्टि, प्रतिभास मात्र शरीर एवं इंद्रिय व्यापार रहित होते हैं। लौकिक पदार्थ समष्टिगत, ईश्वर-सृष्ट, द्वयकालिक और इंद्रिय प्रत्यक्षजन्य होते हैं। व्यवहार दशा में दोनों के अंतर का प्रत्यक्ष अनुभव करते हुए उन्हें समान स्तर पर रखना नितांत आयुक्त है।[111] पुनश्च, विज्ञान-भेद पदार्थ-भेद के कारण है, वासना-भेद के कारण नहीं है। यदि ब्रह्मपदार्थ असत् हैं तो वासनाओं की उत्पत्ति संभव नहीं है। पदार्थोत्पन्न

होने से वासनाओं को अनादि भी नहीं माना जा सकता। वासनाएँ मानस संस्कार हैं और बिना अधिकरण के नहीं रह सकतीं। आलयविज्ञान भी प्रवृत्ति विज्ञान के समान क्षणिक होने के कारण वासनाओं का अधिकरण नहीं हो सकता।[112] अत: विज्ञानभेद अर्थभेद पर निर्भर है।

शंकराचार्य का कथन है कि उन्होंने सर्वास्तिवाद के क्षणभंगवाद के खंडन में जो तर्क दिए हैं, वे सब विज्ञानवाद के क्षणभंगवाद पर भी पूर्णतया लागू हैं। (शा.भा. 2–2–39)। पुनश्च, बौद्धों का यह कथन कि क्षणिक विज्ञान स्वप्रकाश होने के कारण दीपक के समान स्वयं को प्रकाशित करता है, उतना ही हास्यास्पद है, जितना यह कथन कि अग्नि स्वयं को जलाती है या तलवार की धार स्वयं को काटती है। क्षणिक विज्ञान स्वप्रकाश और स्वसंवेद्य नहीं हो सकता। वह स्वयं घटपाटादि के समान ज्ञेय विषय है, जो अपने ज्ञान के लिए नित्य चैतन्य स्वरूप आत्मा पर निर्भर रहता है।[113] यह नित्य साक्षीचैतन्य समस्त ज्ञान का अधिष्ठान है, जिसका निराकरण असंभव है। यह साक्षीचैतन्य ही स्वप्रकाश और स्वत:सिद्ध है, क्षणिक विज्ञान नहीं।[114] विज्ञानवादी का यह सोचना भ्रम है कि हमने (वेदांतियों ने) उसके स्वप्रकाश क्षणिक विज्ञान को ग्रहण करके उसे स्वप्रकाश साक्षी के रूप में परिणत कर दिया है, क्योंकि द्रष्टा साक्षी और दृश्य क्षणिक विज्ञान की तुलना नहीं हो सकती। साक्षी चैतन्य नित्य, स्वत:सिद्ध और स्वप्रकाश है तथा समस्त ज्ञान का अधिष्ठान है। इसके विपरीत क्षणिक विज्ञान साक्षि–ज्ञेय है, उसी प्रकार घटपटादि साक्षि–ज्ञेय है। विज्ञान क्षणिक, उत्पत्ति–विनाशशील और अनेक हैं, अत: उनकी साक्षी से कोई तुलना नहीं है। नित्य साक्षी की सत्ता स्वीकार किए बिना किसी प्रकार का ज्ञान या अनुभव संभव नहीं है।[115]

शंकराचार्य कृत विज्ञानवाद का यह खंडन मूल विज्ञानवाद और स्वतंत्र विज्ञानवाद, दोनों पर लागू होता है, क्योंकि दोनों ही व्यवहार में भी विज्ञानवादी हैं, लोक–व्यवहार का व्यर्थ में निषेध करते हैं। दोनों ही पदार्थ को वंध्यापुत्रवत् नितांत असत्, अभूत और परिकल्पित मानते हैं तथा प्रतिभास और व्यवहार में कोई अंतर न मानकर उन्हें समान स्तर पर रखते हैं। क्षणिक वासनाओं और विज्ञानों के अजस्त्र प्रवाह को दोनों स्वीकार करते हैं। दोनों में मूलभूत अंतर यह है कि लंकावतारसूत्र, मैत्रेय, असंग और वसुबंधु का मूल विज्ञानवाद विज्ञप्ति

मात्र परम तत्त्व को नित्य, सुखस्वरूप, निर्विकल्प, निराकार, विशुद्ध विज्ञानस्वरूप परमार्थ मानते हैं। अत: वेदांत के साक्षी चैतन्य या आत्मतत्त्व के कुछ अंशों में विज्ञप्ति मात्र का साम्य होने के कारण मूल विज्ञानवाद कुछ अंशों में इन दोनों से बच जाता है। स्वतंत्रविज्ञानवाद विज्ञान की नित्यता को स्वीकार नहीं करता। वह क्षणिक विज्ञानप्रवाह को ही मानता है। अत: शंकराचार्य का खंडन उनपर पूर्ण रूप से लागू होता है।[116]

(4) शून्यवाद-खंडन

शंकराचार्य ने 'शून्य' शब्द को साधारण प्रचलित 'नितांत असत' के अर्थ में लेकर शून्यवाद को सब प्रमाणों से असिद्ध स्वव्याघाती सर्वनिषेधवाद कहकर उसे निराकरण के अयोग्य मान लिया है, क्योंकि सब प्रमाणों से सिद्ध इस लोक व्यवहार का बाध परतत्त्व के साक्षात्कार के बिना नहीं किया जा सकता है।[117] यह तो सिद्ध है कि शून्यवाद सर्वनिषेधवाद न होकर निरपेक्ष अद्वैतवाद है, जो चतुष्कोटिविर्निर्मुक्त प्रपंचशून्य शिव तत्त्व को स्वीकार करता है। यही लगता है कि शंकराचार्य शून्यवाद को सर्वनिषेधवाद के प्रचलित अर्थ में लेकर उसे टाल गए हैं।

परमत-खंडन का प्रयोजन

शंकराचार्य के अनुसार आत्मानुभूति जीवन का चरम लक्ष्य है। द्वैतवादी अपने-अपने मतों की पुष्टि करने के लिए परस्पर विवाद करते हैं, किंतु अद्वैत का किसी से कोई विवाद नहीं है। ब्रह्मात्म ज्ञान के विषय में तत्त्वदर्शी ऋषियों के श्रुतिसंगृहीत वाक्य प्रमाण हैं और उनके विवेचन के लिए सुतर्क प्रमाण है। शंकराचार्य ने इसे बार-बार स्पष्ट किया है कि वे परमत खंडन में इसलिए प्रवृत्त होते हैं, क्योंकि वे श्रुति-प्रतिकूल मत परमात्म तत्त्व के सम्यक् निरूपण में प्रतिबंधभूत हैं। अविचारपूर्वक किसी विमत को मानने पर लक्ष्य-च्युति और अनर्थ प्राप्ति हो सकती है। अत: सम्यग्दर्शन के प्रतिपक्षभूत दर्शनों का निराकरण आवश्यक है, जिससे मुमुक्षु जन सम्यग्दर्शन द्वारा नि:श्रेयस प्राप्त कर सकें।[119] आचार्य का कथन है कि वे इसी दृष्टि से परमत-खंडन में प्रवृत्त हुए हैं। उन्हें तार्किकों के समान शुष्क वाद-विवाद और वितंडा में किंचित् भी रुचि नहीं है, क्योंकि यह श्रेयोमार्ग के प्रतिकूल है।[120]

शंकर वेदांत भारतीय दर्शनों का मुकुट-मणि माना जाता है। शंकराचार्य के अनुसार दर्शन केवल बौद्धिक ज्ञान नहीं है। दर्शन की परिणति तत्त्व-साक्षात्त्कार में होती है। ब्रह्म-ज्ञान 'अनुभवावसान' है।[121] आचार्य ने भाष्य के प्रारंभ में ही स्पष्ट कहा है कि अनर्थ हेतु अविद्या के प्रहाणार्थ और आत्मसाक्षात्कार के लिए सब वेदांत प्रारंभ होते हैं।[122] आचार्य के अनुसार ब्रह्म जिज्ञासा के पूर्व नित्यानित्य वस्तुविवेक, वैराग्य, शमदमादि-साधनसंपत और मुमुक्षुत्व आवश्यक है।[123] ब्रह्म जिज्ञासा बौद्धिक जिज्ञासा नहीं है, इस जिज्ञासा की पूर्णता ब्रह्मावागति (ब्रह्म साक्षात्कार) में होती है। विवेक, वैराग्य आदि मुमुक्षुओं के लिए आवश्यक है।

आचार्य शंकर का स्पष्ट कथन है कि अभ्यास अनादि है, अनंत है, नैसर्गिक है। मिथ्याज्ञान रूप है, कर्तत्व और भोक्तृत्व का प्रवर्तक है, सब के लिए प्रत्यक्ष है। जगत् के समस्त प्रमाण और प्रमेय व्यवहार की मूलभित्ति यही अध्यास है। इस विषय में पशु और मनुष्य में किसी प्रकार का अंतर नहीं है। हरी-हरी घास पूर्ण अंजलिवाले व्यक्ति को अपनी ओर आते हुए देखकर पशु उसकी ओर लपकता है और किसी के हाथ में डंडा देखकर सहम जाता है तथा भाग खड़ा होता है। ठीक उसी प्रकार मनुष्य भी खड्ग आदि डरावने हथियारोंवाले व्यक्ति को देखकर त्रस्त होता है और अच्छी-अच्छी लुभावनी वस्तुओं को लिये हुए व्यक्ति को देखकर उसकी ओर आकृष्ट होता है। अत: पशु तथा मनुष्य, दोनों का उक्त व्यवहार समान कोटि का है। यह सब अज्ञान ही है और इसी को अध्यास कहते हैं। ''तमेतमेवं लक्षणमध्यासं पंडिता अविद्येति मन्यन्ते। तद्विवेकन च वस्तुस्वरूपावधारणं विद्यामाहु:''—शंकर के इन शब्दों से स्पष्ट प्रतीत होता है कि अध्यास ही अज्ञान है।[124] इस अध्यास को दूर करने का एकमात्र उपाय आत्मस्वरूप का ज्ञान ही है। स्वरूप का ज्ञान अपने प्रयत्न से साध्य है, किसी अन्य के द्वारा साध्य नहीं। आचार्य का कथन बहुत ही सुंदर है।[125]

ऋण-मोचन-कर्तार: पितु: सन्ति सुतादय:।
बन्धमोचन-कर्ता तु स्वस्मादन्यो न विद्यते।।

विवर्तवाद

हमने देखा है कि इस जगत् का उदय ब्रह्म से है। वही इसका उपादान

कारण है और स्वयं वही इसका निमित्त कारण है। ब्रह्म कारण है, जगत् उसका कार्य है। कार्य-कारण के विषय में दार्शनिकों के नाना मत हैं। यर्थाथवादी (जैसे न्यायवैशेषिक, मीमांसा आदि) दर्शन आरंभवाद मानते हैं। उनके मत में जगत् का आरंभ परमाणुओं से होता है। कारण के समान कार्य भी नवीन वस्तु है। उसका आरंभ होता है, पहले यह उसमें था नहीं। सांख्य-योग परिणामवाद मानता है। जिस प्रकार दूध में दही पहले से ही अव्यक्त रूप से विद्यमान है, उसी प्रकृति में अव्यक्त रूप से जगत् विद्यमान रहता है। इसी का दूसरा नाम सत्कार्यवाद है। अद्वैतवेदांत की कार्य-कारण कल्पना इन दोनों से ऊपर जाती है। अद्वैत की दृष्टि में ये दोनों मत भ्रांत हैं। परमाणुओं की कल्पना तर्कहीन होने से नितांत आयुक्त है। परिणामवादी कार्य द्रव्य को कारण से अभिन्न और साथ-ही-साथ भिन्न भी मानते हैं, परंतु यह बात युक्ति-युक्त नहीं है। घट और शराब (पुरवा) दोनों मृत्तिका कार्य हैं, अत: मृत्तिका से अभिन्न हैं, परंतु वे आपस में भिन्न क्यों हैं? जो घट है, वह शराब नहीं, जो शराब है, वह घट नहीं। इस प्रकार अभिन्न होते हुए भी आपस में यह भेद कहाँ से आया? यदि यह परस्पर भेद प्रत्यक्ष माना जाया तो इसका मूल कारण, जो मृत्तिका के हैं, उसको भी परस्पर भिन्न मानना ही पड़ेगा। एक ही साथ दो वस्तुओं को भिन्न और अभिन्न मानना ठीक नहीं जान पड़ता। एक ही सत्य हो सकती है, दूसरी कल्पित ही होगी। अभेद भेद (नाना) को कल्पित मानना उचित है। ऐसा न मानने पर असंख्य परमार्थ वस्तुओं की सत्ता माननी पड़ती है। अत: वेदांत के अनुसार, एकमात्र कारणरूप ब्रह्म की अविनाशी, निर्विकार तथा सत्पदार्थ है। उससे उत्पन्न होनेवाला यह जो जगत् है, वह मिथ्या है, कल्पनामूलक है। फलत: कारण ही एकमात्र सत्य है। कार्य मिथ्या या अनिर्वचनीय है। जगत् माया को तो परिणाम है, परब्रह्म को विवर्त है। इन दोनों शब्दों का मार्मिक भेद वेदांतसार में इस प्रकार बतलाया है—

स तत्त्वतोऽन्यथाप्रथा विकार इत्युदीरित:।
अतत्त्वतोऽन्यथाप्रथा विवर्त इत्युदीरित:॥

तात्त्विक परिवर्तन को विकार तथा अतात्त्विक परिवर्तन को विवर्त कहते हैं। दही दूध का विकार है, परंतु सर्प, रज्जु का विवर्त है, क्योंकि दूध और दही की सत्ता एक प्रकार की है। सर्प की सत्ता काल्पनिक है, परंतु रज्जु की सत्ता वास्तविक

है। (2/1/7 शां. भा.)। इस प्रकार पंचदशीकार की संपत्ति में भी कार्यदिशा की कल्पना अज्ञानमूलक है।[126]

जगत् के लिए ऊपर 'अनिर्वचनीय' शब्द का प्रयोग किया गया है। इस शब्द का अर्थ जान लेना उचित है। 'अनिर्वचनीय' का अर्थ है, जिसका निर्वचन लक्षण ठीक ढंग से न किया जा सके, जैसे रस्सी में सर्प का ज्ञान। रस्सी में सर्प का ज्ञान सत्य नहीं है, क्योंकि दीपक के लाने और रज्जु-ज्ञान के उदय होने पर सर्प-ज्ञान बाधित हो जाता है। परंतु उसे असत् भी नहीं कह सकते, क्योंकि उस रज्जु के ही भय के कारण कंप आदि की उत्पत्ति होती है। रस्सी को साँप समझकर आदमी डर के मारे भाग खड़ा होता है। अत: यह ज्ञान सत् तथा असत् उभय विलक्षण होने से अनिर्वचनीय या मिथ्या कहलाता है। यह ज्ञान अविद्या से उत्पन्न होता है। अत: वेदांत में 'मिथ्या' का अर्थ असत् नहीं है, प्रत्युत अनिर्वचनीय है।[127]

आचार मीमांसा

जीव अपने स्वरूप के अज्ञान के ही कारण ही इस कारण इस संसार में अनंत क्लेशों को भोगता हुआ अपना जीवन पालन करता है। वह अपने शुद्ध-बुद्ध मुक्त स्वभाव को अविद्या के कारण भूला हुआ है। वह वास्तव में सच्चिदानंदात्मक ब्रह्म स्वरूप ही है। आत्मा तथा ब्रह्म में नितांत ऐक्य है। उस ब्रह्म की प्राप्ति तथा शोक की निवृत्ति ही मोक्ष कहलाता है।[128] अब इस मोक्ष के साधन-मार्ग की रूपरेखा का निरूपण करना नितांत आवश्यक है।

भिन्न-भिन्न दृष्टिकोण से दाशनिकों ने केवल कर्म, कर्मज्ञान, समुच्चय तथा केवल ज्ञान को साधन-मार्ग बतलाया है। शंकराचार्य ने अपने भाष्यों में पूर्व दोनों मार्गों का सप्रमाण संयुक्तिक विस्तृत खंडन करना अंतिम साधन को ही प्रमाण कोटि में माना है। उनका कहना है कि स्वतंत्र अथ च भिन्न-भिन्न फलों के उद्देश्यों से प्रवृत्त होनेवाली दो निष्ठाएँ हैं—कर्म-निष्ठा तथा ज्ञान-निष्ठा। इन दोनों का पार्थक्य नितांत स्पष्ट है। मानव-जीवन के दो उद्देश्य हैं—सांसारिक की प्राप्ति, जिसके लिए कर्मों का विधान किया गया है और आत्मा की परमात्मरूपेण अवगति, जिस उद्देश्य की सिद्धि काम्यकर्मों से विरक्ति और ज्ञान के अनुष्ठान से होती है। ज्ञान और कर्म का गहरा विरोध है। आचार्य का कहना है कि क्या

पूर्व समुद्र जानेवाले तथा तत्प्रतिकूल पश्चिम समुद्र को जानेवाले पुरुष का मार्ग एक हो सकता है ? प्रत्यगात्म–विषयक प्रतीति के निरंतर बनाए रखने के आग्रह को ज्ञानेनिष्ठा कहते हैं। वह पश्चिम समुद्र के गमन के समान है और उसका कर्म के साथ रहने में वैसा ही महान् विरोध है, जैसा पहाड़ तथा सरसों में रहता है। अत: एकांत विरोध के रहते हुए ज्ञानकर्म का समुच्चय कथपति सुसंपन्न नहीं हो सकता।[129]

कर्म कर्म के द्वारा क्या आत्मा की स्वरूपापत्ति सिद्ध हो सकती है ? आचार्य ने इस विषय में अनेक कारणों की उद्भावना की है। किसी अविद्यमान वस्तु के उत्पादन के लिए कर्म का उपयोग किया जाता है (उत्पाद्य)। परंतु क्या नित्य, सिद्ध सद्रूप आत्मा की स्थिति कर्मों के द्वारा उत्पन्न की जा सकती है ? किसी स्थान या वस्तु की प्राप्ति के लिए कर्म किए जाते हैं (आप्य), परंतु आत्मा तो सदा हमारे पास है। तब कर्म का उपयोग क्या होगा ? किसी पदार्थ में विकार उत्पन्न करने की इच्छा से (विकार्य) तथा मन और अन्य वस्तुओं में संस्कार–उत्पादन की लालसा से (संस्कार्य) कर्म किए जाते हैं। परंतु आत्मा के 'अविकार्य तथा असंस्कार्य' होने के कारण धर्म की निष्पत्ति का प्रयास व्यर्थ ही है। अत: आत्मा के अनुत्पाद्य, अनाप्त, अविकार्य तथा असंस्कार्य होने के कारण कर्म द्वारा उसकी निष्पत्ति हो ही नहीं सकती।[130]

अत: प्रयोजन न होने से कर्म के द्वारा मोक्ष की प्राप्ति नहीं हो सकती।[131] साधारणतया मलिन चित्त आत्मतत्त्व का बोध नहीं कर सकता, परंतु काम्यवर्जित नित्यकर्म के अनुष्ठान से चित्त–शुद्धि उत्पन्न होती है, जिससे बिना किसी रुकावट के जीव आत्मस्वरूप को जान लेता है।[132] आत्मज्ञान की उत्पत्ति में सहायक होने के कारण नित्यकर्म मोक्षसाधक है। अत: कर्मकांड और ज्ञानकांड की एकवाक्यता सिद्ध हो सकती है अर्थात् दोनों एक ही लक्ष्य की पूर्ति के साधन हैं। कर्म से चित्ता की शुद्धि होती है और विशुद्धचित्त में ही ज्ञान उत्पन्न होकर टिकता है, तभी मोक्ष की प्राप्ति संभव है।[133]

कर्म दो प्रकार के हैं—सकाम कर्म तथा निष्कार्म कर्म। गीता में दो प्रकार की संपत्ति का वर्णन किया गया है—दैवी संपत्ति और असुरी संपत्ति। असुरों में और देवों में यही अंतर है कि स्वाभाविक राग–द्वेषमूलक प्रवृत्तियों का दास होनेवाला

अधर्मपरायण व्यक्ति 'असुर' कहलाता है। परंतु राग-द्वेष को दबाकर शुभ कामना की प्रबलता से धर्माचरण करनेवाला पुरुष 'देव' कहलाता है।[134] वासना की इच्छा से यदि कर्मों का संपादन किया जाए तो असुरत्व की प्राप्ति होती है, परंतु राग-द्वेष की वासना को दूर कर निष्काम भाव से कर्मों का संपादन करना देवत्व की प्राप्ति करना है। अत: शंकराचार्य का कथन यह है कि सकाम कर्म का तो सर्वथा त्याग करना ही चाहिए। सकाम कर्म का अभ्यास तथा अनुष्ठान मनुष्य को पशुत्व की ओर ले जानेवाला होता है। निष्काम कर्म का अभ्यास चित्त को शुद्ध कर मुक्ति की ओर ले जाएगा। शंकर की दृष्टि में भी कर्म कभी व्यर्थ नहीं जाता—"ये प्रथा मां प्रपद्यन्ते तां तथैव भजाम्यहम्" (गीता 4/11)। इसके ऊपर भाष्य लिखते समय आचार्य का कहना है कि (1) जो मनुष्य फल की इच्छा रखनेवाले हैं, उन्हें भगवान् फल देते हैं, (2) जो आदमी फल की इच्छा नहीं रखनेवाले हैं और मुक्ति के इच्छुक हैं, उन्हें मैं ज्ञान देता हूँ, (3) जो ज्ञानी हैं, संन्यासी हैं, मुक्ति की कामना करनेवाले हैं, उन्हें मैं मोक्ष देता हूँ, तथा (4) जो किसी प्रकार के दु:ख और कष्ट में हैं, उनकी मैं आर्ति हर लेता हूँ। इस प्रकार जो कोई भी पुरुष जिस किसी इच्छा से मेरा भजन करता है, उसकी मैं उस इच्छा की पूर्ति कर देता हूँ। शंकराचार्य के इस कथन से स्पष्ट है कि उनकी दृष्टि में भी कर्म किसी प्रकार व्यर्थ नहीं होता, उसका फल अवश्य प्राप्त होता है। मोक्ष के साधन में वह उपयोगी है या नहीं, यह दूसरा प्रश्न है।

अब तक की गई समीक्षा से स्पष्ट है कि आचार्य शंकर मोक्ष के साधन में न तो कर्म को कारण मानते हैं, न ज्ञान कर्म समुच्चय को, प्रत्युत एकमात्र ज्ञान को ही मानते हैं।

कर्म के तीन भेद—पद्मपादाचार्य ने जो आचार्य के पट्टशिष्य थे, 'विज्ञानदीपिका' नामक ग्रंथ में शंकर के अनुकूल आचार-पद्धति की मीमांसा की है। कर्म की प्रबलता सर्वतोभावेन मानी ही जाती है। कर्म से वासना उत्पन्न होती है और वासना से यह संसार उत्पन्न होता है। वासना के ही कारण जीव आवागमन करता रहता है। अत: संसार को नष्ट करने के लिए कर्म का विनाश करना (निर्हरण) अत्यंत आवश्यक है। कर्म तीन प्रकार के होते हैं—(1) संचित (प्राचीन), (2) संचीयमान (भविष्य में फल उत्पन्न करनेवाला), (3) प्रारब्ध

(जिस कर्म का वर्तमान काल में आरंभ कर दिया गया है) इन तीनों की उपमा अन्न के साथ दी जा सकती है। संचित कर्म घर में रखे हुए अन्न के समान है, संचीयमान कर्म खेत में बीज रूप से बोए गए अन्न के समान है तथा प्रारब्ध कर्म भुक्त अन्न के समान है। घर में रखे गए तथा खेत में डाले गए अन्न का विनाश नाना उपायों से किया जा सकता है, परंतु जो अन्न खाए जाने पर हमारे पेट में विद्यमान है, उसे तो पचाना ही पड़ेगा। बिना पचाए उस अन्न का कथमपि नाश नहीं हो सकता है। कर्मों की भी यही गति है। संचित और संचीयमान कर्म तो ज्ञान के द्वारा नष्ट किया जा सकता है, परंतु प्रारब्ध कर्म तो भोग के द्वारा ही क्षीण होता है। इसीलिए यह प्रसिद्ध बात है—"प्रारब्ध कर्मणां भोगादेव क्षय:।" इस प्रकार कर्म का क्षय कर्मयोग, ध्यान, सत्यंग, जप, अर्थ और परिपाक के अवलोकन के उत्पन्न होता है। फल की इच्छा में रहित अर्थात् निष्काम कर्म का अनुष्ठान पुण्य-पाप आदि कर्मों का नाश कर देता है और इसके कारणभूत स्थूल और सूक्ष्म शरीर का विलय कर देता है। पद्मपाद की संपत्ति में यही कर्म-निर्हार है।[136]

कर्म के इस विवेचन से हम इस परिणाम पर पहुँचते हैं कि मुमुक्षु के अंत:करण (चित्त) की शुद्धि के लिए कर्म व्यर्थ नहीं है, बल्कि वे नितांत उपादेय हैं। मुक्ति का वास्तव साधन 'ज्ञान' है—ऋते ज्ञानान्न मुक्ति: बिना ज्ञान से मुक्ति की प्राप्ति नहीं होती। आचार्य की संपत्ति में इस प्रकार न तो कर्म से मुक्ति होती है, न ज्ञान और कर्म के समुच्चय से, प्रत्युत केवल ज्ञान से होती है—यही निश्चित सिद्धांत है।[137]

ज्ञान-प्राप्ति की प्रक्रिया

इस प्रक्रिया का वर्णन शंकर के 'विवेकचूड़ामणि' तथा 'उपदेश-साहस्त्री' में बड़ी सुंदर भाषा में किया है। वेदांत-ज्ञान की प्राप्ति के लिए शिष्य को चार साधनों से युक्त होना चाहिए। पहला साधन है—नित्यानित्य-वस्तु-विवेक। ब्रह्म ही केवल नित्य है, उससे भिन्न समस्त पदार्थ अनित्य हैं, इसका विवेक होना पहला साधन है। दूसरा साधन है- इहामुत्र-फलभोगविराग अर्थात् सांसारिक तथा पारलौकिक समस्त फलों के भोग से उसे वैराग्य उत्पन्न होना चाहिए। तीसरा साधन है—शमदमादि साधन संपत्ति। शम (मन की एकाग्रता), दम (इंद्रियों

के वश में रखना) उपरति (वृत्तियों का बाह्य विषयों का आश्रय न लेना), तितिक्षा, (चिंता-शोक से रहित दु:खों को सहना), समाधान (श्रवण आदि में चित्त को एकाग्र रूप से लगाना) तथा श्रद्धा (गुरु और वेदांत के वाक्यों में अटूट विश्वास)। चतुर्थ साधन-मुमुक्षा अर्थात् मुक्ति पाने की इच्छा। इस चतुर्थ साधन का उदय बड़े ही भाग्य से होता है। आचार्य का कथन है कि मनुष्यत्व, मुमुक्षत्व तथा महापुरुषों की संगति बड़े भाग्य से मिलती है। इस समग्र साधनों से संपन्न होने पर साधक वेदांत-श्रवण का अधिकारी बनता है। तब शिष्य, शांत, दांत, अहेतुदयाशील, ब्रह्मवेता गुरु के शरण में आत्मा के विषय में पूछता है। गुरु को निष्प्रपंच ब्रह्म के स्वरूप का यर्थाथ ज्ञान अपने शिष्य को कराना प्रधान कार्य है। इसलिए वह अध्यारोप और अपवाद विधि से ब्रह्म का उपदेश करता है।[139] अध्यारोप का अर्थ है, ब्रह्म में जगत् के पदार्थों का आरोप कर देना और अपवाद का अर्थ है, आरोपित वस्तुओं में से प्रत्येक का क्रमश: निराकरण करना। आत्मा के ऊपर प्रथमत: शरीर का आरोप दिया जाता है। पीछे युक्ति के सहारे आत्मा को अन्नमय, प्राणमय, मनोमय, विज्ञानमय और आनंदमय कोशों से अतिरिक्त बता दिया जाता है। इस प्रकार गुरु अपने शिष्य को ब्रह्म का स्वरूप समझाने में समर्थ होता है। वेदांत की यह व्याख्या-पद्धति बड़ी प्रामाणिक और शुद्ध वैज्ञानिक है।

ब्रह्मवेता गुरु शरणापन्न अधिकारी शिष्य को 'तत्त्वमसि' आदि महाकाव्यों का उपदेश देता है, जिसका अभिप्राय यही है कि जीव ब्रह्म ही है। इस वाक्य के अर्थ के ऊपर वेदांत के आचार्यों ने बड़ा विचार किया है। जीव अल्पज्ञ ठहरा और ब्रह्म सर्वज्ञ। ऐसी दशा में दोनों की एकता कैसे मानी जा सकती है? इस दोष को दूर करने के लिए भागवृत्ति या जहदजहत् लक्षणा यहाँ मानी जाती है।[140] इस लक्षण के बल पर अल्पज्ञ का 'अल्प' अंश और सर्वज्ञ का 'सर्व' अंश छोड़ दिया जाता है। 'ज्ञ' अर्थात् ज्ञात अंश को लेकर ही दोनों की एकता संपन्न की जाती है। जीव ब्रह्म ही है। यही अद्वैत वेदांत का शंखनाद है। श्रवण, मनन तथा निदिध्यासन—ये तीन साधन बताए गए हैं। वेदांत के वाक्यों के द्वारा गुरुमुख से आत्मा के स्वरूप को सुनाना चाहिए। यह हुआ 'श्रवण'। उस स्वरूप के विरोध में जो कोई अन्य बातें हों, उन्हें दूर कर देना चाहिए—यही हुआ 'निदिध्यासन'। इन तीन उपायों का वर्णन इस प्रसिद्ध श्लोक में किया गया है—

श्रोतव्यः श्रुतिवाक्योभ्यो मन्तवाश्चपपत्तिभिः।
मत्वा च सततं ध्येयो, ह्येते दर्शनहेतवः।।

मैत्रेली की शिक्षा देते समय महर्षि याज्ञवल्क्य ने इसी तत्त्व का प्रतिपादन किया है—आत्मा वारे द्रष्टव्यों मन्तव्यों निदिध्यासितव्यों मैत्रेयि।

आत्मसाधना के इन तीनों उपायों में कौन प्रधान है और कौन गौण है, इस विषय को लेकर अवांतरकालीन आचार्यों में बड़ा मतभेद है। इस विषय में प्रधानतः दो मत मिलते हैं। पहला मत है, वाचस्पति मिश्र का। ये शब्द-श्रवण से परोक्ष ज्ञान की उत्पत्ति मानते हैं, जो मनन और निदिध्यासन आदि योग-प्रक्रिया के द्वारा अपरोक्ष ज्ञान रूप में परिवर्तित हो जाता है। अतः गुरुपदेश के अनंतर वेदांत वाक्य के अर्थ का मनन तथा ध्यान का अनुष्ठान करना नितांत आवश्यक होता है। तब ब्रह्म की अपरोक्ष अनभति उत्पन्न होती है।[141] अमलानंद ने 'भामती कल्पतरू' में इस वाचस्पति मिश्र का यह बतलाया है,[142] परंतु वस्तुतः यह मंडल मिश्र का है।

मुक्ति

तत्त्व के साधन से केवल मानसिक कौतूहल की निवृत्ति होना ही ध्येय नहीं है। उसका उपयोग व्यावहारिक जगत् के संतापों से मुक्ति प्राप्त करने में है। ये संताप तीन प्रकार के हैं—आध्यात्मिका आधिभौतिक तथा आधिदैविक। मनुष्य मात्र का जीवन जिन ध्येयों को आगे रखकर प्रवृत्त होता है, वे पुरुषार्थ कहलाते हैं। हिंदू धर्म के अनुसार पुरुषार्थ चार प्रकार के हैं—धर्म, अर्थ, काम और मोक्ष। इनमें मोक्ष सबसे श्रेष्ठ है। विचारशास्त्र रूपी कल्पतरु का मोक्ष ही अमृत फल है। मोक्ष के विषय में साधारण लोगों की यह विचित्र धारणा है कि इसकी प्राप्ति का स्थान यह शरीर नहीं है, परंतु आचार्य ने उपनिषदों के आधार पर यही प्रतिपादित किया है कि ज्ञान की प्राप्ति होने पर इसी शरीर से मुक्ति प्राप्त हो जाती है। इस मुक्ति का नाम है—जीवमुक्ति। यह दूरस्थित आदर्श अवश्य है, परंतु ऐसा नहीं है कि इस जन्म में साध्य न हो सके। वेदांत का कहना है कि यदि उसके बताए हुए साधनों का उपयोग भलीभाँति किया जाए तो साधक को इसी जन्म में दुःखों से छुटकारा मिल सकता है। इस विषय में कठोर निषद् (2/3/14) का स्पष्ट कथन है कि जब हृदय में रहनेवाली समग्र वासनाओं का नाश हो जाता है, तब

मनुष्य अमरत्व को प्राप्त कर लेता है। और यहीं उसे ब्रह्म की उपलब्धि हो जाती है।[145] वैष्णवदर्शन इस जीवंमुक्ति को नहीं मानता। वह केवल विदेह-मुक्ति में ही आस्था में ही आस्था रखता है। पर अद्वैत वेदांत की दृष्टि में दोनों साध्य हैं। यही दोनों में मौलिक भेद है।

आचार्य शंकर ने अपने भाष्यों में अद्वैत मत का प्रतिपादन किया है, यह तो सब कोई जानते हैं। यह अद्वैतवाद नितांत प्राचीन सिद्धांत है। इस मत का प्रतिपादन केवल उपनिषदों में ही नहीं किया गया है, प्रत्युत संहिता के अनेक सूक्तों में अद्वैत तत्त्व का आभास स्पष्ट रूपेण उपलब्ध होता है। अद्वैतवाद वैदिक ऋषियों की आध्यात्मिक जगत् का नितांत महत्त्वपूर्ण देन हैं, इन ऋषियों ने आर्ष चक्षु से नानात्त्मक जगत् के स्तर में विद्यमान होनेवाली एकता का दर्शन किया, उसे ढूँढ़ निकाला और जगत् के कल्याण के निमित्त प्रतिपादित किया। इसी श्रुति के आधार पर आचार्य ने अपने अद्वैत-तत्त्व को प्रतिष्ठित किया है। शंकर ने जगत् के काल्पनिक रूप को प्रमाणित करने के लिए माया के सिद्धांत को स्वीकार किया है और इसके लिए भी वे अपने दादा गुरु आचार्य गौड़पाद के ऋणी हैं।[147] गौड़पादचार्य ने जिस अद्वैत सिद्धांत को मांडूक्यकारिकाओं में अभिव्यक्त किया है, उसी का विशदीकरण शंकर ने अपने भाष्यों में किया है। इतना ही क्यों? आचार्य की गुरु परंपरा नारायण से आरंभ होती है। शंकर की गुरु परंपरा तथा शिष्यों का निर्देश इन प्रसिद्ध पद्यों में मिलता है—

नारायणं पद्मभवां शक्तिं च तत्पुत्रपराशरं च।
व्यासं शुकं गौड़पदं महान्तं गोविंदयोगीन्द्रमथास्य शिष्यम।।
श्रीशंकराचार्यमथास्य पद्मपादं च हस्तामलकं च शिष्यम।
तत् तोटकं वार्तिककारमन्यान् अस्मद्गुरूं संततमानतोऽस्मि।।[148]

आचार्य की गुरु परंपरा का प्रकार यह है—नारायण, ब्रह्मा, वसिष्ठ, शक्ति, पराशर, वेदव्यास, शुक, गौड़पाद, गोविंद भगवत्पाद, शंकर। इसका स्पष्ट तात्पर्य यह है कि शंकर ने जिस मायावाद का विशद प्रतिपादन अपने ग्रंथों में किया है, उसका प्रथम उपदेश भगवान् नारायण के द्वारा किया गया है। शिष्य लोग जिस उपदेश को गुरु से सुनते आए हैं, उसी की परंपरा जारी रखने के लिए अपने शिष्यों को भी उन्हीं तत्त्वों का आनुपूर्वी उपदेश करते हैं। इस प्रकार यह

अद्वैतवाद नितांत प्राचीन काल से इस भारत-भूमि पर जिज्ञासु जनों की आध्यात्मिक पिपासा को शांत करता हुए चला आ रहा है। इसे शंकर के नाम से संबंध करना तथा शंकर को इस सिद्धांत का उद्भावक मानना नितान्त अनुचित है।[149]

कतिपय विद्वान् लोग इस प्राचीन परंपरा की अवहेलना कर 'मायावाद' को बौद्ध-दर्शन का औपनिषद् संस्करण मानते हैं और अपनी युक्तियों को पुष्ट करने के लिए पद्मपुराण में दिए गए श्लोक को उद्धृत करते हैं। श्री विज्ञानभिक्षु ने सांख्य प्रवचन भाष्य की भूमिका में इस वचन को उद्धृत किया है। अवांतरकालीन अनेक द्वैत मतावलंबी पंडित इस वाक्य को प्रमाण मानकर शंकर को प्रच्छन्न बौद्ध और उनके मायावाद को बौद्ध-दर्शन के सिद्धांतों का ही एक नया-सा मानते हैं, परंतु विचार करने पर यह समीक्षा युक्तियुक्त नहीं प्रतीत होती।

संदर्भ—

1. डॉ. चंद्रधर शर्मा, भारतीय दर्शन आलोक एवं अनुशलन, दिल्ली स्वर्णमुद्रण, 1991 पृ. 234
2. ब्रह्म सत्यं जगन्मिथ्या जीवो ब्रह्मैव नापरः।
3. ब्रह्मसूत्रशंकरभाष्य ? उपोद्धातः, विषयिणि चिदात्मके विषयस्क तद्धर्माणां चाध्यासः, विषयिणस्तद्धर्माणां च विषयेपध्यासो मिथ्येति भविंतुं युक्तम्।
4. वही।
5. वही। अत्यन्तविविक्तयोर्धर्मधर्मिणोः मिथ्या ज्ञाननिमित्तः सत्यानृने मिथुनीकृत 'अहमिदम्, ममेदम्' इति नैसर्गिकोप्यं लोकव्यवहारः।
6. एवं लक्षणमध्यासं पंडिता अविद्येति मन्यन्ते, तद्विवेकेन च वस्तु-स्वरूपावधारणं विद्यामाहुः। वही।
7. अध्यासं पुरस्कृत्य सर्वे प्रमाणप्रमेयव्यवहाराः लौकिकाः प्रवृत्ताः, सर्वाणि च शास्त्राणि विधिप्रतिषेधमोक्षपराणि अविद्यावद्विषयाणि प्रमाणानि शास्त्राणि चेति। वही।
8. अस्यानर्थ हेतोः प्रहाणाय आत्मैकत्वविद्याप्रतिपत्तये सर्वे वेदांता आरम्भ्यन्ते। वही।

9. अध्यासो नाम स्मृतिरूपः परत्र पूर्वदृष्टावभासः। वही।
10. अन्यस्य अन्यधर्मावभासता। वही।
11. अतस्मिन् तद्बुद्धिः। वही।
12. डॉ. चंद्रधर शर्मा, वही पृ. 240
13. स्वात्यन्ताभावाधिकरणे एव प्रतीयमानत्वं मिथ्यात्वम्।"' क्वचिदप्युपाधौ सत्वेन प्रतीत्यनर्हत्वम् अत्यन्तासत्त्वम्। अद्वैतासिद्धि, चतुर्थ और द्वितीय मिथ्यात्व।
14. तुच्छाऽनिर्वचनीया च वास्तवी चेत्यसौ त्रिधा।
ज्ञेया माया त्रिभिर्बोधैः श्रौतयौक्तिकलौकिकैः।।
15. डॉ. चंद्रधर शर्मा, वही, पृ. 242
16. वही, पृ. 244
17. कथं चानृतेन मोक्षशास्त्रेण प्रतिपादितस्य आत्मैकत्वस्य सत्यत्वमूपपद्येत?"' कथं त्वसत्येन वेदांतवाक्येन सत्यस्य ब्रह्मात्त्मत्वस्य प्रतिपत्तिरूपपद्येत? शारीरक भाष्य 2,1,14
18. नहि रज्जुसर्पेण दष्टो म्रियते। नापि मृगतृष्णिकाम्भसा पानावगाहनादिप्रयोजनं क्रियते। वही।
19. सर्वव्यवहाराणामेव प्राग्ब्रह्मात्त्मताविज्ञानात् सत्यत्वोपपत्तेः। स्वप्न-व्यवहारस्येव प्राक् प्रबोधात्। वही।
20. प्राग्ब्रह्मात्त्मताप्रतिबोधात् उपपन्नः सर्वो लौकिको वैदिकश्च व्यवहारः। वही।
21. प्राकृचात्त्मैकत्वावगतेः अव्याहतः सर्वः सत्यानृतव्यवहारो लौकिको वैदिकश्चेत्यवोचाम। वही।
22. न चेयमवगतिरनर्थिकका भ्रान्र्विेति शक्यं वक्तुम्। अविद्याानिवृत्तिफलदर्शनात् बाधकज्ञानान्तराभावात् च। वही।
23. डॉ. चंद्रधर शर्मा, वही पृ. 7-13
24. य एव हि निराकर्ता तदेव तस्य स्वरूपम् । श. भा. 2,3,9
25. जन्माद्यस्य यतः।
26. यतो वा इमानि भूतानि जायन्ते, येन जातानि जीवन्ति, यत्

प्रयन्त्यभिसंविशिन्ति¨¨तद् ब्रह्म। तैत्तिरीय उप, 3/1

27. तैत्तिरीय उप., 2.1
28. बृहदारण्यक उप., 3-9-28
29. अथात आदेशों नेति नेति।
30. विज्ञातारमरे! केन विजानीयात्? बृह.उप., 2-4-14
31. नहि द्रष्टुर्दृष्टेः विपरिलोपो विद्यते, अविनाश्रिवात्। वही 4-3-23,31
32. न ज्ञातुरन्यथाभावोऽसर्वदा वर्तमानस्वभावत्वात्। शा.भा., 2-3-9
33. ब्रह्म वेद ब्रह्मैव भवति।
34. डॉ. चंद्रधर शर्मा, वही पृ. 186-87
35. शारीरक भाष्य, 1-1-2
36. स ईशो यद्वशे माया स जीवो यस्तयार्दितः।
37. शारीरक भाष्य, 2-3-45
38. वही, 2-3-43 और 2-1-9
39. ममैवांशो जीवलोके जीवभूतः सनातनः। गीता, 14-7
40. शा. भा., 2-3-43, 47
41. शा.भा., 1-3-19 यावदविद्या¨¨यावद्¨¨देहेन्द्रियमनोबृद्धिसंघातः, तावज्जीवस्य जीवत्वम्। अविद्याकल्पितं जीवभेदम् दर्शयति। (वस्तुतस्तु जीवः) कुटस्थनित्यदृक्स्वरूप आत्मा।
42. गीताभाष्य, 13-2
43. सर्व वस्तु ज्ञाततया अज्ञाततया व साक्षीचैतन्यस्य विषय एवं।
44. साक्षी चेता केवलो निर्गुणश्च। श्चेता.उप.।
45. द्वा सपर्णा सयुजा सखाया समानं वृक्षं परिषस्वजाते। तयोरन्यः पिप्पलं स्वाद्वत्ति अनश्नन्नन्योऽभिचाकशीति।। मुंडक उप. 3-1-1
46. दर्शनमात्रेण हि तस्य प्रेरयितृत्वं राजवत्। मुण्डक भाष्य, 3-1-1
47. नृत्यशालास्थितो दीपः सभ्यांश्च नर्तकीम्।
    दीपयेदविशेषेण तदभावेऽपि दीप्यते।। पंचदशी, 10-11
    तालादिकारीण्यक्षाणि दीपः साक्ष्यवभासकः।। वही, 10-14

48. ब्रह्म वेद ब्रह्मैव भवति।–मुंडक उप., 3–2–9
49. श्रुतयो मध्ये कार्यान्तरं वारयन्ति। शा.भा., 1–1–4
50. मोक्षप्रतिबन्धनिवृत्तिमात्रमेव आत्मज्ञानस्य फलम्। वही।
51. हेयोपादेयशून्यब्रह्मत्मतावगमात्। वही।
52. इद्र तु पारमार्थिकं, कूटस्थनित्यं, व्योमवत् सर्वव्यापि, सर्वविक्रियारहितं, नित्यतृत्प्तं, निरवययं, स्वयंज्योतिः स्वभावमृ, यत्र धर्माधर्मौ सह कार्येण, कालत्रयं च, नोपावर्तेते, तदेतत् अशरीरत्वं मोक्षाख्यम्। वही।
53. डॉ. चंद्रधर शर्मा, वही पृ. 254
54. नित्यश्च मोक्षः सर्वमोक्षवादिभिरूपगम्यते। वही।
55. यावत् सम्पातमुषित्व। क्षीणे पुण्ये मर्त्यलोक विशन्ति।
56. देखिए पीछे, पृ. 253
57. शारीरक भाष्य, 1–1–4
59. अत्र ब्रह्म समश्नुते। इहैव तदाप्नोति। अभयं प्राप्तोऽसि।
60. तस्मान्मिथ्याप्रत्ययनिमित्तत्वात् सशारीरत्वस्य, सिद्धं जीवतोऽशरीरत्वम्। –शा. भा., 1–1–4
61. अशरीरं वाव सन्तं न प्रियाप्रिये स्पृशतः। –छान्दोग्य उप., 8–12–1
62. अथायम् अशारीरोऽमृतः ब्रह्मव।–बृहदारण्यक उप., 4–4–8
63. देह च नश्वरमवस्थितमुत्थितं वा सिद्धो न पश्चति यतोऽध्यागमत् स्वरूपम्।
    दैवादपेतमुत दैववशादुपेतं वासो यथा परिकृतं मदिरामदान्धः।। भागवत, 11–13–36
64. अनुभवावसानत्वात् भूतवस्तुविषयत्वात् च ब्रह्मज्ञानस्य। शा. भा., 1–1–4
65. अविद्याकल्पितभेदनिवृत्तिपरत्वात्। वही।
66. क्रियाया गन्धमात्रस्याप्यनुप्रवेश इह नोपपद्यते। वही।
67. आम्नायस्य क्रियार्थत्वादानर्थक्यमतदर्थानाम्। मीमांसासूत्र, 1–2–1
68. अतो भूतवस्तुपरो वेदभागो नास्तीति वचनं सहासमात्रम्। शा. भा., 1–1–4

69. अतो न कर्तव्यशेषत्वेन ब्रह्मपदेशो युक्तः। वही।
70. हेयापादेयशून्यब्रह्मत्त्मतावगमोदव सर्वक्लेशप्रहाणात् पुरुषार्थसिद्धेः। वही।
71. शारीरक भाष्य, 2-1-11; कैनवाक्यभाष्य, 1-3
80. श्रुतेर्वचनं न कुतर्कबुद्धया मुष कर्तुं युक्तम्। छांदोग्यभाष्य, 8-12-1
81. प्रश्नभाष्य, 6-3
82. अहो अनुमानकौशलं दर्शितमुपुच्छश्रृडैस्तार्किकबलीवदै। बृह. भाष्य 2-1-20
83. स्थाणुरयं भारहारः किलाभूत अधीत्य वेदं न विजानाति योऽर्थम्।
84. वाक्यनिरपेक्षः स्वतन्त्रस्तद्युक्तिप्रतिषेधः क्रियते। शा.भा. 2-2-1
85. युक्तिरनुभवस्य सन्निकृष्यते। वही, 2-1-4
86. न हि श्रुतिशतमणि शीतोऽग्निरप्रकाशो वेति ब्रुवत् प्रामाण्यमुपैति। गीताभाष्य, 18/66
87. न हि प्रतिष्ठितस्तर्क एवं नास्तीति शक्यते वक्तुम्। एतदपि तर्काणाम प्रतिष्ठितत्त्वं तकेणैव प्रतिष्ठाप्यते। शा. भा., 2-1-11
88. शा.भा., 1-4-28
89. वही, 1-4-1; 1-1-5 से 10
90. वही, 2-2-1
91. वही, 2-2-2
92. वही, 2-2-7
93. वही, 2-2-3
94. सांख्य के विस्तृत खंडन के लिए देखिए पीछे, पृ. 154-55
95. शा. भा. 2-2-11, 14
96. देखिए पीछे, पृ. 170
97. शा. भा. 2-2-13; 2-1-18
98. वही, 2-2-17
99. वही, 2-2-37
100. वही, 2-2-37, 41

101. शा.भा. 2-2-18, 19
102. विवर्तवादस्य हि पूर्वभूमिर्वेदान्वादे परिणामवादः।
103. शा.भा. 2-2-18, 19
104. शा.भा. 2-2-20
105. वही, 2-2-22, 24
106. वही, 2-2-24
107. डॉ चंद्रधर शर्मा, वही, पृ. 264
108. शा.भा. 2-2-28 तस्मादर्थज्ञानयोर्भेदः।
109. यदन्तर्ज्ञेयरूपं तद् बहिर्वदवभासते। शा.भा., 2-2-28 में उद्धृत।
110. नहि विष्णुमित्रो बन्ध्यापुत्रवत् अवभासते इति कश्चिदाचक्षीत। शा. भा., 2-2-28
111. शा.भा. 2-2-28 उभयोरन्तरं स्वयमनुभवता।
112. शा. भा. 2-2-30, 31
113. शा.भा. 2-2-28 साक्षिप्रत्यययोश्च स्वभावैषभ्यात् उपलब्ध्रुपभ्यभावोपपतेः।
114. शा.भा. 2-2-28 स्वयंसिद्धस्य च साक्षिणोऽप्रत्याख्येयत्वात्।
115. विज्ञानस्य गृहीता स आत्मा ज्योतिरन्तरं विज्ञानात्। वृह.भा. 4-3-9 साक्षिणोऽवगन्तुः स्वयंसिद्धतामुपक्षिपता स्वयं प्रथते विज्ञानमित्येष एव मम पक्षस्त्वया वाचोयुक्त्यन्तरेणाश्रित इति चेत् न। विज्ञानस्योत्पत्तिप्र ध्वसंसानकत्वादिविशेषवत्त्वादिविशेषत्वाभ्युपगमात्।
वज्ञानस्याप्यवभास्यत्वात्। शा.भा.2-2-28
116. विज्ञानवाद और स्वतंत्रविज्ञानवाद के खंडन के लिए द्रष्टव्य पीछे, पृ. 130-39
117. शून्यवादिपक्षस्तु सर्वप्रमाणविप्रतिषिद्ध इति तन्निराकरणाय नारदः क्रियते, न ह्ययं सर्वप्रमाणप्रसिद्धो लोकव्यवहारोऽन्यत् तत्त्वमनधिगम्य शक्यतेऽपह्नोतुम्। शा. भा. 2-2-31
118. शा. भा. 1-1-1 निः श्रेयसात् प्रतिहन्येत अनर्थ चेयात्।
119. शा. भा. 2-2- सभ्यग्दर्शनप्रतिपक्षभूतानि दर्शनानि निराकरणीयानि।
120. प्रशनभाष्य, 6-3

121. शा. भा. 2-1-2 अनुभवावसानत्वाद् ब्रह्मज्ञानस्य।
122. अस्यानर्थहेतोः प्रहाणाय आत्मैकत्वविद्याप्रतिपत्तये सर्वे वेदांता आरभ्यन्ते। शा. भा., उपोद्घातः।
123. शा. भा., 1-1-1
124. एवमनादिरनन्तो नैसर्गिकोऽध्यासः मिथ्याप्रत्ययरूपः कर्तृत्वभोक्तृत्वप्रर्वकः सर्वलोकप्रत्यक्षः शां.भा. उपोद्धातः।
125. विवेकचूडामणि, श्लोक 53।
126. निरूपयितुमारब्धे निलिखैरपि पंडितैः।
अज्ञानं पुरतस्तेषां भासि कक्षासु कासुचित्।। पंचदशी 7।43।
127. पंचपादिका, पृ. 4।
128. आनंदात्मकब्रह्मावाप्तिश्च मोक्षः शोकनिवृत्तिश्च। वेदा. परि. , पृ. 197।
129. नहि पूर्वसमुद्रं जिगमिषोः प्रातिलोम्येन प्राक् समुद्रं जिगमिषुणा समानमार्गत्वं संभवति। प्रत्यगात्मविषयप्रत्ययसन्तानकरणाभिनिवेशे ज्ञाननिष्ठा। स च प्रत्यक् समुद्रगमनवत् कर्मणा सहभावित्वेन विद्धध्यते। पर्वतसर्षपोरिव अन्तरवान् विरोधः। गीमाभाष्य 18।55।
130. द्रष्टव्य ब्र. सू. 1।1।4 तथा बृह. उप. 3।3।1 कस शंकर भाष्य।
131. उत्पाद्यमाप्यं संस्कार्य विकार्य च क्रियाफलम्।। नैष्कर्म्यसिद्धि 1।।52।
132. वो नित्यं कर्म करोति तस्य फलरागादिना अकलुषीक्रियमाणमन्तः करणं-नित्यैश्च कर्मभिः संस्क्रियमाणं विशुध्यति, विशुद्धं प्रसन्नमात्मालोचनक्षमं भवित।-गीताभाष्य 18।10। कर्मभिः संस्कृता हि विशुद्धात्मानः शक्नुवन्ति आत्मानं अप्रितबन्धेन वेदितुम् एवं काम्यवर्जितं नित्यं कर्मजातं सर्वमात्त्मज्ञानोत्पत्तिद्वारेण मोक्षसाधकत्वं प्रतिपद्यते। बृह. उप. भाष्य 4।4।22।
133. आचार्य बलदेव उपाध्याय श्री शंकराचार्य, इलाहाबाद, पृ. 275
134. स्वाभाविकौ रागद्वेषौ अभिभूय यदा शुभवासना प्राबल्येन धर्मपरायणां भवति तदा देवः। यदा स्वभावसिद्धरागद्वेषप्राबल्येन अधर्मपरायणे भवति तदा असुरः। गीता व्याख्यायां मधुसूदनः
135. कर्मतो योगतो ध्यानात् सत्पंगाज्जपतोऽर्थतः।

परिपाकावलोकाच्च कर्मनिर्हरणं जगुः ।। विज्ञानदीपिका 22।

136. विज्ञानदीपिका, श्लो. 30।
137. दुलर्भं त्रयमेवैतद् देवानुग्रहहेतुकम्।
138. मनुष्यत्वं मुमुक्षुत्वं महापुरुषसंश्रयः ।।3।। विवेकचूडामणि
139. अध्यारोपापवादाभ्यां निष्प्रपंच।।
140. विशेष जानने के लिए द्रष्टव्य बलदेव उपाध्याय - भारतीय दर्शनशास्त्र (नवीन सं.), पृ. 448-450।
141. श्रुतमयेन ज्ञानेन जीवात्मनः परमात्त्मभावं युक्तिमयेन च व्यवस्थाप्यते। तस्मात् निर्विचकित्पशाब्दज्ञानसन्ततिरूपोपासना-कर्म सहकारिण्यविद्यविद्याद्युच्छे- दहेतुः। भामती : जिज्ञासाधिकरण
142. अपि संराधने सूत्राच्छास्त्रार्थध्यानजा प्रमा।
शास्त्रदृष्टिर्मता तां तु वेत्ति वाचस्पतिः स्वयम्। कल्पतरू (नि. सा.) पृ. 218।
143. ब्रह्मसिद्धि, पृष्ठ 34।
144. यदा सर्वोविमुच्यन्ते कामा ह्यस्य हृदिस्थिताः।
145. तदा मर्त्त्योऽमृतो भत्यत्र ब्रह्म समश्नुते।। कठ. 2।14
146. आचार्य बलदेव उपाध्याय, वही 229
147. वही
148. मायावादमसच्छास्त्र प्रच्छन्नं बौद्धमुच्यते।
मदैव कथितं देवि कलौ ब्राह्मणरूपिणा।
149. श्री आचार्य बलदेव उपाध्याय, वही, पृष्ठ 279

□

उपसंहार

इस प्रबंध के अंतर्गत अभी तक हमारा प्रयत्न अद्वैत वेदांत का ऐतिहासिक एवं सैद्धांतिक अध्ययन प्रस्तुत करने का रहा है। अपने इस प्रयास में हमारी दृष्टि अपेक्षानुसार सर्वथा आलोचनात्मक रही है। फलतः अद्वैतवाद सिद्धांत के ऐतिहासिक विकास का अनुशीलन करते समय इन पंक्तियों का लेखक इस परिणाम पर पहुँचा है कि अद्वैतवाद सिद्धांत का सांगोपांग एवं सैद्धांतिक प्रतिपाद तो शंकराचार्य ने ही किया है, परंतु इस सिद्धांत की बीजात्मक पृष्ठभूमि 'ऋग्वेद' से ही मिलनी आरंभ हो जाती है। इस प्रकार इस प्रबंध में 'ऋग्वेद' से लेकर शंकराचार्य के उत्तरावर्ती अद्वैत वेदांत के आचार्यों एवं आधुनिक काले के विनोबा प्रभृति दार्शनिकों के काल तक का अद्वैतवाद का ऐतिहासिक विकासक्रम तो सप्रमाण विवेचित हुआ ही है, साथ ही भारतीय-न्याय, वैशेषिक, सांख्य, योग और पूर्वमीमांसा दर्शनपद्धतियों, क्सोनोफेन, डील्स, परमेनिद्, जेनो, प्लेटो एवं अरस्तू आदि यूनानी दार्शनिकों के सिद्धांतों, इसलामी दर्शन पद्धति एवं डेकार्ट, स्पिनोजा, लाइब्नज, कांट, फिक्ते, शेलिंग, हेगल तथा शोपेनहार प्रभृति पाश्चात्य दार्शनिकों के सिद्धांतों के साथ अद्वैतवाद का साम्य संबंध एवं वैषम्य देखना भी इस अध्ययन की प्रमुख दिशा रही है। दूसरे शब्दों में, उक्त दिशा इस अध्ययन के विविध तुलनात्मक पक्षों में से एक पक्ष है। इसके अतिरिक्त अद्वैत वेदांत की प्रतिक्रिया स्वरूप पुष्पित-पल्लवित होनेवाली विभिन्न वैष्णव पद्धतियों के प्रवर्तक रामानुजाचार्य, निंबार्काचार्य, मध्वाचार्य, वल्लभाचार्य, महाप्रभु चैतन्य, जीव गोस्वामी एवं बलदेव विद्याभूषण के दार्शनिक सिद्धांतों के स्वरूप की

प्रतिष्ठा के साथ-साथ इन सिद्धातों के साथ अद्वैत वेदांत सिद्धांत की तुलनात्मक समीक्षा भी इस अध्ययन के अंतर्गत की गई है। इसके अतिरिक्त शंकर अद्वैतवाद सिद्धांत के स्पष्टीकरण के लिए तथा अद्वैतसम इतर दार्शनिक सिद्धांतों में शंकर अद्वैतवाद के भ्रम निवारण के लिए इस ग्रंथ में कश्मीर शैव दर्शन के प्रत्यभिज्ञावाद एवं स्पंदवाद तथा शक्त्यद्वैतवाद, बौद्धविज्ञानवाद, शून्यवाद, योगवासिष्छगात कल्पनावाद, गौड़पादाचार्य के अजातवाद एवं भर्तृहारि के शब्दाद्वयवाद सिद्धांतों की स्थापना की गई है और सिद्धांतों के साथ शंकर अद्वैतवाद की समताओं एवं विषमताओं पर भी विचार किया गया है। प्रमुखतया ये विचार सूत्र ही प्रस्तुत ग्रंथ के पृष्ठाधार रहे हैं।

संहिताएँ भारतीय वाङ्मय की प्राचीनतम निधि हैं। जब हम संहिताओं में अद्वैत सिद्धांत संबंधी विचारों की खोज करते हैं, तो इस निष्कर्ष पर पहुँचते हैं कि अद्वैतवाद एवं ब्रह्मवाद या आत्मवाद का स्पष्ट एवं सैद्धांतिक उल्लेख न होने पर भी इनमें उत्तरोत्तर अद्वैतवाद की मूल पृष्ठभूमि अवश्य मिलती है। इतना ही नहीं, अद्वैत सिद्धांत की पोषक मायावाद आदि विचारधाराओं का मूल स्रोत भी संहिताओं में मिलती है। इंपीरियल गजेटियर के निम्नोद्धृत कथन में भी यही आशय निबद्ध है।

Even at this time the deepest thinkers began to see dimly that the Atman, or spirit, pervaded all things and that the world and even the Gods themselves were but menifestations of it.

ऋग्वेद में दार्शनिक अर्थ में 'ब्रह्म' शब्द का प्रयोग स्पष्ट रूप से नहीं उपलब्ध होता, किंतु शतपथ ब्राह्मण में 'ब्रह्म' शब्द का दार्शनिक अर्थ में व्यवहार मिलता है। इसी प्रकार तैत्तिरीय एवं पंचविंशादि अन्य ब्राह्मण ग्रंथों में भी अद्वैतवाद सिद्धांत के स्पष्ट बीज मिलते हैं। इस प्रकार संहिताओं की अपेक्षा ब्राह्मण ग्रंथों के अद्वैतिक विचार कुछ अधिक स्पष्ट एवं सिद्धांतपूर्ण हैं।

आरण्यक ग्रंथों में 'ब्रह्म' शब्द का प्रयोग स्पष्ट रूप से नहीं उपलब्ध होता, किंतु शतपथ ब्राह्मण ग्रंथों में भी अद्वैतवाद सिद्धांत के स्पष्ट बीज मिलते हैं। इस प्रकार संहिताओं की अपेक्षा ब्राह्मण ग्रंथों में भी अद्वैतिक विचार कुछ अधिक स्पष्ट एवं सिद्धांतपूर्ण हैं।

आरण्यक ग्रंथों में ब्रह्म-विद्या का पर्याप्त उल्लेख मिलता है। आरण्यकों में परमात्मा के जगत् कारणत्व का विचार स्पष्ट रूप से मिलता है। 'ऐतरेयारण्यक' में 'ब्रह्म' का प्रज्ञान रूप बतलाया गया है। 'तैत्तिरीयारण्यक' में परब्रह्म का वर्णन प्रजापति रूप से किया गया है। तैत्तिरीयारण्यक में परब्रह्म का वर्णन प्रजापति रूप से किया गया हैं। 'तैत्तिरीयारणवाद' एवं मोक्ष आदि के संबंध में स्पष्ट विवेचन मिलता है।

उपनिषद् साहित्य तो वेदांत विद्या का साक्षात् आधार ही है। इस तथ्य का उल्लेख आचार्य सदानंद ने 'वेदांतों नामोपनिषत्प्रमाणम्' की उक्ति के द्वारा ही कर दिया है। इस लेखक की दृष्टि में, उपनिषदों में चाहे अद्वैतवाद का सैद्धांतिक प्रतिपादन न हो, परंतु अद्वैतवाद सिद्धांत संबंधिनी समस्त सामग्री निश्चित रूप से उपलब्ध होती है। इस संबंध में इस लेखक का ब्लूमफील्ड, डायसनप, मेक्समूलर, मेकेंजी एवं गफ के मत से पूर्णतया साम्मत्य है। ये विद्वान् उपनिषदों में अद्वैत वेदांत की स्पष्ट पृष्ठभूमि स्वीकार करते हैं। हाँ, इस विषय में इस लेखक का प्रो. डायसन से अवश्य वैमत्य हो गया है कि प्रस्तुत लेखक डायसन महोदय की धारणा के विपरीत उपनिषदों के अंतर्गत आचार दर्शन की पूर्ण प्रतिष्ठा मानता है, परंतु उपनिषदों में मायावाद सिद्धांत की गवेषणा के संबंध में इस विचार का प्रो. गफ एवं थीबो के इस मत से विरोध हो गया है कि मायावाद सिद्धांत उपनिषद् दर्शन की देन है। मेरे विचार से प्राचीन उपनिषदों में मायावाद सिद्धांत की पूर्ण पृष्ठभूमि तो मिलती है, परंतु मायावाद का सैद्धांतिक प्रतिपादन नहीं। अपने मत की पुष्टि में एक यह सामान्य कारण भी देखा जा सकता है कि यदि उपनिषदों में मायावाद सिद्धांत का प्रतिपादन प्राप्त होता तो विशिष्टाद्वैतवादादि विभिन्न वैष्णव सिद्धांतों का विकास उपनिषदों की प्रमाणिकता के आधार पर कदापि न होता। अतः इस विषय में यह लेखक प्रो. कोलब्रुक एवं मैक्समूलर के इस मत से सहमत हैं कि प्राचीन उपनिषदों में माया संबंधी विचारधारा का विकास जगत् के मिथ्यात्व के अर्थ में नहीं स्वीकार किया जा सकता।

इस प्रकार उपनिषदों में अद्वैतवाद दर्शन का स्वरूप देखने पर उनमें अद्वैतवाद से संबंधित-आत्मवाद, जीव, जगत् कार्य-कारणवाद एवं जीवंमुक्ति तथा विदेह मुक्ति आदि विभिन्न सिद्धांतों का स्पष्ट एवं विकसित स्वरूप मिलता है।

अद्वैतवाद की पृष्ठभूमि के रूप में बादरायण के ब्रह्मसूत्र का योगदान महान् है। ब्रह्मसूत्र के अंतर्गत जगत् प्रपंच के मिथ्यात्व, मायात्व एवं ब्रह्म की परमार्थ सत्यता का स्पष्ट निर्देश उपलब्ध है। यह बात दूसरी है कि ब्रह्म सूत्र में अद्वैतवाद के प्रमुख माया संबंधी विचार का उल्लेख केवल एक बार (ब्रह्मसूत्र 3।2।3) ही मिलता है और वहाँ भी माया का अर्थ उत्तर कालिक अद्वैती आचार्यों द्वारा गृहीत सदसद्विलक्षणा 'अनिर्वचनीया' माया न होकर, स्वाप्निक प्रपंच मात्र है। कुल मिलाकर ब्रह्मसूत्र अद्वैती शंकराचार्य के सिद्धांतों का मूल पृष्ठाधार है। इसके अतिरिक्त शांडिल्य सूत्रादि में भी अद्वैतवाद से संबंधित कतिपय विचार सूत्र उपलब्ध होते हैं।

अद्वैतवाद के ऐतिहासिक अध्ययन की दृष्टि से पुराण साहित्य का महत्त्व भी किसी प्रकार कम नहीं है। पुराण साहित्य भारतीय धर्मदर्शन का यह रम्य कानून है, जिसमें धार्मिक एवं दार्शनिक सिद्धांतों के असंख्य सुतरूप विद्यमान हैं। फलतः पुराणों के अंतर्गत सामाजिक एवं अन्य विषयों के साथ-साथ अद्वैतवाद का निरूपण शताधिक स्थलों पर मिलता है। पुराणों जैसे प्रवृत्ति प्रधान साहित्य में किसी दार्शनिक सिद्धांत का सांगोपांग एवं सैद्धांतिक प्रतिपादन खोजना समुचित नहीं प्रतीत होता। इसीलिए पुराण साहित्य के अंतर्गत एकमात्र अद्वैतवाद सिद्धांत का समन्यवयात्मक प्रतिपादन नहीं मिलता। वैसे अद्वैतवाद सिद्धांत के ब्रह्म, जीव, जगत्, आत्मवाद विवर्तवाद एवं अध्यारोपवाद आदि सिद्धांतों का निर्देश पुराण साहित्य के अंतर्गत प्रचुर रूप में मिलता है।

'श्रीमद्भगवद्गीता' में भी अद्वैतवाद का प्रमुख पृष्ठाधार मिलता है। 'श्रीमद्भगवद्गीता' के अंतर्गत यद्यपि अद्वैत शब्द का उल्लेख तो नहीं मिलता, परंतु 'ब्रह्म' का प्रयोग अनेक बार हुआ है। इसके अतिरिक्त 'ब्राह्मणः', 'ब्राह्मण' आदि शब्द भी गीता में अनेक स्थलों पर प्रयुक्त हुए हैं। हमारे विचार से 'श्रीमद्भगवद्गीता' के अंतर्गत अद्वैतवाद सिद्धांत की प्रामाणिक एवं सैद्धांतिक विचारधारा का समन्वयात्मक निरूपण प्राप्त होता है। 'श्रीमद्भगद्गीता' के अंतर्गत ज्ञान कर्म समुच्चय का निरूपण किया गया है। 'सर्वोपनिषदों गावः' के अनुरूप 'गीता' तो उपनिषदों का ही सार है। अतः 'गीता' में अद्वैतवेदांत का निरूपण मिलना स्वाभाविक ही है। इसीलिए अद्वैतवाद के प्रस्थापक आचार्य

शंकर ने अपने भाष्य ग्रंथों में स्थान-स्थान पर गीता के उद्धरण दिए हैं। इस प्रकार 'श्रीमद्भगवद्गीता' भी अद्वैत सिद्धांत का एक अत्यंत महत्त्वपूर्ण ग्रंथ है। स्वयं शंकराचार्य का 'गीता' पर भाष्य लिखना ही उक्त तथ्य का प्रमाण है।

अद्वैतवादी शंकराचार्य एक महान् तांत्रिक एवं शक्तितत्त्व के उपासक थे, यह एक सुविदित तथ्य है। इतना ही नहीं, उन्होंने सौंदर्यलहरी प्रभृति कई एक तंत्र ग्रंथों का निर्माण भी किया था।

साधना पक्ष के अतिरिक्त तंत्र का दर्शन पक्ष तो अद्वैतवाद का ही समर्थक है। इसीलिए तांत्रिकों का दार्शनिक सिद्धांत भी शक्त्यद्वैतवाद के नाम से प्रचलित है। शक्त्यद्वैतवाद के अंतर्गत शक्ति को ब्रह्म रूप ही कहा गया है। इस प्रकार तंत्र के दार्शनिक पक्ष के अंतर्गत शिव और शक्ति का अविनाभाव संबंध भी अद्वैतवाद का ही पोषक है, परंतु शांकर अद्वैतवाद तांत्रिक अद्वैतवाद से सैद्धांतिक दृष्टि से भिन्न है, यह तथ्य भी उल्लंघनीय नहीं है। उदाहरण के लिए, अद्वैतवादी की सदसद्विलक्षणा अनिर्वचनीय माया की तरह शक्त्यद्वैतवादी की 'शक्ति' अनिर्वचनीय नहीं है। इन दोनों सिद्धांतों का तुलनात्मक विवेचन सप्तम अध्याय के अंतर्गत किया जा चुका है।

योगवासिष्ठ भारतीय दर्शन शास्त्र का एक अत्यंत महत्त्वपूर्ण एवं विशालकाय ग्रंथ है। योगवासिष्ठ के अंतर्गत अद्वैत दर्शन संबंधी प्राय: सभी सिद्धांतों का निरूपण मिलता है, परंतु योगवासिष्ठ पर बौद्ध दर्शन का प्रभाव स्पष्ट परिलक्षित होता है। इसीलिए शंकराचार्य के अद्वैतवाद एवं योगवासिष्ठ के अद्वैतवाद में भी कुछ भेद हो गया है। शंकर मायावाद के विपरीत योगवासिष्ठ के अंतर्गत जगत् को 'कल्पना' मात्र सिद्ध किया गया है। अतएव योगवासिष्ठ का सिद्धांत मायावाद न होकर कल्पनावाद है। इस विषय की तुलनात्मक समीक्षा भी सप्तम अध्याय के अंतर्गत की गई है, परंतु शंकराचार्य एवं योगवासिष्ठ के सिद्धांतों में भेद होते हुए भी यह निस्संकोच स्वीकार्य होना चाहिए कि योगवासिष्ठ में शंकर अद्वैत-दर्शन की विस्तृत पृष्ठभूमि के दर्शन होते हैं।

शंकराचार्य के पूर्ववर्ती बादरि, जैमिनि, काशकृत्स्न, औड्लोमि, कार्ष्णाजिनि, आत्रेय, आश्मरयादि कुछ ऐसे ऋषि-महर्षि भी मिलते हैं, जिनकी उक्तियों में अद्वैतवाद की अनेक अस्त-व्यस्त एवं असैद्धांतिक विचार-रेखाएँ मिलती

हैं। इसके अतिरिक्त शंकराचार्य के पूर्ववर्ती बोधायन, उपवर्ष, गुहदेव, कपर्दी, भारूचि, भर्तृप्रपंच, ब्रह्मनंदी, टंक, द्रविड़ाचार्य, ब्रह्मदत्त एवं सुंदर पांडय आदि कतिपय अन्य आचार्य भी मिलते हैं, जिनकी विचारोक्तियों में अद्वैतवाद के सूक्ष्म बीज मिलते हैं। इन आचार्यों में शंकराचार्य के पूर्ववर्ती आचार्य गौड़पादा अद्वैत दर्शन के अत्यंत प्रमुख आचार्य हैं। अद्वैतवाद सिद्धांत के सैद्धांतिक एवं व्यवस्थित प्रतिपादन का भार सर्वप्रथम आचार्य गौड़पाद ने ही सँभाला था, जिसको आगे चलकर शंकराचार्य ने पूर्ण रूप से वहन किया था। प्रकारांतर से यों कह सकते हैं कि शंकराचार्य को अद्वैतवाद की पूर्ण सैद्धांतिक प्रस्थापना के लिए गौड़पादाचार्य की दार्शनिक देन के रूप में अद्वैत दर्शन की एक संक्षिप्त रूपरेखा उपलब्ध हुई थी। इसीलिए शंकराचार्य ने अपने भाष्य-ग्रंथों में प्रमाण रूप से भी गौड़पादाचार्य को उद्धृत किया है। परंतु जैसा कि सप्तम अध्याय के अंतर्गत स्पष्ट किया जा चुका है, गौड़पादाचार्य के अजातवाद एवं स्वप्नवाद पोषित अद्वैतवाद एवं शंकराचार्य के मायावाद समर्थित अद्वैतवाद में भी अंतर आ गया है।[4]

जैसा कि अभी तक प्रस्तुत विषय से स्पष्ट हुआ है, शंकराचार्य को अपने पूर्ववर्ती साहित्य से अद्वैतवाद दर्शन के लिए उत्तरोत्तर सबल पृष्ठभूमि उपलब्ध हुई थी, परंतु शंकराचार्य पूर्ववर्ती वेदांत के सिद्धांत में अद्वैत दर्शन की पूर्ण व्यवस्थित एवं समन्वित सिद्धांत योजना का अभाव था। इसी की पूर्ति शंकराचार्य ने की थी। शंकराचार्य ने मायावाद से पुष्ट अद्वैतवाद सिद्धांत की स्थापना करके एक ओर तो उपनिषदों एवं ब्रह्मसूत्र का समन्वित दर्शन-प्रस्तुत किया था और दूसरी ओर अद्वैत सिद्धांत के ब्रह्म ईश्वर, जीवन, जगत्, माया एवं मुक्ति आदि सिद्धांतों की सामंजस्यपूर्ण प्रतिष्ठा की थी। शांकर अद्वैतवाद का सांगोपांग विवेचन तृतीय अध्याय के अंतर्गत द्रष्टव्य है। अद्वैतवाद की विशेषताओं का निरूपण इसी अध्याय में आगे किया जाएगा।

शंकराचार्य के पश्चात्वर्ती अद्वैतवाद के समर्थक एवं प्रतिपादक आचार्यों में सुरेश्वराचार्य, पद्पादाचार्य, वाचस्पति मिश्र, सर्वज्ञात्ममुनि, आनंदबोधभट्टारकाचार्य, प्रकाशात्मयति, विमुक्तात्मा, चित्सुख, अमलानंद, विद्यारण्य, प्रकाशानंद, मधुसूदन सरस्वती, ब्रह्मानंद सरस्वती एवं धर्मराजाध्वरींद्र

आदि आचार्य प्रमुख हैं। यद्यपि ये आचार्य अद्वैतवाद के ही समर्थक हैं, परंतु ब्रह्मवाद, अधिष्ठानवाद, जीववाद, मायावाद एवं मुक्ति प्रभृति अनेक सिद्धांतों के संबंध में उपयुक्त आचार्यों में से कतिपय आचार्यों का दृष्टिकोण शंकराचार्य के दृष्टिकोण से कहीं-कहीं भिन्न हो गया है।

उपर्युक्त आचार्यों के अतिरिक्त गंगापुरी भट्टारकाचार्य, श्री कृष्णमिश्रयति, श्रीहर्ष मिश्र, रामाद्वयाचार्य, शंकरानंद, आनंदगिरि, अखंडानंद, मल्लनाराध्य, नृसिंहाश्रम, नारायणाश्रम, रंगराजाध्वरी, अप्प्रय दीक्षित, भट्टोजी दीक्षित, सदाशिव ब्रह्मेंद्र, नीलकंठ सूरि, सदानंद योगेंद्र आनंदपूर्ण विद्यासागर, नृसिंह सरस्वती, रामतीर्थ, आपदेव, गोविंदानंद, रामानंद सरस्वती, कश्मीरक सदानंदयति, रंगनाथ, अच्युत कृष्णानंद तीर्थ, महादेव सरस्वती, सदाशिवेंद्र सरस्वती एवं आयन्न दीक्षित आदि आचार्यों की भी अद्वैत वेदांत को एक समृद्ध देन प्राप्त हुई है। इसके अतिरिक्त बीसवीं शताब्दी के अद्वैत दर्शन के शास्त्रीय विचारकों एवं लेखकों में महामहोपाध्याय पंचानन तर्करंत एवं अनंतकृष्ण शास्त्री प्रमुख हैं। उन्नीसवीं-बीसवीं के नई परंपरा के अद्वैती दार्शनिकों में, स्वामी रामकृष्ण परमहंस, स्वामी विवेकानंद, अरविंदघोष एवं विनोबा के नाम विशेष रूप से उल्लेखनीय है। वैसे तो टैगोर एवं महात्मा गांधी आदि विचारकों पर भी औपनिषद् वेदांत का प्रभाव स्पष्ट प्रतीत होता ही है। वर्तमान में, डॉ. राधाकृष्णन् एवं महामहोपाध्याय, गोपीनाथ कविराज आदि विद्वान् भी अद्वैत वेदांत की इतिहास परंपरा में अपना स्वतंत्र स्थान रखते हैं।

शंकराचार्य के अद्वैतवाद की प्रतिक्रिया से उत्पन्न होनेवाली वैष्णव दर्शन पद्धतियों के जन्मदाता आचार्यों में, रामानुजाचार्य, निंबार्काचार्य माधवाचार्य, महाप्रभु चैतन्य, जीवगोस्वामी एवं बलदेव विद्याभूषण अत्यंत प्रमुख हैं। शांकर अद्वैतवाद की प्रतिक्रिया से उत्पन्न होने के कारण इन आचार्यों के दार्शनिक दृष्टिकोण का शांकर अद्वैतवाद के विरुद्ध होना स्वाभाविक ही है, परंतु इसके साथ-साथ यह भी स्वीकार करना होगा कि उपर्युक्त वैष्णव आचार्यों ने शांकर दर्शन का ही आधार लेकर अपने-अपने सिद्धांतों की स्थापना की थी। अतएव शांकर अद्वैतवाद एवं उपर्युक्त वैष्णव आचार्यों के सिद्धांतों में साम्य पाया जाना भी स्वाभाविक ही है। इस साम्य का उल्लेख पृष्ठ अध्याय में हो चुका है। इस प्रकार शांकर अद्वैतवाद का वैष्णव आचार्यों के विशिष्ट द्वैतवाद, द्वैतवाद द्वैताद्वैतवाद, शुद्धिाद्वैतवाद,

अचिंत्यभेदाभेदवाद आदि सिद्धांतों पर प्रभाव भी परिलक्षित होता है।[5]

शंकराचार्य द्वारा प्रतिपादित अद्वैतवाद के अतिरिक्त कतिपय अन्य ऐसे दार्शनिक सिद्धांत भी मिलते हैं, जिन्हें समालोचकों ने अद्वैतवाद का ही रूप दिया है। परंतु यह सिद्धांत शांकर अद्वैतवाद से भिन्न हैं। यहाँ इन सिद्धांतों के संबंध में अंगुलिनिर्देश मात्र ही पर्याप्त होगा।

कश्मीर शैव दर्शन के आचार्य वसुगुप्त द्वारा प्रवर्तित स्पंदवाद एवं सोमानंदनाथ द्वारा प्रवर्तित प्रत्यभि दर्शन के सिद्धांत अद्वैतवाद के अधिक समीप हैं। यहाँ यह उल्लेखनीय है कि स्वयं माधवाचार्य ने स्पंद दर्शन एवं प्रत्यभिज्ञा दर्शन के सिद्धांतों का पृथक्-पृथक् समुचित विवेचन न करके दोनों को मिलाकर एक कर दिया है। परंतु दोनों सिद्धांतों में पर्याप्त भेद है। जहाँ अद्वैतवाद और स्पंद दर्शन एवं प्रत्यभिज्ञादर्शन के वैषम्य की बात है, शैव दर्शन के यह दोनों सिद्धांत अद्वैतवाद से बहुत कुछ भिन्न हैं। उदाहरण के लिए शांकर अद्वैतवाद के अनुसार ब्रह्म माया शक्ति के द्वारा जगत् का उपादान कारण एवं निमित्त कारण दोनों है, परंतु स्पंद दर्शन के अंतर्गत परमेश्वर को जगत् की सृष्टि के लिए उपादानादि की अपेक्षा नहीं है। इसके अतिरिक्त अद्वैतवाद के विपरीत स्पंद-दर्शन में जगत् मिथ्या न होकर सत्य है। इसी प्रकार अद्वैतवाद के विरुद्ध प्रत्यभिज्ञा दर्शन में भी परमेश्वर की उपादान कारणता अभीष्ट नहीं है।

बौध्द विज्ञानवाद एवं शून्यवाद को भी अनेक समालोचकों ने अद्वैतवाद का रूप दिया है। परंतु शंकराचार्य द्वारा प्रतिपादित अद्वैतवाद एवं बौद्ध विज्ञानवाद एवं शून्यवाद में पर्याप्त अंतर हैं, जहाँ विज्ञानवादी के मतानुसार जगत् विज्ञप्ति मात्र है, वहाँ अद्वैतवादी दर्शन के अंतर्गत जगत् की व्यावहारिक सत्ता स्वीकार की गई है। इसी प्रकार शून्यवाद के विरुद्ध अद्वैतवाद के अंतर्गत परमार्थ सत्य शून्य न होकर सत-तत्त्व-स्वरूप ब्रह्म है।

इस प्रकार शंकराचार्य द्वारा प्रतिपादित अद्वैतवाद का सिद्धांत पूर्णतया न भर्तृहरि का शब्दाद्वयवाद है, न गौड़पादाचार्य का अजातवाद, न बौद्धों का विज्ञानवाद और न शून्यवाद, न योगवासिष्ठ का कल्पनावाद, न कश्मीर शैव दर्शन का स्पंदवाद और न प्रत्यभिज्ञावाद, और न शाक्तों को शक्त्यद्वैतवाद। अद्वैतवाद की स्वतंत्र धारा तो ऋग्वेद से उत्पन्न हुई है। और संहिताओं, ब्राह्मणों,

आरण्यकों, उपनिषदों, सूत्रों, पुराणों, श्रीमद्भगवद्गीता एवं तंत्रादि तथा बादरि प्रभृति प्राचीन आचार्यों से सार ग्रहण करती हुई शंकराचार्य के भाष्य ग्रंथों में आकर ज्ञान गंगा के रूप में प्रवाहित हुई है।

वैसे तो न्याय, वैषेषिक, सांख्य, योग एवं पूर्वमीमांसा का उत्तरमीमांसा से सैद्धांतिक विरोध स्पष्ट ही है, परंतु इन सभी दर्शन पद्धतियों के सिद्धांत न्यूनाधिक रूप से उत्तर मीमांसा के प्रमुख सिद्धांत अद्वैतवाद के बहुत कुछ समान हैं। न्याय और अद्वैत वेदांत की मुक्ति, वैशेषिक का वस्त्ववस्तुविपर्यय और अद्वैत वेदांत का अध्यारोपवाद, सांख्य और अद्वैत वेदांत के अविद्या एवं अध्यास के सिद्धांत, योगदर्शन एवं अद्वैत वेदांत के चित्तवृत्तिनिरोध तथा अविद्या एवं अध्यारोप के सिद्धांत एवं पूर्व मीमांसा और उत्तर मीमांसा का यह सिद्धांत कि ईश्वरार्पण बुद्धि से क्रियमाण कर्म मोक्ष का हेतु होता है, आदि अनेक सिद्धांत हैं, जिनमें यत्किंचत् भेद होते हुए भी पर्याप्त साम्य मिलता है।

हमें यूनानी दार्शनिकों के सिद्धांतों की अद्वैत वेदांत के सिद्धांतों से तुलना करते समय अनेक स्थलों पर सिद्धांत साम्य देखा है। इस संबंध में हमने क्सेनोफेन, डील्स, परमेनिद्, जेनो, प्लेटों और अरस्तू के सिद्धांतों का अद्वैत वेदांत के सिद्धांतों के साथ तुलनात्मक अध्ययन प्रस्तुत किया है। इस अध्ययन के फलस्वरूप हम यहाँ यह केवल यही कह सकते हैं कि यूनानी दर्शन पर भारतीय दर्शन का अक्षुण्ण प्रभाव है और इस प्रभाव को मेगस्थनीज प्रभृति यूनानियों ने नि:संकोच स्वीकार भी किया है।

अद्वैतवाद का डेकार्ट, स्पिनोजा एवं लाइब्निज आदि पश्चिमी विद्वानों पर भी अक्षुण्ण प्रभाव मिलता है। डेकार्ट, स्पिनोजा एवं लाइब्निज, बर्कले, कांट, फिकते, शेलिंग, हेगल एवं शोपेनहार के दार्शनिक सिद्धांतों की अद्वैत वेदांत के सिद्धांतों के साथ तुलना करते समय उक्त दार्शनिकों के सिद्धांतों पर अद्वैत वेदांत का प्रभाव स्पष्ट देखा जा सकता है।

स्पिनोजा का स्वतंत्र सत्व संबंधी सिद्धांत और अद्वैतवाद का ब्रह्म तत्त्व संबंधी सिद्धांत, लाइब्निज का 'मैटिरियाप्राइमा' वाला सिद्धांत और अद्वैतवादी का मायाविषयक सिद्धांत अद्वैतवादी का दृष्टि-सृष्टिवाद और वर्कले का जगत् सत्ता संबंधी सिद्धांत, कांट का व्यावहारिक सत्ता और वस्तुसारात्मक सत्ता का

सिद्धांत और अद्वैतवादी का व्यावहारिक सत्ता एवं पारमार्थिक सत्ता का सिद्धांत, फिकते का 'प्रतिनिवृत्ति' का सिद्धांत और अद्वैतवादी का माया संबंधी सिद्धांत, शेलिंग का 'डार्कग्राउंड' और अद्वैतवादी का अविद्याविषयक सिद्धांत, हेगल और अद्वैतवेदांत का परमात्म तत्त्व संबंधी सिद्धांत और शोपेनहार और अद्वैतवाद का संकल्पवाद का सिद्धांत, आदि अनेक ऐसे सिद्धांत हैं, जिनमें परस्पर यत्किंचित् विरोध होने पर अत्यंत साम्य मिलता है।[6]

अद्वैतवाद और इसलामी दर्शन के अनेक सिद्धांत में भी पर्याप्त साम्य मिलता है। उदाहरण के लिए अद्वैत वेदांत का 'यतोवाइमानि-भूतानिजायंते' से संबंधित सृष्टि सिद्धांत कुरान के 'इन्नालि ल्लाह वइन्ना इलैहे राजयून' सिद्धांत के ही समान है, जिसके अंतर्गत यह स्वीकार किया गया है कि हम लोग परमात्मा से उत्पन्न हुए हैं और परमात्मा में ही जाएँगे। यही नहीं, इसलामी दर्शन का 'हमावुस्त' (सब कुछ वही है) का सिद्धांत भी अद्वैतवादी के 'सर्व खल्विदं ब्रह्म' के ही समान है। इसके अतिरिक्त अद्वैतवादी की जाग्रत्, स्वप्न, सुषुप्ति एवं तुरीयावस्थाओं के समान ही इसलामी दर्शन में नासूत, मलकूत, जबरूत और लाहूत अवस्थाएँ मानी गई हैं। इन प्रकार के अनेक स्थल के अंतर्गत अद्वैत वेदांत और इसलामी दर्शन के सिद्धांतों की तुलना स्वतः साथ है।

इस प्रकार वेदांत दर्शन के अद्वैतवाद सिद्धांत का संबंध केवल न्याय, वैशिषिक, सांख्य, योग और पूर्वमीमांसा से ही नहीं है, अपितु यूनानी दर्शन एवं अनेक पाश्चात्य दार्शनिकों के सिद्धांतों तथा इसलामी दर्शन से भी इसका घनिष्ठ संबंध है। इस दिशा में अद्वैत दर्शन का प्रभाव भी उपर्युक्त दर्शनों पर स्पष्ट रूप से देखा जा सकता है।

वेदांत दर्शन के सम्राट् सिद्धांत अद्वैतवाद की कुछ ऐसी विशेषताएँ हैं, जो अन्य विविध दर्शन पद्धतियों के अंतर्गत नहीं उपलब्ध होतीं। ये विशेषताएँ ही अद्वैत दर्शन के महत्त्व की प्रकाशिका हैं। यहाँ इन विशेषताओं का संक्षेप में निरूपण किया गया है।

(1) ब्रह्म की सगुणता एवं निर्गुणता

वेदांतिक अद्वैतवाद के अनुसार परब्रह्म के दो रूप हैं—एक 'पर' और दूसरा 'अपर'। 'परब्रह्म' निर्गुण और अपरब्रह्म सगुण है। अद्वैत वेदांत में सगुण

ब्रह्म को ही ईश्वर संज्ञा दी गई है। वस्तुत: यदि अद्वैत वेदांत में ईश्वर की सत्त न स्वीकार की गई होती तो देवादि की उपासना के लिए कोई स्थान न रह जाता। इस प्रकार सगुण ब्रह्म की सत्ता को स्वीकार करके अद्वैतवादियों ने उपासना के द्वारा चित्त की शुद्धि संभव मानकर ईश्वर उपासना की संगति सिद्ध की है। इससे अद्वैत वेदांत की समन्वयवादिता भी स्पष्ट होती है। शंकराचार्य द्वारा प्रतिपादित अद्वैत दर्शन की समन्वयवादिता के कारण ही इस दर्शन में वैष्णवों, शैवों, शाक्तों, मीमांसकों, विशिष्ट द्वैतवादियों, द्वैतवादियों, तांत्रिकों एवं मांत्रिकों तथा अन्य आगामी सिद्धांतों के लिए भी स्थान प्राप्त होता है।

(2) सृष्टि वैषम्य और ईश्वर

लोक में सृष्टिवैषम्य स्पष्ट है। इस वैषम्य के कारण ही संवार में कोई राजा, कोई भिक्षुक, कोई विद्वान्, कोई मूर्ख, कोई मुमुक्षु और कोई बुभुक्षु दिखाई पड़ता है। परंतु अद्वैत वेदांत के अंतर्गत सृष्टि वैषम्य ईश्वर का दोष नहीं है। अद्वैत वेदांत के अनुसार ईश्वर धर्म एवं अधर्म की अपेक्षा करके ही विषम सृष्टि का निर्माण करता है। इस प्रकार सृष्टि वैषम्य का मूल धर्माधर्म मानने के कारण अद्वैत वेदांत में कर्म का महत्त्व भी स्पष्ट हो जाता है।

(3) आचार का महत्त्व

अद्वैतवाद दर्शन के अंतर्गत ज्ञान के द्वारा ही मुक्ति की उपलब्धि सिद्ध की गई है। इस दृष्टि से तो समस्त कर्मजाल अविद्या है, परंतु अद्वैतवाद दर्शन के प्रतिपादक शंकराचार्य ने परम साध्य मोक्ष की उपलब्धि में कर्म के महत्त्व को भी स्वीकार किया है। उन्होंने स्पष्ट कहा है कि कर्म द्वारा संस्कृत होने पर ही विशुद्धात्मा आत्मबोध करने में समर्थ होता है।[7] आत्म दर्शन के लिए चित्तशुद्धि उसी प्रकार आवश्यक है, जिस प्रकार कि मुखदर्शन के लिए दर्पण का नैर्मल्य आवश्यक होता है। इस प्रकार कर्म का महत्त्व स्वीकार करते हुए अद्वैतवादियों ने भारतीय दर्शन में अध्यात्म एवं आचार पक्ष का सुंदर समन्वय प्रस्तुत किया है। अद्वैत दर्शन में जिस काम्यरहित कर्म का समर्थन किया है, वह भारतीय आचारवाद का ही समर्थक है। मैं इस संबंध में प्रो. डायसन के इस मत से सहमत नहीं हूँ कि उपनिषदों में आचारतत्त्व की प्रतिष्ठा की न्यूनता है।

(4) सत्तात्रय की कल्पना

प्रतिभासिक व्यावहारिक एवं परमार्थिक सत्ताओं की स्थापना अद्वैतवाद दर्शन की अत्यंत उपयोगी विशेषता है। इस सत्ता की कल्पना के द्वारा न अद्वैतवाद की हानि होती है और न जगत् की सत्यता का निराकरण होता है। शुक्ति-रत प्रातिभासिक सत्ता का, जगत् व्यावहारिक सत्ता का और ब्रह्म परमार्थ सत्ता का उदाहरण है। व्यवहारिक सत्ता के अंतर्गत होने के कारण शून्यवादी की तरह शून्य अथवा नितांत असत् न होकर सत्य हैं, परंतु जगत् परमार्थ से सत् भी नहीं है। परमार्थवस्था में तो जगत् की व्यावहारिक सत्यता का ही निराकरण किया गया है। यही अद्वैत दर्शन का वैशिष्ट्य है। इससे जबत् की व्यावहारिक सत्यता की भी रक्षा हो जाती है और अद्वैतवाद की पुष्टि भी हो जाती है। इस प्रकार अद्वैत दर्शन की यह विशेषता उसे व्यावहारिक दर्शन का रूप प्रदान करती है।

(5) मायावाद की देन

मायावाद का सिद्धांत अद्वैतवाद दर्शन की प्रमुख विशेषता है। मायावाद सिद्धांत के स्वीकार किए बिना अद्वैतवाद का प्रतिपादन कठिन ही नहीं, प्रत्युत असंभव ही कहा जाएगा। शांकर अद्वैतवाद के अनुरूप माया सत् एव असत् से विलक्षण होने के कारण अनिवर्चनीय बतलाई गई है। इस प्रकार अनिर्वचनीय होने के कारण अद्वैतवादी की माया स्वप्न, गंधर्व नगर, एवं शशशृंग आदि की कल्पना से भिन्न है। इसी माया शक्ति से संपन्न परमेश्वर सृष्टि का निर्माता है। माया के कारण ही परमेश्वर जगत् का उपादान कारण है। इस प्रकार अद्वैत वेदांत में ब्रह्म जगत् का उपादान कारण एवं निमित्त कारण दोनों हैं।

(6) जगत् का मिथ्यात्व

शंकर अद्वैतवाद के अंतर्गत जगत् को मिथ्या सिद्ध किया गया है, परंतु यहाँ यह विचारणीय है कि अद्वैत दर्शन के अंतर्गत जगत् शंशशृंग अथवा आकाश कुसुम के समान अलीक नहीं है, अपितु जैसा कि कहा जा चुका है, व्यावहारिक दृष्टि से सत् है। अत: अद्वैतवेदांत में मिथ्यात्व से सदसद्विलक्षणत्व का ही आशय ग्राह्य है। शांकर वेदांत का यह मिथ्यात्व अनिर्वचनीयत्व पर आधारित है।

(7) विवर्तवाद

कार्य–कारणवाद के संबंध में विवर्तवाद का सिद्धांत अद्वैतवाद दर्शन का अनुपम सिद्धांत है। विवर्तवाद सिद्धांत के अनुरूप जगत् ब्रह्म का विवर्त है। विवर्तवाद सिद्धांत के अंतर्गत जगत् की सत्ता ब्रह्म से पृथक् नहीं है। यह उसी प्रकार है, जिस प्रकार कि बुदबुदों एवं तरंगादि की सत्ता जल से पृथक् नहीं है। जिस प्रकार जल तरंगादि को जलभिन्न देखना अज्ञान बुद्धि है, उसी प्रकार ब्रह्म से पृथक् जगत् को देखना भी अविद्या है। यही विवर्तवाद का सिद्धांत हैं। अद्वैतमंडन के लिए यह सिद्धांत महान् उपयोगी सिद्ध हुआ है।

(8) अधिष्ठानवाद और अध्यासवाद

अद्वैत वेदांत के अंतर्गत अधिष्ठानवाद और अध्यासवाद के आधार परब्रह्म और जगत् के सबध की व्याख्या की गई है। इस सिद्धांतद्वय के अनुरूप ब्रह्म अधिष्ठान एवं जगत् अध्यास है। अध्यास अविद्या का रूप है और जगत् के संबंध की व्याख्या की गई है। इस सिद्धांत के अनुरूप ब्रह्म अधिष्ठान एवं जगत् अध्यास अविद्या का रूप है और जगत् का उत्पादक है। परंतु मृगतृष्णा आदि अनुभव भी बिना अधिष्ठान के उत्पन्न नहीं हो सकते, इसीलिए अद्वैतवाद दर्शन के अनुसार पारमार्थिक दृष्टि से असत् जगत् की कल्पना भी अधिष्ठान के अभाव में संभव नहीं है। अतएव अद्वैत वेदांत में आध्यासिक जगत् की सत्ता सिद्ध करने के लिए अद्वैतवादियों ने ब्रह्म का अधिष्ठान कहा है।[8]

(9) मुक्ति का सिद्धांत

मुक्ति के संबंध में अद्वैत वेदांत की जीवंमुक्ति एवं विदेह मुक्ति की योजना एक अनुपम देन है। आत्मबोध हो जाने पर, परंतु प्रारब्ध कर्मो का भोग पूर्ण न होने के कारण शरीर धारण करनेवाला जीव भी अद्वैत वेदांत में मुक्त कहलाता है। जब जीव के प्रारब्ध कर्मो का भी भोग समाप्त हो जाता है तो वह शरीर त्याग होने पर विदेहमुक्त कहलाता है। इस प्रकार अद्वैतवेदांतसम्मत मुक्ति के उपर्युक्त सिद्धांत के द्वारा एक ओर तो कर्म–फलभोग के न्याय का निर्वाह हो जाता है और दूसरी ओर इसी जगत् में अज्ञानबंधन से मुक्ति संभव होने के कारण भारतीय दर्शन की प्रामणिकता का समर्थन हो जाता है।

(10) अनिर्वचनीयख्यातिवाद

रामानुजाचार्य के सतख्यातिवाद, मीमांसक के अख्यातिवाद नैन्यायिक के अन्यथाख्यातिवाद, बौद्धों के आत्मख्यातिवाद एवं असतख्यातिवाद के विपरीत अद्वैतवादी ने अनिर्वचनीयख्यातिवाद के सिद्धांत की प्रतिष्ठा की है। अनिर्वचनीयख्यातिवाद सिद्धांत के अनुसार शक्ति रूप अधिष्ठान में अध्यस्त रजत सत् अथवा असत् न होकर सत् एवं असत् से विलक्षण होने के कारण अनिर्वचनीय है। अनिर्वचनीयख्यातिवाद सिद्धात का विशद विवेचन चतुर्थ अध्याय के अंतर्गत किया जा चुका है।

इस प्रकार अद्वैतवाद दर्शन की उपर्युक्त कुछ ऐसी विशेषताएँ हैं, जो इसके सैद्धांतिक स्वरूप को महान् उपयोगी एवं अपेक्षित महत्त्व प्रदान करती हैं। इन्हीं विशेषताओं के कारण अद्वैतवाद की महत्ता अन्य विविध दार्शनिक सिद्धांतों से बड़ी-चढ़ी है।

(11) अद्वैतवाद का दार्शनिक एवं व्यावहारिक महत्त्व

दार्शनिक एवं व्यावहारिक, दोनों आलोचना दृष्टियों से अद्वैतवाद का महत्त्व परम श्लाघ्य है। अद्वैतवाद की दार्शनिक महत्ता का एक पक्ष तो इसी से सिद्ध है कि प्राय: सभी महत्त्वपूर्ण भारतीय दर्शन पद्धतियों से अद्वैतवाद के संबंध की स्पष्ट प्रतीति होती है। कदाचित् ही कोई भारतीय दार्शनिक सिद्धांत ऐसा हो, जिसमें अद्वैतवाद सिद्धांत का प्रतिबिंब न मिलता हो। इस प्रबंध के अंतर्गत हम विशद रुप से अद्वैत वेदांत के सिद्धांतों का, विविध भारतीय एवं पाश्चात्य दार्शनिकों के सिद्धांतों के साथ साम्य एवं संबंध स्पष्ट कर चुके हैं। अद्वैतवाद के दार्शनिक महत्त्व का दूसरा पक्ष उसकी समन्वयवादिता है। अद्वैतवाद की इस समन्वयवादिता के भी दो रूप मिलते हैं। एक समन्वयवादिता तो वह है, जिसके कारण अद्वैतवाद के अंतर्गत समस्त भारतीय दर्शन पद्धतियों को स्थान प्राप्त है और दूसरी समन्वयवादिता वह है, जिसके कारण अद्वैत वेदांत के सिद्धांतों में परस्पर विरोध नहीं प्रतीत होता। अद्वैतवाद सिद्धांत के दार्शनिक महत्त्व का तृतीय पक्ष परमार्थ सत्य के साक्षात्त्कार की प्रक्रिया एवं स्वरूप का निरूपण है। वृत्तिनिर्माण द्वारा अविद्या की आवरण शक्ति का उच्छेद एवं तूलाज्ञान का विनाश

करके परमार्थ सत्य के साक्षात्कार की जो प्रक्रिया अद्वैत दर्शन के अंतर्गत बतलाई गई है, वह इस दर्शन के अध्यात्म पक्ष को एक व्यवस्थित एवं आकर्षक रूप प्रदान करती है। इसके साथ ही साथ अद्वैत दर्शन के अनुसार जीव और ब्रह्म की अद्वैतता के द्वारा परमात्म साक्षात्कार का जो स्वरूप निश्चित किया गया है, वह सायुज्यादि की तरह स्थूल कारणों की अपेक्षा न रखता हुआ चरम सूक्ष्मता का रूप है। अत: यह स्पष्टतया स्वीकार होना चाहिए कि समीप आधारों पर आधारित सायुज्यादि से प्राप्त आनंद की अपेक्षा असीम तत्त्व की उपलब्धि से प्राप्त आनंद कहीं अधिक व्यापक, शाश्वत एवं सघन होगा। इस प्रकार अद्वैतवाद का दार्शनिक महत्त्व स्पष्ट है।

अद्वैत दर्शन अद्भुत आध्यात्मिक दर्शन होने के साथ-साथ एक विलक्षण व्यावहारिक दर्शन या जीवन दर्शन भी है। अद्वैत दर्शन के अंतर्गत व्यावहारिक दृष्टि से जगत् की सत्यता का समर्थन करना, उसके व्यावहारिक सत्ता की स्थापना होने के कारण ही इस दर्शन में जीवनदर्शन के उपयोगी तत्त्वों, जैसे दया,प्रेम, सहिष्णुता, अहिंसा एवं विश्वबंधुता का समावेश मिलता है। ऐसे असंख्य तत्त्वों का मूल अद्वैत वेदांत दर्शन का एकात्मवाद का सिद्धांत है, जिसके अंतर्गत ईर्ष्या, द्वेष, अस्मिता एवं असूया आदि दुर्भावों को किंचित् मात्र भी स्थान नहीं है।

अद्वैतवादियों ने कर्म द्वारा चित्त शुद्धि के सिद्धांत को स्वीकार करके अद्वैत दर्शन को पूर्णतया व्यावहारिक दर्शन बना दिया है। अद्वैतवाद के आचार पक्ष के फलस्वरूप पहले मनुष्य एकात्मवाद पर आधारित सत् कर्मों के द्वारा आदर्श नागरिक बनता है और फिर उसी जीव में आत्मस्वरूप का साक्षात्कार करके ब्रह्मरूपता को प्राप्त होता है। इसीलिए अद्वैत वेदांत के अनुयायी का उद्देश्य जहाँ परम सत्य की जिज्ञासा एवं मुक्त होना है, वहाँ आत्मसंयम, धैर्यशालिता एवं चित्तशांति आदि भी उसकी प्रमुख आवश्यकताएँ हैं। अद्वैत वेदांत के प्रख्यात समालोचक विद्वान् प्रो. उमेशचंद्र भट्टाचार्य के नीचे उद्धृत कथन में भी यही आशय निहित है—

The true requirements of a Vedantist according to him, were self restraint, tranquility, etc. and a desire to know the truth and be librated.[9]

इस प्रकार अद्वैत दर्शन एक सफल जीवन दर्शन भी है। अद्वैत दर्शन सम्मत

जीवनदर्शन की यह विशेषता विचार करने योग्य है कि इसके अनुसार जीव को इसी लोक में अलौकिक आनंद की प्राप्ति संभव बतलाई गई है। ऐसी स्थिति में भी यदि कोई समालोचक अद्वैत दर्शन को पलायनवादी कहे तो इससे तो उसे समालोचक का ही पलायनवादिता का अनुमान लगाना औचित्यपूर्ण होगा।[10]

संदर्भ

1. Imperial Gazetteer of India, Vol. I. P. 404

2. वेदांतसार- 3।

3. देखिए—श्रीमद्भगवद्गीता-3 ।15, 4 ।24, 4 ।31, 5 ।6, 5 ।29, 7 ।29, 8 ।1, 8 ।3, 8 ।13, 8 । 24, 10 ।12, 13 ।12, 13 ।30, 14 ।4,15 ।5

4. प्रो. राममूर्ति शर्मा, अद्वैत वेदांत इतिहास तथा सिद्धांत दिल्ली, 199, पृ. 345.46

5. वही, पृ. 947

6. वही, पृ. 350

7. बृहदारण्यक उपनिषद्, शांकर भाष्य 4 ।4 ।22।

8. वही, पृ. 352

9. देखिए—Indian Historical Quartely, 1920 के अंतर्गत उमेशचंद्र भट्टाचार्य का Vedantist लेख।

10. प्रो. राममूर्ति शर्मा, वही पृ. 353

□

संदर्भ ग्रंथ

(क) संस्कृत ग्रंथ

अग्निपुराण	कुलार्णव तंत्र
अथर्वशीर्ष, गीताप्रेस गोरखपुर	कुलचूडामणि तंत्र, गणेश एंड कं., मद्रास 1856
अद्वैतचंद्रिका	कूर्म पुराणं, क्लाइन रोड, कलकत्ता
अद्वैत तत्त्वसुधा, (प्रथम तथा द्वितीय भाग)	केनोपनिषद, श्रीरंगम्
अर्थसंग्रह लौगाक्षि भास्कर, चौखंभादि. 1963	कैवल्योपनिषद, मोतीलाल बनारसीदास, 1980, दिल्ली
अद्वैतब्रह्मसिद्ध	कोशीतकी ब्राह्मण
अद्वैतसिद्धि सरस्वती, मधुसूदन, निर्णसागर	कौषीतकि उपनिषद, मातीलाल बनारसीदास, 1980
बंबई 1991	दिल्ली
अहिर्बुध्न्यसंहिता	क्षेमराजकृत उद्योत टीका
अणुभाष्य, प्रकाश टीका (पुरुषोत्तमाचार्य) अमरकोष	खंडनखंडनखाद्य, लक्ष्मण शास्त्री संपादित, बनारस 1914
अभिधवृत्तिमातृका	ख्यातिवाद (शंकर चैतन्य-भारती, सरस्वती भवन टैक्स्ट्स, काशी)
आगम प्रामाण्य	
आत्ममीमांश	गरुड़पुराण, काशी संस्कृतसिरीन, वाराणसी

आत्मबोध ओरियंटल बुक एजेंसी, पूना	गंधर्व तंत्र
आलवंदर स्तोत्र (यामुनाचार्य)	गौडपादकारिका, गौड़पाद, आनंदाश्रम
इष्टसिद्धि, विमुत्मा	विमुत्मा
ईशावास्योपनिषद् श्रीरंगम्	चिंद्गगनचंद्रिकाआगमानुसंधान समिति,
ईशादिविशोत्तरशतोपनिषद्, मोतीलाल	कलकत्ता 1937
बनारसीदास	दिल्ली
ईश्वरप्रत्यभिज्ञासूत्र	चिंतामणिरहस्य
उपदेश साहसी, शंकराचार्य निर्णसागर	चैतन्यचरितामृत
ऋग्वेद संहिता, होशियारपुर 1961	छांदोग्योपनिषद्, श्रीरंगम्
ऐतरेय ब्राह्मण	तर्कालंकार भाष्य
ऐतरेयाण्यक	तंत्रलोक कश्मीर सिरीज
ऐतरेयोपनिषद् शंकर भाष्य, श्रीरंगम्	तर्कदीपिका
कठोपनिषद, श्रीरंगम्	तत्त्वरहस्यदीपिका
कर्पूरादिस्तवराज	तत्त्वकौमुदी
गोपीनाथ कविराज	शंकर भाष्यानुवाद की भूमिका(अच्युत का) काशी
तत्त्ववेशारदी हार्वर्ड ओरियंटल सीरिज	पंचविंशब्राह्मण
तत्त्वप्रदीपिका	पंचपादिका विवरण, विजय नगरम् सिरीज
तत्त्वबोध	प्रचदशी, बुद्धि सेवाश्रम, रतनगढ़ सं. 2011
तत्त्वनिर्णय माधवाचार्य	प्रश्नोपनिषद्, श्री रंगम्
तंत्ररहस्य	प्रशस्तपादभाष्य
तत्त्वार्थदीपखंड	प्रत्यभिज्ञाहदय
तांड्यब्राह्मण	प्रपंचहदय
तैतिरीयाब्राह्मण	प्रकरणपंचिका
तैतिरीयांयक	प्रभाकरविजय
तैतिरीयोपनिषद् गीता प्रेस, गोरखपुर	प्रस्थान रत्नाकर

त्रिंशिका भाष्य	वजसनेयीसंहिता
दशलोकी चौखंबा संस्करण 1985	वाल्मीकि रामायण
दीपिका टीका	नारायण पंडित, एशियाटिक सोसाइटी
दुर्गासप्तशती, गीता प्रेस, गोरखपुर	बृहदारण्यकोपनिषद्, श्रीरंगम्
देवीभागवत पुंराण	बृहदारण्यकभाष्यवार्तिक
देवीभावत-देवी गीता	बोधिचर्यावतार पंजिका
देवत्तब्राह्मण	बह्मेपनिषद्
दृगदृश्यविवेक	ब्रह्मवैवर्तपुराण, मोतीलाल बनारसीदास, 1820
नयनप्रसादिनी टीका	ब्रह्मगीता, क्लाइन रोड कलकत्ता
[illegible]	ब्रह्मीसूत्र, अच्युत ग्रंथ माला, काशी
नारदीय पुराण, क्लाद्न रोड कलकत्ता	ब्रह्मसूत्र शंकर भाष्य
नैषधीयचरितम्, मोतीलाल बनारसीदास	ब्रह्मसिद्धि, मंडन मिश्र, मद्रास, 1837
नृसिंहतापिन्युपनिषद्, मोतीलाल बनारसीदास	ब्रह्माण्डपुराण, क्लाइन रोड, कलकत्ता
नृसिंहपूर्वतापनीयोपनिषद्, मोतीलाल बनारसीदास	भक्तिमार्तंड
नृसिंहोत्तरतानीयोपनिषद्, मोतीलाल बनारसीदास	भक्तिरसामृतसिंधु
न्यायसूत्र, गोतन	भागवततात्पर्यनिर्णय
न्यायवार्तिकततात्पर्य निर्णय टीका	भामती, वाचस्पति मिश्र, निर्णय सागर, बंबई, 1916
न्यायभाष्य, वात्स्यायन	भास्करभाष्य
न्यायमंजरी	भोजवृत्ति हार्वर्ड ओरियंटल, सिरीन
न्यायवार्तिक उद्योतकर	मत्स्यपुराण, क्लाईन रोड, कलकत्ता
न्यायमंजरी	भोजवृत्ति हार्वर्ड ओरियंटल, सिरीन
न्यायसिद्धांत मुक्तवली, विश्वनाथ पंचानन	महाभारत, पूणा संस्करण
न्यायवार्तिक उद्योतकर	मत्स्यपुराण, क्लाइन रोड, कलकत्ता

न्यायरत्नमाला	मध्वभाष्य (वेदांतसूत्र)
न्यायमकरंद	महानिर्वाणतंत्र गणेश एंड कं., मद्रास
न्यायरत्नावली	मनुस्मृति, चौखंभा, वाराणसी, 1860
न्यायकंदली, वेदांत देशिक	मध्यमकावतार,
पद्मपुराण, क्लाइव रोड कलकत्ता	मध्ववृहदभाष्य
पराशरसंहिता (बांबे संस्कृत सिरीज)	मध्व सिद्धांतसार
पष्टिप्रवाहमर्यादाभेद	मंड्क्योपनिषद्, श्रीरंगम्
मार्कंडेयपुराण क्लाइव रोड, कलकत्ता	वैदानतकौमुदी, रामाद्वयाचार्य, मद्रास, 1855
माध्यमिकवृत्ति	वेदांत परिभाषा, धर्मराजाध्वरींद्र, वाराणसी 1854
माध्यमिककारिका	वेदांत कल्पतरु, अभयानंद नि.सा., बंबई, 1832
मनमेयोदय	वेदांतकल्पतिका
मानसोल्लास महादेव शास्त्री संपादित	वेदांतसिद्धांत मुक्तावली प्रकाशनंद, कलकत्ता, 1631
मद्रास, 1920	वेदार्थसंग्रह
मीमांसा न्यायप्रकाश	वेदांतकौस्तुभ
मुंडकोपनिषद, गीताप्रेस गोरखपुर 1884	वेदांतमंजूपा
मैत्रायंयुपनिषद, गीताप्रेस गोरखपुर 1884	वैशेषिकसूत्र
यतिपतिमतदीपिका, ब्रज बी. दास एंड कं., बनारस	शतपथब्राह्मण,वेंकटेश्वर प्रेस, बंबई, श्शरणागतिगद्यम् रामानुजाचार्य
यजुर्वेद संहिता परोपकारिणी सभा, संवत्	शंकरदिग्वजय
1999, षष्ठ संस्करण	शास्त्रदीपिका
योगसूत्र, पतंजलि वाराणसी 1979	शास्त्रदर्पण वाणी विलास प्रेस, श्रीरंगम्
योग भाष्य, व्यास वाराणसी	शांडिल्यसूत्र
योगवासिष्ठ, वशिष्ठ, अ.ग्र. काशी, 1961	शांकरभाष्य-गीता
योगवार्तिक, विज्ञानभिक्षु, वाराणसी, 1971	शांकरभाष्य- कठोपनिषद्

योगवार्तिक, विज्ञानभिक्षु, वाराणसी, 1971	शांकरभाष्य- कठोपनिषद्
रत्नप्रभा, गोविंदानंद,अ. ग्र. काशी, 1971	शांकरभाष्य-वृहदारण्यकोपनिषद्
रहस्यत्रय	शांकरभाष्य-गौड़पाद कारिका, वाणी विलास
रामोत्तारतापिन्यपनिषद्, मोतीलाल बनारसीदास, 1920	संस्कृत ग्रंथमाला, काशी, 1942
वेदांतसार रामानुजाचार्य भगवद्रामानुज ग्रंथमाला, 1956	शिवदृष्टि
राजमार्तंडवृत्ति	शिवपुराण, क्लाइव रोड, कलकत्ता
रामानुजभाष्य-गीता	शिवसूत्रविमर्शिणी
लघचंद्रिका, गौड़ ब्रह्मनंद	शिवगीता
लक्ष्मी तंत्र निर्णयसागर, बंबई 1971	शुद्धाद्वैतमार्तंड, गिरिधर गोस्वामी, बनारस
ललिता सहस्त्रनाम, मास्टर खेलाड़ी एंड संस, वाराण्सी	शैवभाष्य श्रीकंठाचार्य
लंकावतारसूत्र लंदन 1923	श्वेताश्वतरोपनिषद् आनंदाश्रम, पूना, 1811
वायुपुराण	श्लोकवार्तिक, कुमारिल भट्ट मद्रास, 1940
वाक्य पदीय	श्रीभाष्य, रामानुजाचार्य, नि. सा. बंबई, 1916
वाचस्पत्यम्	श्रीमद्भागवद्गीता, गीता प्रेस, गोरखपुर
वादावलि	श्रीमद्भागवत पुराण, रामानुजाचार्य
वामन पुराण, क्लाइन रोड कलकत्ता	श्रीरंगगद्यम् रामानुजाचार्य
विष्णुसहसनाम-शंकर भाष्य	श्रीवचनभूषण
विष्णुपुराण, क्लाईन रोड कलकत्ता	श्रुतिप्रकाशिका
विवेकचूड़ामणि शंकराचार्य भा. नि.	षड्दर्शनसमुच्चयवृत्ति
विवरण प्रमेय संग्रह	षट्संदर्भ जीवगोस्वामी
वेदांतसार, सदानंद (राममूर्ति शर्मा दिल्ली, 1986	

श्रीआद्यशंकराचार्य : एक परिचय	
सप्तपदार्थी	सिद्धांतजाहवी
सर्वदर्शनसंग्रह, नाधवाचार्य	सिद्धांतरत्न
सकलाचार्य मतसंग्रह रत्नगोपाल भट्ट द्वारा	सुबोधिनी भागवत
संपादित, चौखंभा बुक डिपो, बनारस, 1960	सूक्ष्म टीका, गोविंद भाष्य
संक्षपशारीरक, सर्वज्ञात्म मुनि, चौखंभा, वारानसी, 1924	सूतसंहिता
समवेदसंहिता, कलकत्ता, 1865	सौंदर्यलहरी, शंकराचार्य, कल्याण मंदिर कटरा, प्रयाग
साम्यसूत्र, विनोबा	स्वर्णसूत्र
सायणभाष्य ऋग्वेद	स्वच्छंदतंत्र
सायणभाष्य, अर्थवेद संहिता	स्पंदकारिका
सांख्यकारिका, ईश्वर कृष्ण, नेशनल दि., 1915	स्पंनदकारिका, कल्लट की टीका
संख्यसूत्र कपिल भा. वि. प्र, काशी	स्पंदकारिका, राम–टीका
संख्यप्रवचनभाष्य, विज्ञान भिक्षु, भा. वि. प्र, काशी	स्पंदकारिका, क्षेमराज की टीका सहित
सिद्धांतलेशसंग्रह अच्युत ग्रंथमाला काशी, सं., 2011	हलायुधकोष हलायुधकोषविवृत्ति
(ख) अंग्रेजी ग्रंथ एंव पत्र-पत्रिकाएँ	
A critical History of Greek-Philosophy.	Stance, W.C.
A critical Study of the Sankhya-system.	Sovani, v.v
Agamasastra of Gaudapada.	Bhattacharya, B. University of Calcutta,1943.
Ancient India	Mecrindle, J.W.

An Introduction to Ancient Philosophy .	Mathuen & Co: London, 1947. Armstrong, A.H.Mathuen & Co
A Practical Sanskrit Dictionary.	Macdonell Oxford University,1924
A Study of Kant.	Ward, J.
A Study of Sankara	Shastri. N. Calcutta.1924.
Aristotle	Ross, Mathuen. London,1953.
Brahma Sutra Chatussutri	Sharma. H. D. Oriental Book
Bhuler's report for Sanskrit 1875-76	Agency Poona, 1940
Catalogue of Manscripts of the India office. Part IV.	
Collected works of Sir R.G.Bhandarkar Vol : II. IV. VII.	
Complete works of Swamı Vivekananda.Vol: II. VII.	
Constructive Survey of Upanisadic Philosophy	Ranade. R. D. Oriental Book Agency, Poona, 1926.
Conception of Divinity in Islam & Upanisads.	Wahid Hussain.
Contemporary Philosophy.	Dutta D. M. the University of Culcutta, 1950.
Critique of Pure reason. (ET) Belle & Sons. 1920	Meikli John, J. M. D. London, G
	Deussen's System of Vedanta (ET)
Dictionary of Philosophy.	Rumes, Vision Press,London
Early Greek Philosophy.	Burnet, Adam & Charles Black
East & Wast	Radhakrishnan S. London Allen & Unwin, 1954.
Encyclopaedia of Religion & Ethics. Vol. I. IV. V. VII. IX.	
Eassaya in Zen Buddhism.	Suzuki.
Eassays on Truth and reality.	Bradley F. H.
Evolution of Religion Vol: I	Caird. E.

Fifth Oriental Conference Proceedings	Lahore.
Gaudapada	Mahaedvan. T.M.P.
Hegal's Lectures on the Philosophy of Religon.	
Hegal's Logic	
Hibbert Lectures for 1980	Upton
History of Bengali Language and Literature.	Sen, D.C.
History of Dharmasastra Vol: I	Kane. P.V. Bhandarkar Oriental Research Instt, Poona.
History of Indian Literature.	Weber.
History of Indian Philosophy Vol:VII.	Belvalkar. S.K & Ranade R.D.
History of Philosophy. Vol:I &II.	Radhakrishnan, S. Allen & unwin, London.
History of Philosophy.	Schreglar, A Oliver Boyd, Edinburgh
Idealistic thought of India.	Raju, P.T. London, Allen & Unwin 1952.
Imperial Gazetter of India Vol:I.	
Indian Antiquary, Oct, 1933.	
Indian Historical Quarterly, Vol:VI.1920	
Indian Language and Philosophy.	
Indian Theism.	Nical Mecnical, Oxford Universty Press.
Indian Thought	Thibaut. G. & JHA. G.N.
Institution of Metaphysics.	Ferrier
Indian Philosophy: Vol: I. II. IV.	Das Gupta, S.N. Cambridge University Press.
Indian Philosophy: Vol: I: & II	Radhakrishnan, S. London Allen & Unwn

IndianPhilosophy: Vol: I. II.III. IV.V.	Maxmuller, F.Sushil Gupta, Calcutta
Indian Philosophy: Vol: I & II	Sinha, J. N. Central Agency, Calcutta.
Jha Commemoration volume	Oriental Book Agency, Poona.
J. N. Majumdar's paper on the Philosophical religion & school Significance of the tantra sastra. July, 1915).	
Journal of the Amercian Oriental Society 1911, 1913	
Journal of the Annamalai university.	
Kant's Metaphysics of Experience Vol: I.	
Krishna Swami Aiyangar Commemoration Volume.	
Lectures on th Philosophy of Religion	Vol: I
Lectures of Shri Aurbindo	Shri Aurobindo Circle Bombay Second SerivesN
Lights of Vedanta	Upadhyaya, V. P. Chaukhamba
	Sanskrit Series Varanasi, 1952
	Sanskrit Series Varanasi, 1952.
Mahamaya	Woodroffee, J. & Mukhyopdhyaya, P.N. Madras, 1954.
Misc, essays Vol: I	
	Colebrooke.
Monier Buddism.	Mahamahopadhyaya Shastri, H. P.
Monier Williams Sanskrit English Dictionary.	Oxfored Clarendon.
N.B. Utgikar's Report on search for Sanskrit 1883-84.	
Outlines of Indian Philosophy.	Hiryanna, M. London Allen & Unwin.